奧地利史

藍色多瑙國度的興衰與重生

杜子信——著

三民書局

推薦序 I

　　居於歐洲心臟地位的奧地利第二共和國，國土面積比起臺灣
多出兩倍有餘，但全國人口卻僅接近臺灣三分之一略多。不過這
個歐洲內陸國家，在今日除了是歐盟二十八個成員國之一，還是
憲法上明定的「永久中立國」，不得與任何強權（特別是德語世界
內的老大哥德意志聯邦共和國）結盟或合併，為世上繼瑞士之後
公認的中立國家。因為有了這種列強（尤其是二戰後舊蘇聯）之
承認，使這個中歐歷史最悠久、文化最昌盛的國度，免於像德國
在二戰結束後遭逢的英、法、美、蘇四強占領之厄運。這是二戰
結束後國際局勢的安排，也是奧國人民與官員睿智的選擇。這方
面外交活動的成功，促使奧京維也納成為二戰結束以後聯合國總
部次級機構紛設和進駐的國際大城市，亦即音樂之都的美譽以外，
也成為全世界重大會議的首選要城。

　　這部專著全書分成五篇十六章，可謂綱舉目張，囊括闡述了
奧地利兩千多年歷史的豐富內容。文中首先簡介此一內陸國度的
山川地貌、國情政局，以及錯綜複雜的奧地利國族認同的型塑歷
程。其後則開始敘述奧地利史前時期至中古時期的概要發展，並
一路延續至巴本貝格家族和哈布斯堡兩大家族先後入主奧地利的
經過。緊接著，則闡述近古時期哈布斯堡家族二度入主德意志第

一帝國（德意志神聖羅馬帝國），以及成為德意志世界霸主的崛興
歷程。其後則進一步剖析德意志世界的普奧雙元體系在十八世紀
中後期的形成。邁入十九世紀之後，奧地利則是如何透過首相梅
特涅的高超政治手腕，而在拿破崙兵敗之後所舉行的維也納會議
中，大施縱橫捭闔之術，精心建構出歐陸五強均勢體系，維繫奧
地利之國家利益於不墜，並造就了反動的「梅特涅體系」之建立。
然而 1848 年德意志三月革命的爆發及其後奧境內各支民族主義
浪潮的席捲，再加上奧地利於 1866 年「德意志戰爭」──奧普戰
爭中戰敗、而遭排除在未來的德意志民族國家之外後，不得不向
帝國境內另一支較大民族馬札爾人妥協讓步，致有 1867 年奧匈雙
元帝國的出現，但這個多瑙河雙頭鷹的奧匈雙元帝國因境內諸民
族的內鬨惡鬥不止及一戰的爆發，最終造成哈布斯堡王朝在一戰
結束後的崩潰和雙元帝國的解體。

　　緊接其後所探討的重點，則為戰間期奧地利第一共和國時期
的亂局，希特勒即是在此一亂局中崛起之梟雄。希特勒出生及成
長於上奧地利邦林茲市近郊的布勞瑙及雷翁鼎，青年時期流浪於
維也納，企圖成為一名畫家不成，遂一變成為憤世嫉俗的青年，
罹患反猶、仇猶之惡疾，也種下 1930 年代其納粹黨人鼓吹種族主
義並奪權，發動二戰而成為戰禍的元兇。近年來整個德語世界歷
史學界中最為推崇的傳記式專著，係布里姬特·哈曼所著之《希
特勒時期的維也納》　(Brigitte Hamann, *Hitler's Vienna: A Portrait
of the Tyrant as a Young Man*. Trans. Thomas Thornton. London and
New York: Tauris Parke Paperbacks (2010) [1999].)。這部談論奧地

利置身於這段大德意志民族主義狂潮席捲的氛圍下，致而被併入德意志第三帝國的史實，在杜教授書中的第十五章可以清楚窺見其發展始末。

當然在探討奧地利政治史的發展之餘，本書亦未忽略奧地利在藝術文化的高度成就，內文尤其針對「世紀末」至戰間期的奧地利藝文盛況作了一番詳實的解析，從而得以讓人一窺在十九世紀末至二十世紀初期之時，奧地利作為歐洲文化巨擘及維也納作為全歐藝文之都的燦爛輝煌紀元，並進而了解到奧地利人所一再強調的文化立國之所由。至於最後一章，則鋪陳奧地利第二共和國在二戰後的政治發展，以及當前奧國的經濟、社會及藝文繁榮的景象。

本書除了文字流暢、敘述明確、引用翔實、註解分明之外，又附上多幅珍貴插圖，便利讀者按圖索驥，激發邇思，同時也附上年表，幫助讀者查閱。此乃這部史著的優點。此外，這部作品也是中、臺、港、澳、星、馬等華語國度或地區至今為止最新穎、最詳實及最深入的奧地利史專著，其刊行後不僅可供本國及華語世界的最新奧地利資訊情報，更可列入國內大學生通識教育、甚至是高中生課本而絕不為過。

此序撰寫人與奧國及德國皆淵源甚深，早期 (1962–1963) 原本留學德國佛萊堡大學，後轉學至奧地利維也納大學，攻讀「國家學」(Staatswissenschaften)，此係舊制政治學、經濟學、社會學和法律學之混合，1967 年獲得政治學博士（doctor rerum politicarum 簡稱 Dr.rer. pol.）。1968 至 1973 年則執教於慕尼黑路

德維希・馬克西米利安大學國際政治研究所，後受聘新加坡南洋大學政府與行政學系及新加坡國立大學政治學系教職，前後長達二十年之久。1992 年獲臺大三民主義（後改名國家發展）研究所聘為客座教授兩年轉為專任，至 2012 年退休。2012 年春又獲得國立交通大學特聘為講座教授至今夏，現任國立交通大學通識教育中心終身講座教授。由於本人在德語世界的德奧兩國學習和執教長達十二年，又在維也納居留六年，並在奧京完成終身大事（與留奧學習德語文的蘇淑玉女士結婚），與奧地利關係之密切不言可喻。那些年我與內子在慕尼黑居留期間，每每利用聖誕節、復活節或寒暑假由南德開車至奧境，重新徜徉於奧國高山湖畔之間，特別是常赴維也納的歌廳、劇院、博物館及畫廊等，重溫音樂和美術作品撫慰身心靈的美好與感動。同時奧地利人淳樸親切的人情味對我倆尤具有無比的吸引力，以致過去的十年間，我們夫婦倆幾乎每年夏天都不計航程的辛苦，飛回奧地利渡假。我們視奧國，特別是奧京維也納為第二故鄉。

本書作者杜子信博士為本人學生，他現為國立中正大學歷史學系助理教授，其執教領域大抵皆集中於，與德語世界密切相關的中歐及中東歐各個國別暨區域史，諸如德意志神聖羅馬帝國史、奧地利史、中東歐各國史及巴爾幹地區史等等，此一專長實與其留學背景息息相關，他係德國卡瑟爾大學歷史學博士畢業，攻讀領域聚焦於中歐、中東歐及巴爾幹地區的歷史變遷問題，尤其是德意志與斯拉夫各支民族的關係史上。他學成歸國之後，旋即投入學術事宜，其戮力於鑽研國內世界史學界較少著墨的中歐、中

東歐及巴爾幹地區歷史的精神與毅力頗令人讚佩，身為其師，實
與有榮焉矣。

　　鑑於杜子信教授的史才、史識和史慧（歷史哲學和歷史觀所
型塑的智慧）的齊備，以及德奧及中東歐歷史造詣的深厚，在完
成《奧地利史——藍色多瑙國度的興衰與重生》一書之後，期能
再多所撰述與德語世界相關的中歐、中東歐及巴爾幹歷史與文化
的專文或史書，以求嘉惠求知殷切的學子，是為作序者之期望。

洪鎌德

國立臺灣大學國家發展研究所退休教授

國立交通大學通識教育中心終身講座教授

序於新竹市十八尖山西北山麓寒舍

2019 年 10 月 31 日

推薦序 II

在國內有關西洋史，特別是對歐洲史的研究或出版，至今多較偏重於對幾個大國如英、法與德國歷史的探討與發表，對奧地利國歷史的研究與介紹少之又少，在坊間也難找到一本較完整與較有深度的奧國歷史書籍。現在終於看到杜子信兄撰的這一本《奧地利史》，他請我為他這本書寫序，我非常樂意，因這一本書實是既少有又難得之作。

子信兄是留學德國的年輕學者，2009 年在卡瑟爾大學 (Universität Kassel) 歷史研究所畢業，博士學位論文題目：〈作為意識型態之德意志人東向移民史至第一次世界大戰結束前之演變〉(*Die Deutsche Ostsiedlung als Ideologie bis zum Ende des Ersten Weltkrieges*) 是國內西洋史學者專家較少關注的專題。隔年，他學成歸國後，先後在國立中興大學、國立勤益科技大學等校從事對德國、奧國與東歐歷史的教學及研究。他現任國立中正大學歷史學系專任助理教授，教學認真、備受學生愛戴，研究成果更是豐碩；在十年內已出版兩本專書與相當多的研究和期刊論文，可說是國內專研中、東歐歷史的專家與後起之秀。

子信兄利用有關中、東歐歷史教學的資料、發表的論文與參考不少原文書後，撰成這本《奧地利史》；它是一本編年體的通

史，以逐篇逐章的順序，自上古、中古、近古、近代與現代，來
探討與介紹這個在漢文文獻：如《職方外紀》、《海錄》、《海國圖
志》、《瀛環志略》、《粵海關志》、《外國史略》與《元史譯文證補》
等書中，有「莫爾大未亞」、「東國」、「馬加」、「奧斯馬加」、「墺
地利亞國」、「雙鷹國」或「歐塞特黑」等不同譯名的奧地利國的
歷史，很值得參閱。

　　這本書組織相當嚴謹，結構完整與清晰，文字修辭頗為簡潔、
優美與通順；全書共分五篇十六章，各章含不同數目的小節，其
中還附不少清晰詳實的註解和圖片，書後更編有附錄含〈大事年
表〉與詳細的〈參考書目〉。各篇的篇名與各章討論的重點如下：

　　第一篇：〈奧地利國情概觀及奧地利國族認同〉有二小章，簡
介奧地利民族的起源、人文、地理與自然景觀、歷史的起源與發
展、歷史上與德意志緊密關聯的歷程、相互爭霸與牽累；現今國情
的概觀及其行政區劃與政經的發展，以及二戰後自我國族的建構。

　　第二篇 ：〈奧地利前史及中古時期 （西元前 600 年 –1440
年)〉含三章，分別說明奧國自史前與上古以來，不同民族包括伊
利利亞人、克爾特人的出現與移動、羅馬人在多瑙河流域的統治、
日耳曼族的入侵和遷徙、東歐阿瓦爾人與斯拉夫人的西移，以及
巴伐利亞人的東拓；九世紀上半葉，奧地利在卡洛林帝國崩解後，
遭受馬札爾人的威脅與奧圖一世重建東法蘭克東部邊區的勢力；
接著解說在巴本貝格家族入主後，政經的興衰、神聖羅馬帝國的
建立和發展以及哈布斯堡王朝掌政以來，領域的分割、境內德意志
化的形成、和羅馬教會的政教紛爭，以及文藝風格的特色和成就。

　　第三篇：〈奧地利近古時期（1440–1800 年）〉附四章，先介紹哈布斯堡王朝的擴張、在歐陸的稱霸和在宗教戰爭與「三十年戰爭」中，遭遇的內憂和外患，以及如何長期對抗伊斯蘭教土耳其人的入侵。接著描述專制主義時期開明君主的統治，特別是女皇特蕾西亞與其子約瑟夫二世主政時期的政經、教育的改革與對外貿易的推展，以及和普魯士在神聖羅馬帝國的爭霸和參與對波蘭的瓜分。然後，敘述此時期巴洛克與洛可可藝術在奧地利特有的樣式與其魅力。

　　第四篇：〈奧地利近代時期（1800–1918 年）〉下列四章，先討論奧國在法國大革命與拿破崙稱霸歐陸時期，遭受的衝擊與反抗，包括神聖羅馬帝國的傾覆與維也納會議後，歐洲封建專制舊秩序的恢復及鬆散的德意志邦聯的成立；另外，剖析奧國在保守時期，遭遇德意志民族運動與革命的衝擊，和普魯士王國在「關稅同盟」及在創建德意志民族國家中的對決，以及奧匈雙元帝國的建構與分治，雙元帝國政經、社會發展的盛況及遭遇的挑戰和崩解。接著闡明，從新古典主義到浪漫主義在藝文、音樂上的輝煌成就。

　　第五篇：〈奧地利現代時期（1918 年迄今）〉亦有三章，先闡述在泛德意志浪潮下，和德意志帝國的結盟與發動一次大戰，戰後哈布斯堡王朝的終結與第一共和的肇建和其政經與社會的發展，以及在二次大戰前的藝文和自然科學的昌明。接著論述她如何被併入第三帝國，與在希特勒掌控下參加反猶和歐戰的發動；戰敗後，先遭受同盟國四強的占領和戰爭罪責的追討、政黨政治

的重建與第二共和的創立及主權的重建。「冷戰」時期亟力推動去
納粹化與切割和德意志民族的關聯，轉而自我國族認同的形構，
以及在宣告「永久中立國」的政策後，在外交上的妥協及國際形
象的提升，最後闡明現今在政經社會與文藝等方面穩定與繁榮的
發展。

　　由以上豐富的內容與精要的論述看出，這本書是以宏觀的視
野與依據奧國紮實可靠的史料，針對歷史上她在各時期所遭遇的
重要問題進行探討，且系統性的申述這個地處在中、東歐的國家
興起後，受多變和複雜的自然環境與多元種族的影響，以及在不
同年代歐洲國際局勢的變遷下，帶給她幅員的多變、政體維繫的
困難和多樣族群和諧相處的衝擊，以及藝文的紛雜與昌盛。另外，
也探索她面對上述內、外多重的困境，與因前後德意志化帶來巨
大的羈絆與災難，透過一再妥協而得以維繫其國祚的存活，與最
終在二戰後，能建構自我國族的認同，並治理出在各方面優質及
令人激賞的國度。因此，很值得推薦給國內各大學歷史學系西洋
史，特別是探討與研究中、東歐歷史的教師、學生與擬前往奧國
留學或學習音樂的國人參考，而且也是國內各高中在世界史，特
別是有關歐洲史不可多得的補充材料。

余文堂

國立中興大學歷史學系退休教授

2019 年 12 月 7 日

序　言

　　自身作為長期關注德意志、奧地利，以及中歐與中東歐歷史的歷史工作者而言，最常被問到的問題之一就是德意志聯邦共和國與奧地利共和國之間究竟有何關聯性？何以在語言、族群及文化上看似如此雷同密切且領域相毗鄰的兩個國度，在過去的歷史發展中並未將兩者凝結成為一個共同國家？每每在回答上述問題之際，總不免一再尋思，是否應以簡明扼要的方式，將多年的研究心得形諸筆墨，如此一來，不但有助於強化並驗證自身之所學，同時更得以藉此以一個宏觀的視野清楚窺探出中歐及中東歐地區、德意志與奧地利，以及奧地利與廣大的中東歐及巴爾幹地區之間，在歷史發展上錯綜複雜的關係。在一次的因緣際會之下，承蒙三民書局《奧地利史》一書的邀稿，因而也透過了這次的機遇而將長久以來所欲撰寫奧地利通史的想法，付諸行動。

　　就今日疆域版圖來看，相較於其他歐洲諸國而言，奧地利充其量僅能算是一個中型國家，其在歐陸政局上的影響力，亦不足以使其像德意志聯邦共和國及法蘭西共和國般，成為歐洲聯盟的決策主導國度之一。然而在 1918 年年終之前，無論就國土面積、國際政治，以及尤其是藝術文化的發展上，奧地利實為一影響力極深，甚至是引領時尚風騷的歐陸一方之霸。

　　直至 1866 年以前，奧地利不僅是屬於廣大的德意志世界之一部，甚至可說其係主導德意志政局發展的主角，即使自中古高峰期至晚期以降，神聖羅馬帝國核心所在的德意志全境已然陷入分崩離析、邦國林立之態，然而對於自中世紀晚期以來即掌控著德意志神聖羅馬帝國帝位的哈布斯堡王朝而言，任何政治上的動向卻仍無不牽動著整個德意志世界的脈動，絕大部分的德意志境內各邦國在採行任何政策之前，仍不免須先窺探哈布斯堡王朝中央的意向。奧地利不僅在政治上對德意志世界擁有著高度的影響力，同時維也納長期作為帝都所呈現及享譽的風華絕代之姿，對於德意志全境各邦的文人才子及各類藝文秀異之士，產生了強大的吸引力，致而紛紛擁入奧京尋求自身才華揮灑之所，遂使奧地利不僅在政治上，同時亦在藝術文化及社經上，都享有其他德意志各邦大城難以比擬的優勢地位。再加上由於哈布斯堡王朝自近古（近代早期）以來，逐步將其疆域擴及至廣大的中東歐地區，使得哈布斯堡皇室的威望及奧地利的影響力進而延伸至歐陸東半部，於是在奧地利躍升為中歐及中東歐地區之政經社文的中樞核心之際，許多在不同領域中的傑出非德語系人士，率皆亦以奧地利為其發展之重心。

　　因此，談及奧地利的歷史發展概況，在析論其與德意志世界密不可分關係的同時，亦無法忽視其與中東歐各國及部分巴爾幹國家——尤其是波希米亞（今之捷克）、斯洛伐克、匈牙利、斯洛文尼亞及克羅埃西亞之間錯綜複雜的關係，係因今日中東歐各國及若干巴爾幹諸國面貌的形塑，實與過往奧地利哈布斯堡王朝的

統治歷程息息相關，此亦是撰寫一部奧地利通史的不易之處。對此作者盡可能地化繁為簡，在有限篇幅的架構之下，將焦點置之於與今日奧地利本土切身相關各領域的重要史實發展，同時並適度兼顧至奧地利與德意志、中東歐諸國，甚至是部分巴爾幹國家之間的互動關係史。

　　當初在承接本書的撰寫之際，鑑於在歷史發展上奧地利在政經社文各方面，皆對當時世界擁有巨大的影響力，因而作者從行文之初，即無意於僅描繪奧地利哈布斯堡王朝在歐陸政治上叱咤風雲之歷史，無寧希望能以較寬廣的視野，在闡述時代背景的架構下，同時關注於社會的發展，尤其是奧地利之藝術文化方面的巨大成就。殊未料各領域所牽涉到的專業知識極廣，每每皆須投以大量時間精力收集判讀並鑽研相關資料的內涵，因此原計畫以一年為期的撰寫時程，被迫延宕再三，因而也導致了三民書局所規劃的出版時程一再延遲，對此作者內心深感過意不去。最後在耗時近兩年半的時光之後，全書始告完工，終不負三民書局對作者的高度信任與期許，對此尤須致上作者最深之謝忱。亦由於本書涉獵領域稍廣，恐難以面面俱全而毫無謬誤疏漏之處，其間若有任何缺失不足，尚祈讀者不吝指正。

杜子信

國立中正大學文學院

2019 年 12 月 31 日

奧地利史
藍色多瑙國度的興衰與重生

目　次 | *Contents*

Austria

第 1 篇

奧地利國情概觀
及奧地利國族認同

第一章 | *Chapter 1*

奧地利國情簡介

第一節　奧地利之起源及其演變

一、奧地利與德意志的關聯性

　　今日的奧地利（第二）共和國為一主權獨立的國家，亦是歐洲聯盟 (Europäische Union/European Union) 所屬的二十八個會員國之一。奧地利地處歐陸心臟地帶，隸屬中歐三個德語系國家之一❶。在歷史發展上，奧地利長期隸屬於德意志世界之一部分，甚至從中古 (Mittelalter/Middle Ages) 晚期至近古（或稱近代早期 Frühe Neuzeit/Early Modern）初期以後，奧地利曾經位居德意志

---

❶ 即德意志聯邦共和國 (Bundesrepublik Deutschland)、瑞士聯邦 (Schweizerische Eidgenossenschaft) 及奧地利共和國 (Republik Österreich)。

世界的政治霸主地位達數百年之久,長期主導了德意志世界政治、經濟、社會、文化的走向。直到近代 (Neuzeit/ Modern) 以後,隨著普魯士崛興並挑戰奧地利在德意志世界的霸主地位,並在 1866 年的「德意志戰爭」(Deutscher Krieg)──普奧戰爭中大獲全勝,而將奧地利排除在德意志世界及 1871 年所建立的德意志民族國家之外後,在政治層面上,奧地利才首度與廣大的德意志世界產生區隔,並被迫開始發展自身主體性。時至二戰爆發前後,在國社(納粹)黨人的大德意志帝國野心行動下合併奧地利之後,奧地利再次成為德意志世界之一部。

直迄二戰結束之後,在戰勝國的安排之下,奧地利始在政治上與德意志世界完全切割,並在其後逐步建構出有別於德意志的奧地利國族認同。如上所見,奧地利與德意志世界在歷史發展上實有著千絲萬縷的關聯性。

若要追溯最初奧地利與德意志世界間的關聯,則須上溯至七世紀之時,該地原本是今德境東南疆的巴伐利亞人,在東阿爾卑斯山及多瑙河谷地帶所拓殖出的一片邊防要地。當時一支源自內亞草原的游牧部族阿瓦爾人(柔然人,Awaren/Avars)對德境擾邊劫掠,為了防範阿瓦爾人,巴伐利亞人乃在七世紀初開始移民拓殖今日奧地利北部地帶,因而該地最初被稱為「巴伐利亞之東部邊區」(Bayerische Ostmark)。隨後因該地統治權不斷更迭的結果,因而又有「潘諾尼亞之東部邊區」(Pannonische Ostmark) 的稱呼,直到鄂圖一世(即鄂圖大帝,Otto I., der Große,912-973 年,王 936-973 年,帝 962-973 年)在 955 年徹底擊潰馬札爾人

(Magyars) 之後，將其納入德意志第一帝國（神聖羅馬帝國）❷疆域，該地乃逐步發展成為德意志世界之一員。

二、奧地利之名的由來

976 年巴本貝格家族 (Haus Babenberger) 正式入主東部邊區之後，時人漸以「東部國度」（Ostarrichi〔中古高地德語〕＝Österreich〔今高地德語〕）來稱呼該地，若依拉丁文文獻的記載，

---

❷ 此一帝國為德意志歷史上第一個王朝「薩克森王朝」(Dynastie Sachsen) 的第二君鄂圖一世，正式肇建於 962 年，其最初的正式國號為「羅馬帝國」(Romanum Imperium)。1157 年「霍恩史陶芬王朝」(Dynastie Hohenstaufen) 的「紅鬍子」腓特烈一世 (Friedrich I., Barbarossa，1122–1190 年，王 1152–1190 年，帝 1155–1190 年) 在位時，將國名改為「神聖帝國」(Sacrum Imperium)，至 1254 年霍恩史陶芬王朝結束之後，國名又更動為「神聖羅馬帝國」(Sacrum Romanum Imperium)，直到 1486 年「哈布斯堡王朝」(Dynastie Habsburg) 的腓特烈三世 (Friedrich III.，1415–1493 年，王 1440–1493 年，帝 1452–1493 年) 在位之際，因帝國領域縮小僅侷限於德意志，遂再次更名為「德意志神聖羅馬帝國」(Sacrum Romanum Imperium Nationis Germanicae/ Heiliges Römisches Reich Deutscher Nation)。由於其名稱在歷史上不斷更易，在援引之際常因時空變化而不勝其擾，因而本書直接採德意志第一帝國之名，如此用法較符合德文史著上以「德意志之國」(Das Deutsche Reich) 來涵蓋千餘年德意志人在其領域上的發展，凸顯德意志歷史發展上的一致性，亦較符合許多國內外的史著上以第一帝國、第二帝國及第三帝國來分別稱呼 962–1806 年、1871–1918 年及 1933–1945 年的德意志國家的用法。

即是「奧地利」(Austria)，今日英語世界亦沿用拉丁文詞彙而稱呼之。

　　奧地利之名隨著歷史的發展，其領域逐步擴大，這片領域先後在巴本貝格家族及哈布斯堡家族 (Haus Habsburg) 入主之後，由一個帝國邊區伯爵領地而逐步發展成為第一帝國境內最大強權，歷經中古至近古的發展之後，至近代才被排除於德意志民族國家之外，並最終在今日形成了一個獨立的奧地利共和國。關於奧地利政治地位在歷史上的演變經過，可見之如後：

1. 七～八世紀：「巴伐利亞之東部邊區」

2. 803 年：「潘諾尼亞之東部邊區」或「卡洛林邊區」或「阿瓦爾邊區」

3. 955 年：「鄂圖之東部邊區」(Ottonische Ostmark)

4. 976 年：「奧地利邊區伯國」 (Markgrafschaft Österreich/ Margraviate of Austria)

5. 1156 年：「奧地利公國」 (Herzogtum Österreich/Duchy of Austria)

6. 1453 年：「奧地利大公國」(Erzherzogtum Österreich/Archduchy of Austria)

7. 1804 年：「奧地利帝國」 (Kaisertum Österreich/Empire of Austria)

8. 1867 年：「奧地利－匈牙利雙元帝國」 (Doppelmonarchie Österreich-Ungarn/Dual Monarchy of Austria-Hungaria)

9. 1918 年：「德意志－奧地利共和國」 (Republik Deutsch-

Österreich/Republic of German-Austria)

10. 1919 年：「奧地利第一共和國」(Erste Republik/First Republic)

11. 1938 年：大德意志帝國之「東部邊區」(Ostmark/Eastern March)

12. 1945 年：「奧地利第二共和國」(Zweite Republik/Second Republic)

第二節　奧地利的人文、地理及自然形勢概觀

一、人口分布及語言

　　奧地利地處中歐，為一內陸國度，國土面積為八萬三千平方公里，人口總數根據 2019 年的調查結果，為八百八十五萬左右。最大城市為首都維也納 (Wien)，位於奧境東北方，維也納及周遭地帶總共匯集了約二百四十萬人口，占全國總人口數的四分之一，全國重要的政治、經濟、文化及交通重心幾皆集中於此，至於其餘地區人口較密集者，則屬各邦的首府所在地，例如第二大城為徐泰爾邊區邦 (Steiermark) 的首府格拉茨 (Graz)，第三大城為上奧地利邦 (Oberösterreich) 的首府林茲 (Linz)，及第四大城為薩爾茲堡邦 (Salzburg) 的首府薩爾茲堡等等。奧地利的官方語言為德語（更精確的稱呼為「奧地利德語」），為絕大部分的奧地利人民所使用，除此之外，尚有為數極少的少數民族，如馬札爾人、克羅埃西亞人及斯洛文尼亞人等等，大部分集中在靠近東疆及南疆的

邊界地帶，在這些少數民族聚居的邦之中，邦政府亦將這些少數民族語言列為地區性語言，並提供地區媒體及教育機構給予這類少數民族必要的發聲管道。

二、地理位置及自然景觀

奧地利北以波希米亞森林山脈 (Böhmerwald) 與德國及捷克為界，西以萊茵河 (Rhein) 上游及波登湖／康士坦茨湖 (Bodensee/Lake Constance) 與瑞士及列支敦士登接壤，南以阿爾卑斯山系的多羅米特山脈 (Dolomiten) 與卡拉萬克山脈 (Karawanken) 分別與義大利及斯洛文尼亞毗連，東北則以馬希河／摩拉瓦河 (March/Morava) 與斯洛伐克為鄰，至於東方則以新移民湖 (Neusiedler See) 遙望匈牙利所在的潘諾尼亞平原 (Pannonische Tiefebene)，因而奧地利可謂為一置身「歐洲心臟」(Das Herzen Europas) 的國度。

奧地利國歌歌名為「山脈之國，濱臨大河」(Land der Berge, Land am Strome)，從中可窺見奧地利自然地理的形勢，全境 62% 以上的面積隸屬阿爾卑斯山脈群，其中 43% 為森林地帶，此種天然地理條件，使得奧地利發展成為冬季運動勝地，包括冬季奧運在內的各項國際冬季運動賽事，常以位於阿爾卑斯山的奧地利各城市為首選。只有北面介於阿爾卑斯山 (Alpen) 及喀爾巴阡山 (Karpaten) 的前麓地帶、維也納盆地 (Wiener Becken) 周遭地區及馬希河／摩拉瓦河，以及東南方的徐泰爾邊區為地勢平坦之地，亦為主要農產區。最大河川為多瑙河 (Donau)，由西北方的德國巴伐利亞邦流入，橫越奧地利北部地區，經奧境東北而出境，續

流經斯洛伐克、匈牙利及巴爾幹地區諸國之後，至羅馬尼亞注入黑海。

第三節 奧地利行政轄區及經濟發展簡介

今日奧地利第二共和國為一聯邦制國家，全國由九個「邦」(Bundesland) 所組成，由於全歐最大的山脈群阿爾卑斯山橫亙奧地利的中、西及南部，基於叢山峻嶺及峰巒相連之故，並不適大量人口的聚居，因而奧境內絕大部分的人口集中於地勢較為平坦的北部多瑙河流域地帶，奧境最重要的產業亦皆集中於此，因而更加吸引人群的匯集，其中尤以首都維也納、下奧地利及上奧地利三邦為然，總計三邦匯集近五百萬人口，幾占全奧三分之二人

圖 1：奧地利行政區劃及鄰國

表 1：奧地利行政區劃表（按人口多寡排序）

邦	邦首府
維也納（首都直轄市）	
上奧地利邦	林茲
下奧地利邦	聖·波爾騰
徐爾泰邊區邦	格拉茨
提洛爾邦	茵斯布魯克
克恩滕邦	克拉根福
薩爾茲堡邦	薩爾茲堡
前阿爾貝格邦	布雷根茨
布爾根蘭邦	鐵城

口數，由外在自然環境所導致的奧地利人口分布不集中於此可見。

在經濟方面，奧地利的工業、農業及畜牧業皆有可述之處，尤以工業為然，機械電機、冶金化學、紡織、林木加工及水力發電等為其主要產業，由於地緣關係及同文同種之故，使得奧德兩國產業間的互動極為密切，德資亦是奧地利最重要的外資。奧地利堪稱歐盟及歐元區的模範生，依照 2019 年的統計，奧地利全國生產總值為四兆三千九百六十億美元，人均收入高達四萬九千八百六十九美元，失業率僅有 4.7%，為歐盟國家中表現最優者之一，係屬全球最富裕國度之林。

第四節　奧地利的政治發展狀況

一、奧地利政治體系的運作

　　奧地利為一施行半總統制的國家，總統為國家元首，由每六年一次的全民直選所選出，總統直接任命總理，總理通常是國會最大黨的黨魁。至於奧地利國會則由兩院所組成，分別為六十一席代表各邦利益的聯邦院 (Bundesrat) 及共計一百八十三席由全民直選出的國民議會 (Nationalrat)，國民議會職司法律制定，並有權透過不信任投票罷免聯邦政府及其成員，聯邦院雖有權退回國民議會所通過的法案，然若是國民議會堅持原來法案，聯邦院就無權再次駁回，該法案即行生效，因此國民議會實掌控國家最大權力。

　　在政府組成上，奧地利從二戰結束以來，皆為奧地利社會民主黨 ❸ 及奧地利人民黨 (Österreichische Volkspartei, ÖVP) 兩大黨的競合態勢。然而自從 1989 年中東歐各國共黨政權解體後，奧地

---

❸　1889 年該黨成立之初的黨名為社會民主勞動黨 (Sozialdemokratische Arbeiterpartei)，1918 到 1934 年間則改稱為德意志奧地利社會民主勞動黨 (Sozialdemokratische Arbeiterpartei Deutschösterreichs)，1945 到 1991 年則又改稱為奧地利社會主義黨 (Sozialistische Partei Österreichs)，自 1991 年後則正式改為奧地利社會民主黨 (Sozialdemokratische Partei Österreichs)

利逐步脫離中立狀態，而在 1995 年加入歐洲聯盟，1999 年加入
歐元區。不過隨著中東歐前共產國家加入歐盟之後，大批非法移
民的入境，對於奧地利社會造成強烈的衝擊。尤有甚者，近幾年
來中東及北非地區因戰亂而導致大批難民湧向歐洲，歐盟中央則
基於人道立場而允其入境，並按比例而分由各成員國所接納，惟
大群湧入的難民在短期間衝擊到奧地利的治安、教育及社福資源
等，導致奧地利人不滿聲浪此起彼落，遂使保守及右翼勢力得益
於這股風潮而快速崛興，且實力日益壯大。

二、當前奧地利政黨生態的變化

在奧地利人民漸趨向保守的情勢下，奧地利兩大政黨的社會
基礎漸遭侵蝕，尤以採取保守立場的人民黨為然，其群眾基礎逐
步為極端右翼的奧地利自由黨 (Freiheitliche Partei Österreichs,
FPÖ) 所攫取。甚至在 2013 年的國民議會大選中，自由黨的得票
率更一舉突破 20%，聲勢直逼第二大黨人民黨的 24%，奧地利人
民對歐盟擴大及歐元區危機所帶來的深層不安全感，可見一端。
2015 年歐洲難民危機爆發之後，更對奧地利政壇造成了史無前例
的衝擊， 由於奧地利民眾對歐盟在德國總理梅克爾 （Angela
Merkel，1954 年– ）的主導下，大幅接納來自中東及北非的大批
難民，以及強制各成員國按比例接受難民額度的作法，感到強烈
不滿，這股憤怒的情緒遂在隔年的總統大選中全面發酵。

在 2016 年 4 月 24 日的奧地利總統大選中，傳統兩大黨社民
黨及人民黨所推出的候選人，竟在第一輪投票中雙雙中箭落馬，

無緣進入第二輪投票，由極右翼的自由黨候選人霍佛（Norbert Gerwald Hofer，1971 年–）在首輪選戰中取得最高票，因而與得票率居次、由綠黨 (Die Grüne) 所強力支持的無黨籍候選人范‧德‧貝冷（Alexander Van der Bellen，1944 年–）進入第二輪投票。歷經第二輪通訊投票計票上的缺失而遭判選舉無效後，終在 2016 年 12 月 4 日的第三輪選舉中，由范‧德‧貝冷以得票率 51.7% 的些微差距險勝霍佛，正式當選奧地利共和國總統。

三、奧地利政壇的右傾

然而因歐盟難民政策所導致奧地利全面右傾現象已難遏止，奧地利傳統兩大政黨在這股民心思變的壓力下，皆被迫作出必要調整，俾因應來自自由黨的強力挑戰，特別是向以保守選民為支持來源，其選民結構與自由黨相當程度重疊的人民黨尤然。因此在 2017 年的國民議會大選的選戰過程中，人民黨的新任黨魁庫爾茨（Sebastian Kurz，1986 年–）即以限縮難民配額、刪減移民福利，以及減少歐盟對奧地利內政的干預等，作為選戰主軸，喊出「讓奧地利重回顛峰」(Österreich zurück an die Spitze führen) 的口號，果真使人民黨在同年 10 月 15 日的國民議會大選中大獲全勝，取得 31.5% 的得票率。至於極右翼的自由黨則嶄獲了 26% 的選票，僅以不到 1% 的差距落於社民黨的 26.9% 之後而居第三大黨，然而由甫滿三十一歲的庫爾茨出任總理，以及人民黨與自由黨合組聯合政府的態勢已成定局。

於是在 2017 年 12 月時，人民黨－自由黨聯合政府在庫爾茨

出任總理下正式組建，不過歷時一年半的聯合政府在 2019 年 5
月時，因擔任副總理的自由黨黨魁史特拉赫 （Heinz-Christian
Strache，1969 年–）涉嫌收受俄羅斯政治獻金而爆發所謂「伊比
薩醜聞」(Ibiza-Affäre) 下臺後，導致聯合政府解體，並且在 9 月
底重新舉行大選，甚孚人望的庫爾茨領導下的人民黨得票不減反
增，斬獲 37% 的選票，但因自由黨新受醜聞重創，社民黨及綠黨
則屬左派政黨，因而政治氛圍右傾的奧地利政局未來將如何組成
新政府，恐是一大難題。

　　經過歷時三個月與各陣營的接觸與談判之後，奧地利下一屆
聯合政府的雛形終於在 2019 至 2020 年之交時浮現，人民黨－綠
黨聯合政府可望在 2020 年年初正式組建，這是庫爾茨在盱衡當前
國內政治氛圍對先前聯合政府的成員──自由黨的不信任，以及
為了因應日益嚴重的全球氣候變遷課題，因而不得不作出稍向中
間路線調整的權宜之策，未來人民黨－綠黨政府聯合政府的運作
是否因此而能夠順遂無虞，頗值得後續進一步觀察。

第二章 *Chapter 2*

奧地利史時空範疇與奧地利國族建構

第一節　奧地利史的起始爭議

一、1919 年之後的奧地利史

今日奧地利國家形成自何時？其疆域及其所屬的人民應如何界定？若純粹就今日奧地利所轄的疆域，亦即一戰結束後 1919 年所建立的奧地利（第一）共和國作為論述主軸，無疑地將使答案相對單純許多，其因在於生活在這個時期之後的奧地利國家疆域內的主體民族，幾乎是單一民族，在論述之際，幾乎不會牽涉到複雜的國際因素及民族問題，而且在討論僅將近一百年的當代奧地利國家史時，可以對之作更詳實及細膩的探索。

然而此種論點卻會出現一項極大的缺陷，即歷史文化斷層的問題，諸如當代奧地利的民族屬性及文化面貌是如何形成的？今日奧地利的語言、民族及文化屬性與德國幾無差異，兩者之間究

竟存在著何種關聯？要解答上述問題，無論如何不可能不追溯至
1918 年，即一戰之前的奧地利歷史發展，如若不將一戰之前的哈
布斯堡帝國史，甚至更久遠之前的奧地利史作一必要的回顧與探
究，則將難以釐清今日奧地利國家在建構過程之中的高度複雜性。

二、1918 年之前的奧地利史

當然將申論範圍擴及於 1918 年以前的奧地利史，雖能解開歷
史文化斷層的問題，卻不免又會面臨到另一項麻煩，亦即歷史上
奧地利核心領域——德意志民族聚集區，雖作為哈布斯堡帝國的
政治中樞地帶，然而其與其他廣大的「中東歐」(Ostmitteleuropa/
Eastern Central Europe) 地區 ❶ 卻又有著密不可分的關聯，係因哈
布斯堡王朝在歷史發展上，藉由不斷擴張而將廣大中東歐非德意
志民族地區納入其版圖之中，於是欲分析討論到哈布斯堡帝國的
歷史發展，則不可能不探究到其他非德語的族群與哈布斯堡帝國

---

❶ 中東歐地區與東歐 (Osteuropa/Eastern Europe) 地區有別，中東歐地區是
　指「中歐的東半部」地帶，即今日波蘭、捷克、斯洛伐克及匈牙利，
　作為與「中歐的西半部」：德國、奧地利及瑞士相對的概念。中東歐的
　波、捷、斯、匈四國因其信奉西方教會而所形塑出的文化面貌，與西
　方國家較為類似，明顯有別於以東正教為主要信仰的東歐諸國，但因
　二戰後這些國家淪為蘇聯東方集團 (Ostblock/East Bloc) 的衛星國地位
　之故，因而長期以來被視為東歐國家，但自從 1989 年冷戰結束東方集
　團解體之後，這四個國家已不再被視為東歐國家，在今日歐洲的地理
　區域劃分上，這四個國家因文化面貌與中歐及西歐關係密切而被列入
　中歐國家之列。

間的互動關係。然而若以此種論述角度切入奧地利國家史，則不可避免地將會使篇幅急遽膨脹，從而使針對不同時期歷史事件的觀察與分析失之過簡。

綜上所見，兩項觀察視野皆有其優缺點，因而本書試圖結合兩種觀察角度，即由奧地利先史開始，歷經中古時期巴本貝格及哈布斯堡兩家族統治奧地利、哈布斯堡帝國晉升為中東歐強權的歷程、一戰後奧地利第一共和國的建構，以迄今日奧地利第二共和國的發展現況，作一綜合概括性的說明，並兼而簡要論述中東歐其他民族與奧地利間的互動關係，期能一解奧地利在歐陸歷史發展上極端錯綜複雜的演變歷程。

第二節　誰是奧地利人？──奧地利認同的形塑

一、奧地利與中東歐在歷史上的關聯性

奧地利（第二）共和國境內的主體民族係奧地利人，這個在今日看來理所當然且毫無爭議的民族定位，實是二戰結束後才逐步生根並在 1970 年代之後才完全定型的，就在二戰結束之前，絕大部分奧地利境內操著德語的族群，並未將自身的民族定位與奧地利之名作結合。在此不免要問的是，何以居住在一塊名為奧地利土地上的人民，數百年甚至千年之久，卻未發展出以奧地利人來稱呼領域內全體住民的總稱？此一問題的答案正如前述所提及的，係因奧地利歷史發展上的高度複雜性所導致，從而使奧地利

人民的集體民族認同，受到有形無形的制約而難以成形。深究其實，直到 1918 年之前，居住於今日奧地利版圖內的絕大多數住民視自身為「德意志人」(Deutschen)，然而他們只是在一個被以「奧地利」或「哈布斯堡帝國」之名交錯變換的政治實體統轄下的一個民族而已。係因這個被稱為奧地利或哈布斯堡帝國的政治單位，其所轄的領域遠遠逾越今日奧地利的疆域之外而涵蓋了大片的中東歐地區，昔日哈布斯堡帝國所轄的大批其他種類紛繁的民族，從未接受帶有濃厚德意志意涵的奧地利人之稱謂，但願接受哈布斯堡帝國臣民或公民的名稱，此亦係哈布斯堡帝國當局為了維繫自身的統治權而樂見的結果。

由於哈布斯堡家族自從 1278 年正式入主奧地利而建立其統治權以來，逐步將其版圖從今日的上下奧地利邦之地擴張至廣大的德意志、中東歐地帶及部分西歐地區，時至十八世紀中期，哈布斯堡王朝成為一幅員極為遼闊的大帝國。這段直迄十八世紀的長期歷史發展之中，除了十七世紀的「三十年戰爭」(Dreißigjähriger Krieg) 時期，曾有過短暫的波希米亞捷克人，與潘諾尼亞 (Pannonia) 及外西凡尼亞的馬札爾人反哈布斯堡王朝的統治，以及連帶地對德意志人產生明顯敵意之外，帝國所屬臣民之間尚未出現明顯的民族問題，居民普遍認知到自身為哈布斯堡帝國臣民的身分。

二、奧地利與德意志世界在歷史上的緊密性

不過在此必須一提的是，即使哈布斯堡帝國以一世界帝國之

姿屹立於包括奧地利在內的中東歐地區，然而由於帝國統治者系出自德意志重要貴冑家族，而且長期掌控德皇頭銜，因而其對於廣大的德意志世界保有高度的威望，乃至於極大程度的影響力。在歷史發展上，儘管德意志全境自從中世紀晚期以來陷入分崩離析、群雄割據的狀態，奧地利哈布斯堡王朝受到歐陸周遭列強的牽制掣肘而未能展其一統全德意志的雄心，然其作為德意志世界的核心主宰地位，則屬一無庸置疑的事實。

　　事實上歷經奧地利哈布斯堡王朝從中世紀至近世在歐陸政壇上的叱咤風雲，無論在現實及精神層面上，自然而然地也對廣大的德意志世界產生了高度的威望，從而使其在政治上、經濟上、藝文上及音樂上等各方面，扮演著德意志世界中的領頭羊角色。德意志境內各大領土諸侯國在推動各項內外政策之際，總仍不免須窺探奧地利哈布斯堡王朝的意向，並以其態度作為決策推動的依據。同時奧京維也納尤其是全德政經、工商業、音樂及藝文重心之所在，該城不僅匯集了知名的工商業者鉅子，而且文人、作家、學者及音樂家亦率皆以維也納作為其作品發表及才藝技能盡情揮灑之所，奧地利成為德意志世界眾所矚目的焦點可見一斑。

　　此一情況，雖在十八世紀中期普魯士王國崛興，並開始挑戰奧地利在德意志世界領導地位的過程中，受到相當程度的衝擊，不過奧地利哈布斯堡王朝所具有的悠久歷史及璀璨輝煌的文化傳統，一時之間仍非新興的軍事強權普魯士所堪比擬。基於此種背景使然，奧地利哈布斯堡王朝從未曾忘卻，亦不可能會放棄其作為德意志世界的核心主宰地位。亦因奧地利在德意志世界具有無

可比擬的高度威望，因此奧地利作為德意志世界核心的想法，很自然地就深植於奧地利境內德意志人的心中。此種背景下，奧地利境內操著德語的族群，將自身定位為德意志民族，並且是德意志民族最重要且是最核心的組成部分的想法，成為再自然不過的常理。

三、奧普的德意志領導權之爭

進入十九世紀之後，隨著近代民族主義浪潮席捲全歐，奧地利作為德意志世界核心的想法開始受到嚴重的衝擊，此係導因於法國大革命及拿破崙戰爭波及德意志有以致之。自從 1806 年拿破崙大軍占領德意志全境，德境各個大小邦國，包括德意志雙強——奧地利及普魯士在內，盡行淪入法蘭西大軍的鐵蹄之下。拿破崙為了達成其「壓英征俄」的政治目標，在其全歐各地的占領區中進行橫徵暴斂之舉，是為「大陸封鎖禁令」(Kontinentalsperre)，其中德意志全境受禍尤慘。在這段從 1806 至 1813 年的七年法蘭西「外來統治」(Fremdherrschaft) 德意志之期，苛捐重稅壓榨下，終而激發了廣大德意志人民對外來統治的強烈反感，並迅速刺激了集體德意志民族情感之凝聚，導致德意志民族主義聲勢急遽高漲，此一風潮明顯帶有驅逐法蘭西外來統治，以及進一步建構起德意志民族國家的兩大終極目標。

在這段德意志民族主義澎湃洶湧之期，德意志世界的兩大強權——奧地利及普魯士，毫無疑問地成為廣大德意志各地人民引領企盼的民族救星。若僅就外在現狀的各類條件而言，奧地利無疑地具有著無可比擬的優勢：古老悠久的德意志資深家族威望、

深厚的歷史文化、合法性、知識品味、外交禮儀、宮廷社交、哈布斯堡世界帝國及維也納世界級大都會，以及擁有羅馬教會為後盾的天主教信仰重鎮，凡此種種皆對德意志各地，尤其是天主教信仰占大宗的南德各邦，具有著極強的號召力，此種優勢實為普魯士所難以望其項背的。

　　然而對於在拿破崙外來壓迫下所湧現的愛國意識暨德意志民族情感，以及抗法救德的決心與犧牲上，則普魯士的表現遠勝奧地利，自從拿破崙大軍占領下所啟動的普魯士政經社教等大規模改革行動，尤其在外來統治屈辱壓迫下所激起的反法情緒，進而將普魯士的精神及物質戰力催化至極限，遂使普魯士軍隊的戰力在 1813 至 1815 年間的一系列反法「解放戰爭」(Befreiungskriege)中，一躍而成為德意志世界擊潰拿破崙大軍之表率。

　　即令戰後 1815 年的《維也納和約》(*Wiener Friedensvertrag*)中，德意志民族統一的訴求，在歐洲列強及奧相梅特涅(Klemens Wenzel Lothar Fürst von Metternich，1773–1859 年) 的掣肘之下，以建立一個結構鬆散，並以奧、普皆參與其間的「德意志領邦同盟」(Deutscher Bund) 而暫告失利，然而奧地利長期作為德意志世界領導地位的態勢，毫無疑問地愈受普魯士的強力挑戰。

　　整個十九世紀上半葉，仍一味沉湎於昔日耀眼燦爛歷史文化，行政官僚體系卻早已呈現僵化老朽之態的奧地利，面對著積極建構強大工業基礎及推動軍事現代化的普魯士，此消彼長之勢在數十年間漸趨明朗並為之確立。在時人普遍的認知下，普魯士正秉承著上帝所賦予的「德意志民族的任務」(Deutsche Aufgabe)，其

終極目標在於帶領全體德意志人，全力突破種種內外困局而完成
德意志民族的統一。

四、大德意志與小德意志方案的對決

　　當然就奧地利德人的認同情感而言，面對著普魯士逐步力壓
奧地利而取得廣大德意志民族認同之所歸之際，亟欲在這股德意
志民族激情的氛圍中，以其傳統上作為德意志民族核心要角的態
勢，繼續扮演主導地位。尤其是群聚於哈布斯堡帝國所轄的奧地
利本土及環波希米亞周遭山群地區，向來掌控著奧地利政經社優
勢的德意志人，他們受到強烈德意志民族共同情感的驅使，極度
期待未來的德意志民族國家能夠涵蓋哈布斯堡帝國所屬的德意志
人聚居區，甚至以奧地利德人作為未來德意志民族國家的領導要
角，此即所謂「大德意志方案」(Großdeutsche Lösung/Greater
German Solution)。

　　然而此種主張不僅令哈布斯堡帝國境內其他民族，尤其是與
德人生存領域彼此重疊的斯拉夫人（捷克人、斯洛文尼亞人）及
馬札爾人大為緊張，亦不為哈布斯堡帝國統治當局所接受，係因
此種想法無異於將哈布斯堡帝國全面肢解。但受制於國際因素及
1866 年普奧對決的「德意志戰爭」結束，奧地利戰敗而使普魯士
所主導的「小德意志方案」(Kleindeutsche Lösung/Lesser German
Solution) 全面勝出之後，奧地利及波希米亞德人完全被摒除在德
意志民族國家之外，此種發展，自不免使哈布斯堡帝國的德意志
人在民族情感上劇受衝擊。

五、奧地利德人對德意志民族身分的堅持

　　自十九世紀後期以來，由於奧地利被全面排除於德意志世界之外，使得向來掌控政經社文優勢，並長期身居統治民族的奧地利本土及波希米亞的德意志人，面對著奧地利帝國在 1867 年重組為「奧地利－匈牙利雙元帝國」的歷程中，不僅霎時間淪為帝國境內民族結構上的弱勢，且昔日所享有的種種政經社特權，亦在帝國其他民族不斷爭權的歷程中逐步流失，此一背景下，致而引發其嚴重的生存危機感。

　　就在奧地利及波希米亞德人認同歸屬感深陷危機之際，由普魯士所領導的德意志民族統一運動正是經歷擊潰拿破崙三世、完成德意志民族國家：德意志第二帝國的建構，並且一舉將德意志民族的地位提升至歐陸要角的地位之期。身為德意志民族的光榮自豪感，此時當然也外溢至哈布斯堡帝國境內的奧地利及波希米亞的德人聚居區中，使其產生了一股與有榮焉之感。此種德意志認同感，尤其在所屬哈布斯堡帝國中央虛弱無力，而帝國境內數量居於優勢的其他民族政經社實力隱然有凌駕於德人之上的威脅下，格外對奧地利及波希米亞德人形成一股強烈吸引力。於是在這股炙熱的德意志民族認同感的導引之下，他們因而以自身所屬族群屬性而堅持自稱德意志人，或依所屬地域而自稱奧地利德意志人。在哈布斯堡帝國境內的德意志人，就採取此種自我族群認同及稱謂，一直堅持至哈布斯堡帝國在一戰的戰敗及全面解體後仍維繫不輟。

六、戰間期奧地利的德意志認同的維繫

　　1918 年年底一戰結束後，原本掌控廣大中東歐地區的哈布斯堡帝國崩解，帝國所屬各民族紛紛在協約國的支持下，成立了許多新興的國家，此際奧地利及波希米亞的德人聚集區亦宣布成立「德意志－奧地利共和國」(Republik Deutsch-Österreich)，凸顯他們作為德意志民族屬性的特點，不過對於這個新興國度的人民而言，這個小型共和國僅係過渡措施，奧地利及波希米亞德人實則希望未來能夠與德國進行終極合併。然而在法國的主導下，1919年所簽署的《聖日耳曼條約》(*Staatsvertrag von Saint-Germain-en-Laye*) 中，不僅德奧合併的想法被協約國所否決，甚至連波希米亞德意志人聚居區亦被迫從奧地利領域中分出，將之劃入新成立的捷克斯洛伐克共和國的疆域之中❷，至於奧地利德意志人則在

───────────

❷　這個區域位於環波希米亞（捷克）周遭山群地區，包括波希米亞森林山脈 (Böhmerwald)、礦山 (Erzgebirge) 及蘇臺德山 (Höhen der Sudenten)，其中尤以蘇臺德山區所匯集的德人最為密集，因而「蘇臺德德意志人」(Sudentendeutschen) 的概念，就被用以泛稱捷克境內全體德意志人。當時蘇臺德德意志人人口總數高達三百五十萬之譜，成為捷克斯洛伐克境內數量最大的少數民族，日後他們受到納粹德國的煽惑，遂出現自治的呼聲，成為捷克斯洛伐克內政上一大隱憂。到了 1938 年 8 月，在希特勒蓄意的操弄下，終釀成幾乎引爆大戰的國際危機，是為「蘇臺德問題」(Sudetenfrage)。其後德、義、英、法四國在南德慕尼黑舉行會議，英法政府為了避免戰爭爆發，最終與德簽署《慕尼黑條約》(*Vertrag von München*)，全面犧牲捷克斯洛伐克的權益，將蘇臺德地區劃給第三帝

協約國的安排下，被迫以一個新興的奧地利共和國公民行之於世。
雖則如此，奧地利的德意志認同感仍持續維繫不墜，並以本質類
似的其他用詞而稱呼自身。

　　於是在 1919 年至 1938 年的奧地利「第一共和國」期間，奧
地利人民的自我認同先後出現數項稱謂：除了奧地利德意志人一
如既往般地被使用之外，另外也有所謂 「泛德意志人」
(Alldeutschen) 或 「帝國德意志人」 (Reichdeutschen) 等稱謂被使
用，係因受制於國際社會阻止德奧合併的無奈，許多奧地利德人
希望能以昔日的德意志第一帝國（神聖羅馬帝國）為典範，將當
時的威瑪德國及奧地利第一共和國，合組成一個鬆散的德意志聯
邦型態。與此同時，亦有若干奧地利德人有鑑於威瑪德國屢遭國
際社會批判，應對先前德意志第二帝國挑起一戰的罪行而負責，
因而乃轉而強調奧地利是具有悠久燦爛的歷史文化傳統，有別於
承襲著過去普魯士軍國主義色彩的威瑪德國德意志人，所以奧地
利德人係屬「優秀的德意志人」(Gute Deutschen)，藉此與威瑪德
國德人作出明顯的區隔，尤其自 1933 年希特勒 （Adolf Hitler，
1889–1945 年）「攫取（德國）政權」(Machtergreifung)，以及其
後採行再武裝行動後，抱持此種觀點的奧地利人民顯著增加。

七、文化為本的奧地利德意志認同的產生

　　這段期間，維也納長期以來作為德意志世界文化之都的觀點，

　　國。然此一綏靖政策未能滿足希特勒的野心，半年之後，第三帝國國防
　　軍開進布拉格，完全吞併捷克，斯洛伐克則淪為納粹德國保護國。

不斷被奧地利德人所強調，因此歷史上重要的才俊之士皆選擇奧京維也納作為其發表、初演及安身立命之處，而維也納作為德意志世界、甚至是全歐的時尚之都，孕育出諸如瑪麗亞‧特蕾西亞（Maria Theresia，1717–1780 年）、法蘭茨‧約瑟夫一世（Franz Joseph I.，1830–1916 年）、西西公主（Elisabeth Amalie Eugenie, Kaiserin Elisabeth von Österreich，1837–1898 年）、「交響樂之父」海頓（Franz Joseph Haydn，1732–1809 年）、「音樂神童」莫札特（Wolfgang Amadeus Mozart，1756–1791 年）、「樂聖」貝多芬（Ludwig van Beethoven，1770–1827 年）、「圓舞曲之王」 小約翰‧史特勞斯（Johann Baptist Strauss II，1825–1899 年），以及宮殿堡宮 (Schloß Hofburg) 與美泉宮 (Schloß Schönbrunn) 的巴洛克文化氛圍，更為奧地利德人所津津樂道並引以為傲。

這種刻意以悠久文化來作為奧地利德意志人與納粹德國德意志人鮮明區別的作法，一如先前所提，在當時的目的係為強調奧地利德人是以文化為本，而明顯有別於以軍事為尚的納粹德國德人，以此強調他們是無需承擔戰爭罪行指責的「優秀德意志人」。值得一提的是，此種論點在當時僅是出自於區分出同屬德意志民族框架下的個別差異而已。

八、德奧合併及德意志認同的一致化

隨著 1938 年德意志第三帝國 「合併奧地利」 (Anschluss Österreichs) 之後，奧地利德人稍稍產生出透過凸顯文化特色來區別於第三帝國德人的認同感，迅即又為德意志民族身分所取代(壓

制），當然這種全盤融入德意志民族認同感的發展，並非源自被迫，實則有極高比率的奧地利德人是自願地重新成為廣大德意志民族之一員。其間因素實不難理解，由於德意志第三帝國在先前藉由廢除《凡爾賽和約》(Freidensvertrag von Versailles)、恢復經濟榮景、收回薩爾區 (Saargebiet) 及進軍萊茵河左岸非武裝區等一系列行動中，徹底摒除了德意志民族自一戰以來所承受的種種恥辱，大幅鼓舞了德意志民族自尊心。

　　加之希特勒本人出身奧地利，奧地利德人對之不免心生人親土親之感，尤其相較於先前長期處於政局失序及財政破產的奧地利第一共和國而言，與德合併對奧地利德人實有一股難以抗拒的誘惑力。加之第三帝國併奧之後，透過大量資金的湧入及大型產業的進駐，使得奧地利經濟形勢一夕衝天，迅速擺脫先前長期低迷不振的頹敗之象，導致當時絕大部分奧地利德人進而認定德奧合併實為一項福國利民之舉。此種背景下，使得先前稍稍發展出以文化特色來凸顯奧地利德人的認同感，旋即就在這股強大德意志民族優越感的時代風潮席捲下，迅速消聲匿跡。自此之後奧地利被重新冠上該地在歷史上最初的稱謂──東部邊區 (Ostmark)，成為所謂「大德意志帝國」(Das Großdeutsche Reich) 東南方的一個核心轄區，而且奧地利德人也在這股激情昂揚的民族情感中，從 1938 年至 1945 年間被納入所謂「優秀的亞利安或日耳曼人種中的德意志民族」之列，最後亦隨著納粹德國的興亡而與之俱榮俱毀。

九、二戰後奧地利國族認同的建立

　　直到 1945 年之後，基於二戰對奧地利所帶來的鉅大傷痛，以及全歐各國的強烈反德情緒，同時奧地利各界亟欲擺脫在二戰期間奧地利人民參與、共謀，並犯下的戰爭罪行，使得向來自視為德意志民族一員的奧地利人民，轉而重新尋求自身的定位。因而許多奧地利人遂有意識地與後來的兩個德國：無論是德意志聯邦共和國——西德，或是德意志民主共和國——東德皆然，以及德意志民族作切割。

　　因而先前曾經提到的，在戰間期所興起的：植基並強調文化特色的所謂「優秀的德意志人」認同感，在此就逐步轉化成為一種新興的奧地利人自我認同感，並且從此之後，逐漸為奧地利人民廣為採納，並迅速根植於奧地利人民心中，奧地利國族的建構——「奧地利人」的認同感因而快速發展。尤其自 1955 年《奧地利國家條約》(*Österreichischer Staatsvertrag*) 簽署，使奧地利重獲完整主權之後，奧地利人民自認是奧地利人的比率首度超越德意志人（49% 對 46%），其後更是在奧地利各界大力的推展及學校教育政策的全面配合之下，奧地利人對德意志人認同比率的差距不斷拉大。

　　最後到了 1980 年代末期，奧地利人的認同感比率已超過九成，於此同時德意志人的認同則僅餘個位數字的比率，奧地利所屬的人民即是奧地利人，成為再自然不過的常理。

Austria

第 II 篇

奧地利前史及中古時期
（西元前 600–西元 1440 年）

第三章 | *Chapter 3*

奧地利前史時期的發展

第一節　早期諸部族在今奧境的活動

一、伊利利亞人及克爾特人

　　位於阿爾卑斯山及多瑙河谷地帶的今日奧地利全境，早在遠古時期即已是許多歐洲先民往來的交通孔道，然而受限於阿爾卑斯山地形陡峭的先天因素，僅有極少數部族在此留下定居的蹤跡。

　　根據今日出土的文物鑑定，從大約西元前 1200 年至西元前 600 年之間，這片山區河谷地帶開始出現部族定居的遺跡。最初選擇落腳於此的族群係伊利利亞人 (Illyrer/Illyrians)，他們隸屬印歐語系諸部族之一支，其後另一支印歐語系族群的克爾特人 (Kelten/Celtics)，則約自西元前 700 年至西元前 400 年之期，大舉向中歐擴張，伊利利亞人受其所迫，遂逐步南遷至巴爾幹西部及西南部之地。此後這片阿爾卑斯山至多瑙河谷地帶就發展成為克

爾特文化圈的一部分。時至西元前 200 年時，克爾特人在今日奧地利東部至匈牙利西部之地，建立起諾瑞孔 (Noricum) 王國。

二、羅馬人在多瑙河流域的統治紀元

約自諾瑞孔王國立國前後之期，克爾特人開始受到北方另一支新興的印歐語族：日耳曼人 (Germanen/Germanic Tribes) 的壓力。與此同時南方的羅馬人勢力亦在不久後逐漸由南向北推進，最終在西元前 15 年，諾瑞孔王國完全臣服於羅馬軍團麾下，併入羅馬人的國度之中，緊隨其後，羅馬軍團又陸續征服了諾瑞孔以東的潘諾尼亞。

最初羅馬帝國首任皇帝蓋烏斯·屋大維·奧古斯都 （Gaius Octavius Augustus，西元前 63–西元 14 年，帝西元前 27–西元 14 年） 原本意欲繼續北進，將整片日耳曼尼亞 (Germanien/ Germania) 全部納入羅馬帝國的統治之下。卻不意在西元前 9 年之時，由羅馬將領瓦魯斯（Varus，西元前 46–西元 9 年）所率領的三支羅馬軍團，在向東越過萊茵河而深入暗鬱的原始森林地帶時，慘遭由西日耳曼諸部族之一：謝魯斯克部族 (Cherusker/ Cherusci) 首領赫爾曼（Hermann，西元前 17–西元 21 年）❶所率

---

❶ 赫爾曼另有拉丁名字，喚曰阿米尼烏斯 (Arminius)，因其早年係作為謝魯斯克部族質押於羅馬的人質，因而自幼即習得羅馬軍團種種戰技。時至西元前 9 年時，羅馬帝國當局越過萊茵河而欲將帝國疆域東擴至易北河，作為軍隊嚮導，赫爾曼因而也奉命隨軍出征。然而赫爾曼抗拒接受攻打原鄉的任務，隨即叛逃而回歸原鄉，旋被推選為部族共主

領的各部族聯軍所伏擊，歷經三晝夜的慘烈追殺惡戰後，終至落得全軍覆沒的噩運，是為「卡爾克里瑟戰役」(Schlacht bei Kalkriese)❷，或稱「赫爾曼戰役」(Hermannschlacht)、「瓦魯斯戰役」(Varusschlacht)，此即舊稱的「條頓堡森林之役」(Schlacht bei Teutoburger Wald)。

　　羅馬軍團受此重挫之後，帝國對日耳曼尼亞的經營改採守勢，並被迫將防線拉回萊茵河及其支流麥茵河 (Main)，一直到多瑙河流域一線，隨即沿著帝國的北界建立起一道「界牆」(limes) 的預警工事，屯兵戍守。時至西元 41 年至 54 年之期，羅馬人在東阿爾卑斯山至多瑙河地帶——約莫今日的瑞士東部、奧地利全域至匈牙利西部之地，正式建立起三個行省：瑞提亞省 (Raetia)、諾瑞孔省及潘諾尼亞省，此地遂進入羅馬帝國的長期統治時期，歷時近五百年之久。

　　在羅馬帝國的統治下，沿邊的原克爾特人城鎮，諸如冷提亞

　　而領軍對抗羅馬軍團。嫻熟羅馬軍團戰法的赫爾曼深知在開闊地帶上，以自身部族簡陋裝備，絕難對抗軍械齊備及列陣完整的羅馬人，因而決心將羅馬大軍引入蓊鬱森林地帶而伏擊之。此舉果然奏效，當羅馬軍團轉換為綿延長陣的行軍縱隊而行經於密林小道時，慘遭突擊，羅馬軍團傷亡慘重，最後包括將領瓦魯斯在內的三支羅馬軍團幾乎全軍遭殲。

❷ 根據最新出土文物考證的結果，這場戰役發生地點，並非是先前所認定的條頓堡森林內，而是離此地西北方約數十公里之外的歐斯那布呂克 (Osnabrück) 近郊森林帶的卡爾克里瑟 (Kalkriese)，此由近年來陸續在該地所挖掘出的大量羅馬軍隊的骨骸及軍械遺物等可資證明。

一世紀中葉的羅馬帝國
今日的奧地利國界

日耳曼尼亞

瑞提亞省

諾瑞孔省

潘諾尼亞省

圖 2：一世紀中葉的羅馬帝國北界及今奧地利所在位置

（Lentia，日後的奧地利城市林茲）、尤瓦伍（Juvavum，日後的薩爾茲堡），以及文多波那（Vindobona，日後的維也納）皆先後發展成為重要城市，羅馬人在此廣植葡萄等作物，並大舉興築道路及各類公共設施，逐漸將此處納入羅馬文明圈之中。

三、日耳曼人入侵帝國及「多瑙軍事集團」出現

時至西元二世紀後期，西日耳曼的其他部族，尤其是馬可曼人 (Markkomanen/Marcomanni)，屢次突破界牆侵入羅馬帝國北疆，羅馬軍團不得不將其防禦重心移向多瑙河中游並置重兵於此，隨即展開一連串軍事行動。172 年之時，羅馬皇帝奧理略

（Marcus Aurelius，121–180 年，帝 161–180 年）甚至親率大軍，與馬可曼人進行一系列慘烈的攻防戰，最後在付出極大傷亡的代價後，終於穩定帝國在多瑙河中游的防線，此亦為羅馬帝國最後的盛世餘暉。為了厚實帝國後續防務，奧理略在諾瑞孔省及潘諾尼亞省督軍長達八年之久，最後且在 180 年病死於文多波那（維也納）。

其後經約一個多世紀相對平靜的歲月後，日耳曼人大股侵襲的浪潮突然再度蜂擁而來，自三世紀上半葉以後，東日耳曼諸部族之一的哥德人 (Goten/Goths) 及後續其他部族，沿著黑海至多瑙河的下游及中游之間的寬廣地帶，持續對羅馬帝國展開一連串的犯邊攻擊行動。此時地處於今日奧地利境內的諾瑞孔省及其旁的潘諾尼亞省，對羅馬帝國的存續而言愈形重要。

扮演著羅馬帝國後期命脈之所繫的「多瑙軍事集團」，即在此際逐步浮現，其出現之因在於，由於貫穿從諾瑞孔省到潘諾尼亞省的通道，係南下進軍羅馬帝國核心領域最快捷的路線，亦是將羅馬帝國一切為二，使之全面崩解的最快途徑。因此為了防範蠻族循此一路線而突破北疆防線，羅馬帝國不得不置重兵於此，時日既久，多瑙軍事集團逐漸發展成為羅馬帝國境內最重要的軍事作戰單位，從文多波那、經卡爾農屯（Carnuntum，今奧地利城市德意志一長者堡浴療市 Bad Deutsch-Altenburg），一直到斯雷姆（Sirmium，今塞爾維亞城市斯雷姆密托維查 Sremska Mitrovica）等要城，皆發展成為羅馬帝國的多瑙軍事集團重鎮，帝國後期的重要軍事將領甚至是皇帝盡皆出身於此，涉及於帝國的大政決策

亦幾皆在此間議決,此地形成帝國後期的政軍要地,諾瑞孔及潘諾尼亞對後期羅馬帝國的重要性由此可見一端。

四、部族大遷徙及西羅馬帝國的滅亡

原本最初東日耳曼的哥德人對羅馬帝國東北方的侵擾,係以劫掠為主要目的,但自四世紀後期以後,由於受到西遷歐陸的匈奴人 (Hunen/Huns) 自後方的攻擊壓迫,哥德人及各支東日耳曼部族被迫大股遷往羅馬帝國各行省,已陷入沉痾衰敗的羅馬帝國自難以抗拒此種持續迫人而來的壓力,雖然藉由多瑙軍事集團不斷吸納大批日耳曼部族並使之日漸羅馬化,同時作為防禦之主力,然而在四世紀末期帝國防線仍數度橫遭東日耳曼諸部族及匈奴人所突破,形成「部族大遷徙」(Völkerwanderung/Movement of Peoples) 的浪潮。自此羅馬帝國深陷應對不暇的疲憊態勢之中,東日耳曼諸部族與在匈奴王阿提拉 (Attila) 率領的匈奴人部隊交替入侵,帝國防務完全倚賴羅馬化的日耳曼籍將領及軍隊,以及新近與羅馬帝國締結同盟的日耳曼軍隊,來對抗境外的匈奴與日耳曼部族聯軍。儘管最後阿提拉過世,然而已然羅馬化並長期握有兵權,最終進而掌控羅馬大政的日耳曼籍將領,亦漸無意再支持僅作為傀儡存在的西羅馬帝國皇帝及淪為一具空殼的西羅馬帝國,進而心生自立為主的野心。最終在 476 年,最後一任皇帝遭日耳曼籍將領罷黜,並旋將皇帝冠冕與權杖皆送往東羅馬帝國之後,西羅馬帝國就在無聲無息之中消失。

此一時期,瑞提亞、諾瑞孔及潘諾尼亞諸省,亦先後為匈奴

人及東日耳曼諸部族所入據，時及五世紀末葉，羅馬人統治多瑙河中游的漫長紀元終於正式落幕。

五、阿瓦爾人與斯拉夫人入據多瑙河地帶

然而不同部族間的大遷徙行動在其後仍方興未艾地持續進行中，隨著日耳曼諸部族的西遷、南遷浪潮席捲而去之後，緊接著進入今奧地利的是另一支源自歐亞草原上的游牧部族阿瓦爾人，以及受到阿瓦爾人脅迫並充當其軍奴的另一支印歐語族斯拉夫人 (Slawen/Slavs)。斯拉夫人的原始棲息地位於中東歐東部的普里配特沼澤區 (Pripet Sümpfe/Pripet Swamps)，早期在東日耳曼人受到匈奴人侵襲而遷往西歐、南歐之後，斯拉夫諸部族隨即移入甫成真空地帶的中東歐地區。六世紀中葉之際，阿瓦爾人西進浪潮襲向中東歐及多瑙河流域地帶，更進一步加速了斯拉夫人的外移步伐，在阿瓦爾人的不斷驅使下，斯拉夫人呈現放射狀地大股移向中歐、東南歐及東歐地區。斯拉夫人的分布區域西及易北河及波希米亞森林山脈，東抵頓河流域及黑海沿岸，北達波羅的海，南至希臘人群集的濱海地帶。

阿瓦爾人及遭其裹脅而來的斯拉夫人，約在六世紀中後期入據今奧地利及潘諾尼亞平原，隨即以之為根據地而建立起一廣大的阿瓦爾汗國，不斷地向外進行劫掠行徑，遂與西鄰的西日耳曼部族巴伐利亞人發生激烈的衝突。

第二節　東法蘭克暨德意志王國東部邊區的形成

一、巴伐利亞人的東向移民與拓殖

約從六世紀末期至七世紀之間,今德境東南疆的巴伐利亞人,為了防禦阿瓦爾人及斯拉夫人的侵擾,因而逐步沿著多瑙河谷向下推進,遂與其在沿著阿爾卑斯山東段及多瑙河谷之間地帶,爆發了一系列軍事衝突。此衝突歷時近百年之久,不過巴伐利亞人仍逐步穩住其軍事成果,並將其防線前哨地帶逐漸向今日奧地利的北部及東部推進。時至 750 年終將今日上奧地利、下奧地利、克恩滕、徐泰爾邊區及克萊恩等地納入巴伐利亞領域之內,正式設置「巴伐利亞之東部邊區」,其領域大抵涵蓋今日奧地利北部至東部之地。

法蘭克王國君主卡爾（Karl der Große,747–813 年,王 768–813 年,帝 800–813 年）❸在八世紀後期全面征服巴伐利亞人之後,隨即以「巴伐利亞之東部邊區」為跳板,對阿瓦爾汗國發動一連串的軍事攻勢。在其兵鋒連年打擊之下,阿瓦爾汗國終而不支,遂在 803 年時為卡爾大帝帝國／查理曼帝國（即版圖擴大之

---

❸　卡爾因文治武功俱有可述之處,因而在 800 年時為羅馬教宗加冕為帝,後世遂尊稱其為卡爾大帝 （德：Karl der Große） 或查理大帝 （英：Charles the Great） 或查理曼 （法：Charlemagne）。

後的法蘭克王國）所盡滅。攻滅阿瓦爾汗國之後，卡爾大帝隨即另置一邊防轄區以統治之，此即「潘諾尼亞之東部邊區」❹。該邊區所統轄之域甚為遼闊，今奧地利全境及潘諾尼亞平原皆在其轄區之內，遂取代原巴伐利亞之東部邊區的前哨地帶之地位。

二、馬札爾人入據東部邊區

然而法蘭克人的大帝國在卡爾大帝過世之後，國勢步向中衰，時至 843 年此一大帝國終為卡爾大帝的三個孫子所平分：東法蘭克王國（日後形成德國）、西法蘭克王國（日後形成法國），以及中間王國（中法蘭克，日後為荷比盧之地）。在法蘭克人的大帝國緩慢解體的過程中，帝國東南疆又步入多事之秋，此係大摩拉維亞公國 (Great Moravia) 興起並入侵潘諾尼亞之東部邊區有以致之，在此期間，由於東法蘭克王國卡洛林王室長期衰頹不振，遂使該邊區為其所入據。其後大摩拉維亞公國旋即在 906 年，為另一支源自歐亞草原的游牧部族馬札爾人所滅，疾勁飄忽的馬札爾遊騎，旋成東法蘭克王國的致命威脅。

自 907 年開始，馬札爾人連年入侵東法蘭克王國，潘諾尼亞之東部邊區首當其衝，東法蘭克王國東南疆防線全撤回茵河 (Inn) 一線，兩百餘年來對東部邊區的經略成果盡付東流。不惟如此，

---

❹ 此一邊區又因其為系出卡洛林王室的卡爾大帝所征服，因而又稱「卡洛林邊區」。此外有時又因該邊區先前長期為阿瓦爾人所盤據，也有「阿瓦爾邊區」的稱呼。

馬札爾人鋒銳甚且逾河西犯，東法蘭克王國內部隨即陷於烽火遍地之境。取代東法蘭克王國而起的德意志王國 (Reich der Deutschen/Regnum Teutonicorum)，在第一個王朝「薩克森王朝」（Dynastie Sachsen，919–1024 年）的亨利希一世（Heinrich I.，876–936 年，王 919–936 年）統治時期，僅能在各地遍置邊防工事，阻絕馬札爾人的劫掠，此一軍事頹劣之勢，迄其子鄂圖一世繼位之後，始告改觀。

三、鄂圖大帝重奪東部邊區

鄂圖一世即位之初，與馬札爾人間的戰爭更趨激烈，955 年，在鄂圖一世所率領的全德意志各部族聯軍的投入之下，終於大破馬札爾遊騎精銳於南德奧格斯堡近郊的列希菲德 (Schlacht auf dem Lechfeld bei Augsburg)❺，馬札爾人殘餘勢力於是退回潘諾尼亞，並從此之後立國於當地且逐步皈依基督教信仰，此即日後

---

❺ 鄂圖一世擊潰了馬札爾人之後，成為西方世界最強大的世俗君主，羅馬教宗基於其強大的影響力，因而在 962 年時為鄂圖一世進行加冕，是為鄂圖大帝，正式建立神聖羅馬帝國，亦是德意志史上的第一帝國。最初帝國係由德意志、義大利，以及布根地等三王國所組成，其後在十二世紀末時，又加入波希米亞王國。帝國統治者係由各大諸侯先選出德意志國王，其後再由教宗加冕為帝，因此取得德王頭銜是加冕為帝的必要途徑，不過並非每任德王皆會加冕為皇帝，加冕與否，端賴自身實力而定。時至 1438 年，哈布斯堡王朝二度入主德意志皇室中央之際，漸失去對義大利及布根地的控制，至此第一帝國版圖的架構下僅餘德意志王國與波希米亞王國。

的匈牙利王國。

　　甫獲大捷的鄂圖一世為防
馬札爾人的再次擾邊，隨即重修
東部邊區，惟因馬札爾人已立國
於潘諾尼亞，因而此一重修後的
所 謂 「鄂 圖 之 東 部 邊 區」
(Ottonische Ostmark)，其轄區僅
及於今日奧地利的北部區域。鄂
圖大帝最初將此一邊防要地託
予其親信布克哈德，惟當時此一
邊防要地在名義上仍屬巴伐利
亞公國所有，直到後來 976 年巴

圖 3：鄂圖一世

伐利亞大公反抗鄂圖大帝之子鄂圖二世（Otto II，955–983 年，帝
973–983 年）的統治，鄂圖二世在鎮壓其反抗之後，旋將東部邊
區轉予巴本貝格家族的雷歐波德，遂開啟巴本貝格家族入主東部
邊區之始。

第四章 | *Chapter 4*

巴本貝格家族的統治

第一節　巴本貝格家族入主奧地利

一、奧地利取代東部邊區的稱謂

巴本貝格家族最初源自南德意志的法蘭克 (Franken) 地區,其後該家族不斷與巴伐利亞貴族聯姻,因而遂轉化為法蘭克－巴伐利亞 (Fränkisch-bayerischer Herkunft) 世系的貴族世家。雷歐波德在追隨鄂圖一世而與馬札爾遊騎作戰的歷程中,因屢立戰功,其後鄂圖二世乃將東部邊區賜予雷歐波德作為封地。

然而雷歐波德一世(Leopold I.,940–994 年,在位期間 976–994 年)在 976 年初掌該邊區之時,此地不時仍處於危殆之中,係因馬札爾人仍持續入侵東部邊區。直到 987 年,雷歐波德一世在一場邊界戰役中擊潰馬札爾人之後,其於東部邊區的統治權始稍穩固。亦從此際開始,時人逐步開始稱呼巴本貝格家族統治的

東部邊區為「東部國度」，至於文獻上的正式記載，則首度見於
996 年，拉丁文取其音為「奧地利」，此亦係奧地利一名於歐洲歷
史上的初現。自斯而後，東部邊區之名亦漸為「奧地利邊區」
(Österreichische Mark) 所取代，此後巴本貝格家族所轄的奧地利
邊區重要性與日俱增。

二、奧地利全境的德意志化

巴本貝格統治奧地利之初，所處領域的周遭有兩大外敵環伺，
北有波希米亞王國，東則緊臨匈牙利王國，因而該家族的首要之
務，即在於如何建立與德意志皇室之間的緊密關聯，希望藉此喚
起皇帝對帝國東南疆防務的重視，並藉機逐步發展自身的勢力。
在此種思維下，巴本貝格家族透過與德意志各重要家族的聯姻發
揮其實質影響力，其功效不可謂之不大，因為從十一至十三世紀
的整整兩百多年間，巴本貝格一躍成為德意志重要家族。

巴本貝格家族除了藉由與德中央建立緊密關係來鞏固奧地利
的統治之外，同時並積極投入奧境的開發。就以十一至十二世紀
之期而論，奧地利邊區可謂當時中歐地區生機最興旺的地帶之一，
因多瑙河沿岸地帶為豐饒沃土帶，巴本貝格統治者乃將大塊領域
授予貴族及修會僧侶團，俾引其入境進行內部疆域拓殖大業。其
中對奧境疆域開發貢獻最鉅者為兩大修會僧侶團：本篤修會
(Benediktiner) 及西多修會 (Zisterzinser)，本篤修會所興築的梅爾
克修道院 (Stift Melk)、哥特懷克修道院 (Stift Göttweig) 與克洛斯
特新堡修道院 (Stift Klosterneuburg)，以及西多修會所建造的聖十

圖4：十世紀後半葉的巴伐利亞公國全域及其
東部邊區，與今日奧地利疆域的對照圖。

字架修道院 (Stift Heiligenkreuz) 與茨威特爾修道院 (Stift Zwettl)，
在十一世紀至十二世紀之交先後出現，他們在奧境的疆域拓殖上
扮演了開路先鋒的角色。時至今日，這些昔日擔任奧地利拓荒先
驅者的僧侶修道院，仍屹立於多瑙河沿岸的山谷高地，成為旅人
尋幽探訪的景點。

　　大量源自巴伐利亞的農民，亦追隨著修會的足跡移向奧境多
瑙河谷地帶，係因此類人士大多出身農奴階級，在其原鄉須承擔
極重的封建徭役，因而一旦受到東部新領域招徠者以擁有所屬農
地，以及輕微農役的誘因，自然就大舉移向東部。因巴伐利亞人
在十一至十二世紀之交大批移入奧地利，使得該地的族群結構在

短期間發生鉅大轉變，原來居人口多數的斯拉夫人在此一歷史進程中，其數量優勢逐步被移入的德意志人所取代，並且在後續年代之中逐漸地被德人所同化，自此之後奧地利本土地帶就成為一個以德意志人為主的地區❶。

三、神職授權之爭及巴本貝格家族的游移政策

巴本貝格家族在強化自身的統治基礎之後，仍不忘透過聯姻政策與皇室及重大家族保持良好關係，其終極目標當然企盼進一步擴張其於帝國東南疆的勢力範圍。在尋求達成此一目標的過程中，巴本貝格家族係以切身利害為首要考量，如若出現可能損及該家族於奧境內的統治，則巴本貝格家族就會靈巧地游移周旋於各方之間，最明顯的例子就是 1075 年爆發的德意志皇帝與羅馬教宗間的「神職授權之爭」（Investiturstreit，1075–1125 年）。

「神職授權之爭」簡而言之是羅馬教宗與歐洲各國君主間，針對教區大主教及修道院長的任命之爭，亦即教會神職人員究竟是由世俗君主或由教宗任命上的鬥爭，其中因歷任德皇為了皇權威望而須掌控教宗為其加冕之故，使兩者間的衝突尤其激烈。事因肇端自教會改革事務，緣自德意志第一帝國的第二個王朝：「薩

---

❶ 德人移向奧境多瑙河流域及東阿爾卑斯山地帶，係屬「中世紀德意志人東向移民拓殖」（Die mittelalterliche Deutsche Ostsiedlung）運動之一環，因受西部人口過剩壓力，中東歐各地君主招徠德人入境開墾，西方教會欲向東傳播教義，因而在此一時期許多德人東移到今德國東境、波羅的海、波蘭、波希米亞、匈牙利及奧地利等地。

利爾王朝」（Dynastie Salier， 1024–1125 年） 皇帝亨利希三世（Heinrich III.，1017–1056 年，王 1039–1056 年，帝 1046–1056 年），為一名虔誠基督信徒，早對羅馬教會的諸多流弊，例如教士結婚或神職買賣等行為極為不滿，但亨利希三世與教宗對於改革措施意見不一，大權在握的亨利希三世遂先後罷黜三位教宗，改任親信及親戚出任教宗，並為其加冕。

　　然而亨利希三世於 1056 年遽逝之後情形有變，其子亨利希四世 （Heinrich IV.， 1050–1106 年， 王 1056–1105 年，帝 1084–1105 年，遜位 1105–1106 年）沖齡即位，羅馬教宗決心利用新王稚齡至弱冠之際發動反擊。1070 年亨利希四世任命一位教士出任甫出缺的米蘭大主教，然而當時的教宗格里高七世（Gregory VII，1015–1085 年，在位期間 1073–1085 年）則屬意另一位人選，雙方爭執不下， 教宗決定施壓， 1073 年明令主教須由教宗親自任命，剝奪各國君主任命主教之權。此舉意謂德皇權威大減，未來勢將同時面臨世俗諸侯及教會諸侯對其統治的反抗。為了鞏固其統治權，亨利希四世決定罷黜教宗，然而格里高七世隨即回敬以破門令，剝奪德皇的基督徒身分。此舉導致亨利希四世統治合法性盡失，諸侯伺機發動反抗，在孤立無援之下，亨利希四世只有暫時低頭，遂有「卡諾薩之行」(Canossagang)。

　　1076 至 1077 年間嚴冬，亨利希四世徒步翻越阿爾卑斯山，前往義大利北部的卡諾薩古堡，在冰天雪地之中，亨利希四世敝衣赤足立於門外三天三夜，乞求教宗收回破門令。格里高七世雖高度懷疑亨利希四世的動機，然為凸顯其作為上帝代理人的身分

圖 5：卡諾薩之行

及上帝的慈悲憐愛，他別無選擇地只能收回破門令。然而亨利希
四世甫一穩住其合法性的地位之後，迅速回師對抗已另選新王的
德境各大諸侯勢力，前後歷經三年的浴血奮戰之後，終而艱辛獲
勝。政權既已穩固，亨利希四世便不再理會先前對教宗所允諾的
神職人員任命權惟教宗所享有。格里高七世憤而再次將亨利希四
世開除教籍，然羽翼已豐的亨利希四世隨即親率大軍揮兵羅馬，
逼迫格里高七世出亡。

　　若就表面上看來，亨利希四世似乎在這場「神職授權之爭」
中大獲全勝，實則該事件卻是德意志皇權的一大衰退，係因在
1075 至 1125 年的五十年之間，德意志的封建社會成形，新興強
大的地方諸侯趁著皇帝與教宗進行殊死鬥之際大肆崛起，遂使薩

利爾王朝皇權愈受侵蝕。後續幾任教宗雖未與亨利希四世爆發直接的衝突，卻不斷唆使帝國境內的各大諸侯反抗中央皇權，使得亨利希四世疲於奔命，最後甚至導致其子亨利希五世（Heinrich V.，1081–1125 年，王 1105–1125 年，帝 1111–1125 年）援引各大諸侯之力而對抗其父的統治，薩利爾王朝強大的中央皇權自此一去不回。

四、雷歐波德三世的受封聖者

在「神職授權之爭」如火如荼地上演之際，奧地利邊區伯爵雷歐波德二世（Leopold II.，1050–1095 年，在位期間 1075–1095 年）及其子雷歐波德三世（Leopold III.，1073–1136 年，在位期間 1095–1136 年），為了穩固並強化其於奧地利邊區的統治，可謂將巴本貝格家族的游移政策施展至淋漓盡致的地步。父子倆機靈地游走於德皇與教宗之間，時而支持皇帝，時而又轉向教宗。因此在此一期間，除了巴本貝格統治者曾遭亨利希四世短暫剝奪其權之外，巴本貝格家族終能維繫對奧地利邊區統轄權於不墜。

終雷歐波德三世統治奧地利邊區期間，巴本貝格家族對奧地利的掌控不僅日趨穩固，同時更獲得教宗的首允，從而在境內興築先前曾提及的本篤修會所屬「僧侶新堡修道院」，以及西多修會所屬「聖十字架修道院」兩座大型修道院。兩修道院的興築，無疑大幅提升了奧地利邊區在西方教會世界中的重要地位，甚至在雷歐波德三世過世後的三百多年之後，羅馬教廷在 1485 年將之封為聖徒，是為「聖‧雷歐波德」。

第二節　巴本貝格王朝的興衰歷程

一、奧地利邊區晉升為奧地利公國

　　亨利希二世 （Heinrich II.，1107-1177 年，在位期間 1141-1177 年） 統治期間，可謂巴本貝格家族經營奧地利近兩百年以來，奧地利政治地位在德意志第一帝國晉升的關鍵之期。透過其運作,巴本貝格家族成功地與當時德意志第一帝國的第三個王朝：

圖 6：亨利希二世

「霍恩史陶芬王朝」 （Dynastie Hohenstaufen，1138-1254 年） 皇室成員聯姻,使得巴本貝格家族的影響力及重要性一夕間大增。時至 1156 年，德皇「紅鬍子」 腓特烈一世 （Friedrich I., Babarossa，1122-1190 年，王 1152-1190 年，帝 1155-1190 年） 在位之時，正式賦予亨利希二世 《小特許狀》 (*Privilegium minus*)，在這份重要的文獻中，明文記載著奧地利邊區自此脫離巴伐利亞公國而正式晉升成為公國的地位，奧地利在德意志

第一帝國的政治地位一舉陡升。

二、定都維也納及史蒂芬大教堂的建築特色

　　亨利希二世不惟積極提升奧地利公國在德意志境內的政治地位，同時亦積極經營奧地利全境，其中尤為關鍵者在於定都維也納。1145 年時，亨利希二世正式以維也納作為奧地利京都之所在，同時大興土木，大幅增擴維也納城的規模，今日位於維也納市中心的重要地標史蒂芬大教堂 (Stephansdom)，就是在亨利希二世時所構工興築的。史蒂芬大教堂正式完工於 1147 年，最初的建築工法係採十一至十二世紀甫進入中古高峰期之初時，普遍採用的「羅馬式建築」(Romanik/Romanesque) 式樣，這是一種運用大量厚重石塊作基底，以及採用圓拱形的大門及窗戶構形的大型石造建築。此種建築的外型以飽滿的力度及宏大的體積感而格外醒目，內部則以準確的交叉拱頂在迴廊頂端正中央相互銜接，使得內部空間大增。從羅馬式建築的外型觀之，不難看出建築師是結合了厚重感及水平線的構工理念而興築建物，凸顯了深植於地面的安定感與靜態感，這也清楚反映出中古高峰期之初單純質樸的世俗生活。

　　從巴本貝格家族投入大筆資金興築史蒂芬大教堂，可看出維也納在奧地利全境中無與倫比的地位，自此之後該城就從原本德意志世界邊陲小城，逐步發展成為繁華的奧地利京都，為其日後晉升為全德乃至於全歐燦爛的文化藝術之都，奠定初步基礎。

三、參與十字軍及奧地利三色旗的形成

亨利希二世不僅在德意志第一帝國及奧地利境內大展其長才，甚至也企圖在歐陸政局上施展巴本貝格家族的影響力，他與其子雷歐波德五世（Leopold V.，1157–1194 年，在位期間 1177–1194 年），先後參與第二次 （1147–1149 年） 及第三次 （1189–1192 年）十字軍，前往巴勒斯坦，進行保衛及收復聖地的行動。尤其雷歐波德五世曾數度領軍殺入敵陣，與穆斯林進行血腥廝殺，甚至曾經一度戰至血染腰帶，構成上下皆紅而中間留白的外觀，巴本貝格家族中人遂將之永久保留，以凸顯雷歐波德五世的英勇功績及為基督教世界所作出的貢獻。據說這條腰帶，就成為日後奧地利公國旗幟上的主要構形，甚至到了一戰結束後，成為奧地利共和國的國旗，直迄今日❶。

當然在第二次及第三次的十字軍行動中，各國統治者間並不團結，致使行動最後以失敗收場。然而對於奧地利公國而言，參與十字軍的行動絕非一無所獲，尤其在第三次十字軍的行動失敗之後，英格蘭國王「獅心」理查一世 （Richard I. the Lionheart，1157–1199 年，王 1189–1199 年）循陸路溯多瑙河谷而上，欲取道維也納而西返英格蘭之際，為雷歐波德五世大軍所截獲，此舉

---

❶ 當然根據不同學者考證的結果，仍未能完全證明此說的確定性，時至今日，上下為紅而中間為白的奧地利代表圖騰的起源，仍是一個未解之謎。

係為報復在巴勒斯坦的軍事行動中圍攻亞克 (Akkon/Acre) 城時，「獅心」理查一世對雷歐波德五世所施加的羞辱。雷歐波德五世冒著被教宗除籍的風險，將理查一世拘禁，其後並將之轉交德皇亨利希六世（Heinrich VI.，1165–1197 年，王 1169–1197 年，帝1190–1197 年）而使之成為階下囚，最後逼迫英格蘭王國傾全國數年稅收而付出鉅額贖金之後，理查一世才終於獲釋。這筆鉅額款項對於奧地利的財政提供極大助益，雷歐波德五世將之投入維也納及奧境東部各大重鎮的建設，為奧地利晉升為往來東西方的交通貿易孔道，奠定重要的基礎。

四、巴本貝格王朝的全盛期及哥德式建築

雷歐波德六世（Leopold VI.，1176–1230 年，在位期間 1194–1230 年）即公爵之位後，憑藉其父雷歐波德五世所打下的各項基業繼續發展，在其統治之期，政經社文的發展俱有可述之處，從而將奧地利巴本貝格王朝推向鼎盛之期。在此一時期，奧境內各大城市因掌控中歐十字路口的地位，商業貿易日趨熱絡，使奧地利的經社狀況因而欣欣向榮。

京都維也納更是在雷歐波德六世統治期間愈形蓬勃興旺，此一時期，城內重要的教堂及修院建物，包括最重要的地標建物史蒂芬大教堂，皆被改建或設計為華麗壯觀的「哥德式建築」(Gotik/Gothic)。此種發端於羅馬式建築之後，並流行於中古高峰期的十二世紀後期至十四世紀間的建築型式，其最大特色在於有著伸向無際蒼穹天際的塔尖、輕盈削薄的外牆，以及許多承載並

圖7：被改建為哥德式建築的史蒂芬大教堂

分擔建築體重量的尖拱形高窗，從而彰顯建築師的構工理念：強
調建物與地面的垂直線效果遠重於深植於地面上的安定感。當時
的建築師為了盡其可能地強化垂直線的效果，因而揚棄了先前羅
馬式建築以厚重石塊作基底的設計工法，改採大量筋骨穹窿、尖
拱形高窗、飛簷，及扶壁等技術，使得建築體出現了大量的銳角
組合，建構出輕盈靈巧的壁面與向上推升的力道，創造出哥德式
建築特有的動感與旋律，外觀極為優美華麗。至於建築體內部，
承載建物重量的尖拱形高窗被安裝上彩繪玻璃，當戶外光線藉由
不同高窗而射入建物的各個角落之際，頓而營造出色調柔和的神

秘顫動，令人心生置身「上帝之家」的感受，藉此強化基督教的
宗教宣傳效果。

　　哥德式建築的出現，與包括奧地利在內的中世紀高峰期全歐
經濟社會的蓬勃興旺密不可分，正由於世俗生活上的小康富足，
社會各階層基於虔誠的宗教信仰，透過對「上帝之家」的精心雕
琢而表達其欲榮耀上帝的熱忱。

五、戀歌文化及英雄史詩的出現及傳布

　　至於藝文方面，中世紀高峰期最盛行的是「戀歌」
(Minnesang)。許多吟遊詩人以當時封建社會下的騎士生活，以及
其參與十字軍的遠征冒險為創作題材，譜出戀歌。知名的吟遊詩
人如迪特瑪・馮・艾斯特（Dietmar von Aist，1115–1171 年）、哥
特弗利德・馮・史特拉斯堡 （Gottfried von Straßburg， ?–1215
年）、瓦爾特・馮・德・佛格爾懷德（Walther von der Vogelweide，
1170–1230 年） 及奈德哈特・馮・羅伊恩塔 （Neidhart von
Reuental，1190–1236 年）等，他們揉合了騎士對領主女眷及上層
仕女的愛慕思戀之情，從中創作出抒情詩和具有浪漫情調的戀歌，
在維也納宮廷中獻聲予雷歐波德六世及其子腓特烈二世，甚受巴
本貝格統治者喜愛而成為傳唱不朽的作品。

　　另一重要的藝文成就，則是「英雄史詩」(Heldenepos) 在奧
地利或巴伐利亞地區的出現。德意志世界中最著名的大型英雄史
詩《尼布龍根之歌》(Nibelungenslied)，其作者不詳，按其內容的
多樣性言之，也應非出自單一作者，而是經不同作家前後接續創

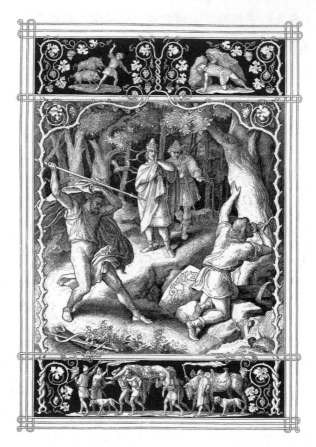

圖 8：〈齊格菲之死〉版畫　史詩中齊格菲殺死巨龍，
娶得克林姆希爾特為妻，但最後卻遭人設計而被殺害。

作始成，依近來學界的推估，此部史詩很有可能是出自於奧地利
或巴伐利亞的若干佚名詩人的匯集之作。《尼布龍根之歌》約完成
於 1200 年左右，分為上下兩部：〈齊格菲之死〉(*Siegfrieds Tod*)
及〈克林姆希爾特之復仇〉(*Krimhilds Rache*)，史詩揉合了四至五

世紀「部族大遷徙」時代的傳說及北歐神話為其基礎，內容敘述尼德蘭王子齊格菲、布根地國王均特與其妹克林姆希爾特，以及冰島女王布倫希爾特之間的恩怨情仇。史詩雖以遠古時期的傳說軼聞為本，實則反映出當時德意志第一帝國霍恩史陶芬王朝時期的封建社會圖像，例如藉締婚而擴大實力、父權思想、等級森嚴分明的觀念、騎士英勇效忠的精神，以及對於財產的覬覦貪婪等等，因此雖然史詩描繪的時代逝去已久，但其內涵卻具體反映著霍恩史陶芬王朝統治下的德意志封建社會進入全盛時期的寫照。

值得注意的是，相較於同期英格蘭史詩《貝爾武夫》(*Beowulf*)、法蘭西史詩《羅蘭之歌》(*Chanson de Roland*) 及西班牙史詩《熙德》(*El Cid*) 等，出現為團體光榮而戰的情節，德意志史詩《尼布龍根之歌》則明顯不具此種特色，或多或少反映出當時德中央皇權正逐漸走向衰凌的狀況。此外亦須強調的是，若以《尼布龍根之歌》的作者可能源出奧地利或巴伐利亞而言，則該史詩所描繪的故事發生背景，應不是長久以來所認定的萊茵河谷，而是多瑙河谷。

六、巴本貝格王朝的結束

1230 年雷歐波德六世的過世，象徵著奧地利巴本貝格王朝全盛之期的結束，其子腓特烈二世（Friedrich II.，1211–1246 年，在位期間 1230–1246 年）為一莽撞躁進的人物，在其統治期間，試圖將巴本貝格家族的勢力大幅向外擴展，卻缺乏任何周詳計畫以為後盾，亦因其對外政策不斷採行冒進挑釁之舉，遂加劇其與

　　四鄰間的敵對態勢，終使其付出慘重代價。1246 年奧匈邊界的「萊塔河之役」(Schlacht an der Leitha) 中，巴本貝格軍隊雖獲勝，然而腓特烈二世卻於是役中陣亡，巴本貝格家族因無男性繼承人而告斷嗣，同時亦宣告二百五十年的巴本貝格王朝統治奧地利之期的結束。

第五章 | *Chapter 5*

哈布斯堡家族入主奧地利

第一節　德境各列強爭奪下的奧地利公國

一、波希米亞王國對奧地利的控制

　　奧地利公國在巴本貝格家族斷嗣之後，這片領地旋引發德意志各大家族豪強的覬覦，原本按照《小特許狀》的規定，若巴本貝格家族男系斷嗣，則由最後一位男系之妻女繼承公國爵位，實則這不過是一紙具文，各大強權根本無視於此而決心憑藉自身實力奪取奧地利。

　　眾多列強之中尤以波希米亞王國「普歇米索王朝」（Přemyslid Dynasty，867–1306 年）勢力最為強大，其國王歐圖卡二世（Ottokar II.，1233–1278 年，王 1253–1278 年），趁當時德意志全境陷入「王朝過渡」（或譯「大虛位」，Interregnum，1254–1273 年）的亂局之中，在奧地利一派貴族的援引下，順勢掌控了

奧政局，並經由與巴本貝格家族女嗣締婚，完成對奧地利公國的統治合法性，之後隨即運用各種手段，包括繼承及戰爭等方式，又奪得徐泰爾邊區、克恩滕至克萊恩 (Krain) 等地。於是歐圖卡二世所統轄的疆域，一舉由波羅的海向南延伸至亞德里亞海濱，形成了一個幅員遼闊的國度。

二、普歇米索及哈布斯堡家族爭奪奧地利

歐圖卡二世自忖自身實力已成德境諸侯第一人，因而欲更進一步施壓各大諸侯選舉其為德意志國王，並加冕為皇帝，進而終結「王朝過渡」的亂局及重建強大中央皇權。然而德境其他強大諸侯擔憂過度強大的歐圖卡二世，將會危及群雄割據一方之勢，因此決定在 1273 年的法蘭克福選侯會議上棄歐圖卡二世，另選哈布斯堡家族的魯道夫一世 （Rudorf I. von Habsburg ， 1218–1291年，王 1273–1291 年）為德王，並賦予其統治奧地利公國之權，乃開啟了哈布斯堡家族首度入主德意志中央之局，是為德意志第一帝國的第一次 「哈布斯堡王朝」（Dynastie Habsburg ， 1273–1308 年）紀元。

此舉引發了歐圖卡二世極度不滿，決心反撲。於是雙方對決之勢已不可免， 1278 年 ， 在維也納東北方的馬希菲德之役 (Schlacht auf dem Marchfeld) 中，魯道夫一世重挫歐圖卡二世，才使其德王之位及對奧地利公國所屬各地域的統治終告穩固。

第二節　哈布斯堡家族的起源及其入主奧地利

一、第一帝國哈布斯堡王朝的首度締建

　　哈布斯堡家族最初發跡自今日的瑞士中北部地區，名稱係由該家族在 1020 年時，於瑞士阿爾高 (Aargau) 地區的布爾克 (Brugg) 所興建的「鷹堡」(Habichtsburg) 而來，其後始音轉為哈布斯堡 (Habsburg)。該家族從在瑞士立穩根基之後，隨即逐步拓展其勢力於第一帝國的西南境，將上萊茵 (Oberrhein)、瑞士中北部、上亞爾薩斯 (Oberer Elsass) 及徐瓦本 (Schwaben) 等地納入控制之後，成為南德一方之霸，其後並且藉由與其他重要家族聯姻，從而晉升為第一帝國重要諸侯之一。

　　當然相較於當時的波希米亞國王歐圖卡二世所具有的聲勢而言，魯道夫一世無論如何難能企及，然而正是此種沉潛行事的低調作風，在當時德境各大諸侯基於避免強大中央王權再現而損及自身利益的考量下，遂使其得以出線而被選為德王。在幾經艱辛而擊敗強敵歐圖卡二世之後，哈布斯堡家族終而全面掌控奧地利全域的統治權，此後直到 1918 年底的一戰結束奧匈帝國完全解體為止，哈布斯堡家族統治奧地利長達六百四十年之久，為歐洲歷史最悠久的統治王朝之一。

二、三大家族的第一帝國中央之爭

　　哈布斯堡家族的入主並穩固其於奧地利公國的統治，以及魯道夫一世被選為德王，使該家族在德意志境內的威望及影響力大增，自然也與其他有志於德中央榮銜的家族心生嫌隙，尤其是源自德境西南盧森堡地區的盧森堡家族 (Haus Luxemburg)，以及南部巴伐利亞的維特爾斯巴赫家族 (Haus Wittelsbach) 為然。於是魯道夫一世及其子阿爾布雷希特一世 （Albrecht I. von Habsburg，1255–1308 年，王 1298–1308 年），為了保有其德王之位，與其他兩大諸侯家族展開長期的鬥爭。然而哈布斯堡家族欲永久掌控德中央的雄心終未能成功，由於阿爾布雷希特一世於 1308 年的橫遭暗殺，使得哈布斯堡家族掌控德意志第一帝國大權暫告中斷，自1309 年至 1438 年間，德王暨德皇之位先後為盧森堡家族——「盧森堡王朝」（Dynastie Luxemburg，1309–1313 年；1347–1400 年；1410–1438 年），以及維特爾斯巴赫家族——「維特爾斯巴赫王朝」（Dynastie Wittelsbach，1314–1347 年；1400–1410 年）所輪流掌有。

　　儘管奧地利哈布斯堡家族在整個十四世紀的進程中，仍不斷展其逐鹿德中央的雄心大志，甚至透過與盧森堡皇室中央的聯姻，企圖打造哈布斯堡家族未來再次入主帝國中央的利基，然而處於盧森堡王朝的興旺之期，尤其是卡爾四世（Karl IV.，1316–1378 年，王 1347–1378 年，帝 1355–1378 年）統治下的全盛時期，哈布斯堡家族始終難如願。

圖 9：1273-1378 年的德意志三大家族的德中央之爭

　　當時盧森堡王朝卡爾四世全力打造家族的核心區域——波希米亞王國，使該地在十四世紀中後期之時，晉升成為德意志第一帝國全境中最光輝燦爛之所❶，波希米亞王國首府布拉格

---

❶　波希米亞王國的領域大抵與今日捷克共和國相符，雖然該地主要居民為西斯拉夫語族的捷克人，然其於歷史發展上卻與德意志關係極其密切。「普歌米索王朝」的統治者約在十世紀前期建立捷克人的第一個國

(Prag/Prague/Praha) 成為政經社文的中心，橫跨易北河主支流莫爾
道河／伏爾塔瓦河 (Moldau/Voltava) 的卡爾大橋及新城宮殿區的
興建，使得布拉格成為耀眼奪目的皇城。與此同時卡爾四世並於
1348 年時興建知名的布拉格卡爾大學，成為中古時期阿爾卑斯山
以北的中北歐學術重鎮，從而打造出歷史上布拉格的第一次黃金
時代，於此不難看出盧森堡王朝在卡爾四世統治下的興旺。

三、1356 年的《金璽詔書》及哈布斯堡家族的失勢

　　盧森堡家族對哈布斯堡家族的全面打壓，尤可從 1356 年《金
璽詔書》(*Goldene Bulle von 1356*) 的內容窺見端倪。1356 年時，
德皇兼波希米亞國王卡爾四世，頒布德意志歷史上極為重要的一
份文獻《金璽詔書》，該詔書內容確立了第一帝國七大「選侯」
(Kurfürsten) 在法律文件上的地位。該詔書內容大致如下：

> 1.明文確立德意志國王是由七大選侯——波希米亞國王、
> 勃蘭登堡邊區伯爵、薩克森－維騰貝格公爵、萊茵－普
> 法爾茲伯爵、科倫大主教、特里爾大主教及麥茵茲大主
> 教所選出，其後再加冕為皇帝。

家組織——波希米亞公國，發展至 1198 年德意志第一帝國「霍恩史陶
芬王朝」時，波希米亞正式被納入帝國版圖之中並被晉升成為王國。
時至 1356 年，第一帝國「盧森堡王朝」皇帝卡爾四世頒布《金璽詔
書》，規定德意志國王係由七大選侯所選出，從中亦確認波希米亞王國
作為七大選侯國度之首的地位。

圖 10：七大選侯　中坐者為神聖羅馬帝國皇帝。

2. 選舉採取多數決，意即得到四票就可當選德意志國王。

3. 選王會議由麥茵茲大主教主持，一旦票數相同，則由其投下最後一票作最後決定。

4. 選侯的國土不可分割，各選侯擁有司法獨立、貴族領地的主權及享有各項特權如造幣、稅收、採礦及採鹽等等。

5. 德意志國王的選舉地點為法蘭克福 (Frankfurt am Main)，一旦國王選出之後，再到阿亨 (Aachen) 即位及進行加冕儀式。

《金璽詔書》頒布後，其所產生的作用對於後世的德意志歷史有著極重要的歷史意義：

1. 這份詔書將歷時近百年以來選舉制與血統制混合的選舉國王原

則,以及選侯的特權,形諸於正式文獻之上。

2. 這份詔書對德意志國王及其後的加冕都明定在德意志境內進行,意謂著德王日後無須為了強化威望及統治合法性,戮力奔走於為羅馬教宗所加冕事宜,使得教宗再無機會可以干涉德意志政教事務,德意志第一(神聖羅馬)帝國的政治重心,至此侷限於帝國境內的德意志及波希米亞兩王國。

3. 這份詔書亦代表著帝國境內七大選侯實質上各自割據為政的確認,使得德意志分崩離析的狀態完全定型化,甚至到十五世紀時整個德意志境內竟發展出高達二千五百多個政治單位,帝國中央成為一具空殼。

然而從 1356 年《金璽詔書》的頒布,卻可看出哈布斯堡家族在政壇上影響力的衰頹,作為德意志境內一方之霸的哈布斯堡家族,竟在這份《金璽詔書》中完全遭到摒棄而無權選舉德王,這除了盧森堡家族的全力打壓之外,當然與哈布斯堡家族的內部深陷動蕩息息相關,此即家族發跡地的喪失與家族內部的分裂。

第三節　哈布斯堡家族瑞士發跡地的淪喪

一、瑞士立誓同盟的興起

儘管阿爾布雷希特一世在 1308 年橫遭暗殺,以及盧森堡家族對哈布斯堡家族持續不斷的打壓,哈布斯堡家族卻依然未忘情重新入主德中央的雄心。然而過度地聚焦於逐鹿德中央,對於元氣

本已受創而亟待恢復的哈布斯堡家族，帶來了另一項意想不到的
負面效應，係因該家族的原始發跡地上萊茵及瑞士地區，在這段
期間逐步脫離該家族的掌控，最終導致哈布斯堡家族全面失去其
發跡故土。

　　事件肇端於 1291 年，徐維茨 (Schwyz)、烏黎 (Uri) 及下瓦爾
登 (Unterwalden) 三個郡，彼此締結 「瑞士森林三郡永恆同盟」
(Ewiger Bund der drei Waldstätten) ，是為 「瑞士立誓同盟」
(Switzerland/Schweizerischer Eidgenossenschaft/Swiss Confedera-
tion)。對於生活在高山森林之中的瑞士各郡人民而言，自給自足
且不受外界干擾是其原有生活模式，因此三郡人民愈發不滿哈布
斯堡家族強迫其履行封建義務。尚有要者，由於瑞士各郡在中世
紀高峰期因地處阿爾卑斯山隘口，掌控歐陸南北往來的重要交通
孔道，藉由熱絡的商業活動，使得瑞士各郡如蘇黎世 (Zürich)、
巴塞爾 (Basel) 及伯恩 (Bern) 等財富大增，因而對於哈布斯堡家族
而言，牢控此區就意謂著能夠擁有雄厚的財政作為後盾。因此哈
布斯堡家族無論如何都欲將瑞士各郡納入掌控，致而引爆各郡人
民激烈抵抗，進而導致兩方衝突。

二、瑞士及上萊茵地區發源地的淪喪

　　在傳說中英雄人物威廉・特爾 (Wihelm Tell) 的領導下，瑞士
三郡聯軍與哈布斯堡大軍之間爆發了長期的戰爭，其間立誓同盟
部隊幾經歷時長達七十餘載的浴血奮戰，先後在 1315 年的摩嘎爾
騰 (Morgarten)、1386 年的森帕赫 (Sempach)，以及 1388 年的內菲

爾斯 (Näfels) 等三場關鍵戰役之中，重創哈布斯堡軍隊，使得加
入立誓同盟的自由郡數量愈見增多。

　　時至 1499 年的 「徐瓦本戰爭」 (Schwabenkrieg) 或稱瑞士戰
爭 (Schweizerkrieg) 期間，瑞士各郡聯軍又數度重挫了哈布斯堡
大軍之後，瑞士立誓同盟脫幅而去的情勢已不可免。於是哈布斯
堡王朝終而被迫於同年簽署 《巴瑟爾和約》 (*Friedensvertrag von
Basel*)，瑞士立誓同盟終於獲得實質獨立的地位，至於其法理獨
立地位，則是到了 1648 年的《西法倫（西法利亞）和約》(*West-
fälischer Friede*) 簽署後，正式獲得國際間的承認。

第四節　奧地利公國的分割統治及其後果

一、哈布斯堡家族的內爭及分裂

　　事實上在整個十四世紀間哈布斯堡家族逐漸失去其家族發跡
地上萊茵及瑞士地區控制之因，除了植基於先前過度投注心力於
德意志中央之競逐之外，亦與該家族在奧地利公國統治地位的不
穩息息相關，此係導因於哈布斯堡家族內部各世系長期爭端不合，
最終導致奧地利公國所屬領域的分裂。自從十四世紀前期至中期，
哈布斯堡家族成員歷經紛爭衝突之後，決定在對外維繫一個共同
奧地利公國的架構下，內部進行分割統治。因此在 1379 年的《新
山條約》(*Vertrag von Neuberg*) 中，哈布斯堡家族統治領域終於一
分為二 ， 甚至到了 1395 年的 《后冷堡條約》 (*Hollenburger*

Vertrag) 及 1396 年的《維也納條約》(*Vertrag von Wien*) 簽署後，
奧地利全境最終被劃分為三個部分：

・下奧地利：由哈布斯堡家族的阿爾貝特世系 (Albertiner Linie)
　所統治，統轄領域為今日的上及下奧地利邦之地。

・內奧地利：由哈布斯堡家族的雷歐波德－徐泰爾世系
　(Leopoldinisch-steirische Linie) 所轄領，轄區為徐泰爾邊區、克
　恩滕、克萊恩、溫德邊區 (Windische Mark)，一直直抵亞德里
　亞海濱之地。

・前奧地利：由哈布斯堡家族的雷歐波德－提洛爾世系
　(Leopoldinisch-tirolische Linie) 所掌有，統治範圍則為提洛爾及
　阿爾卑斯山的前麓地帶。

二、哈布斯堡家族分割統治下的中衰

　　此種分割統治不僅在其後引爆哈布斯堡家族的內戰，同時對
於該家族的威望，更造成了相當大的打擊，此由哈布斯堡家族被
摒除於 1356 年《金璽詔書》一事之中完全可窺見出。作為中古後
期德意志要角之一的哈布斯堡家族竟然被排除在第一帝國七大選
侯之外，其因正是盧森堡家族的卡爾四世利用哈布斯堡家族內有
家族各支系紛爭動蕩，外受瑞士森林三郡叛變之苦的衰弱不振之
際，蓄意將之摒除於選侯之列有以致之。

　　哈布斯堡家族不同世系間的傾軋內鬥，不僅削弱了奧地利公
國在德意志世界的威望，並使奧地利全境在進入十五世紀之初，
內外情勢皆陷入動蕩不安之局：包括波希米亞胡斯戰爭爆發後胡

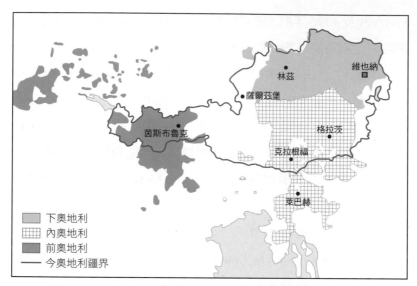

林茲

維也納

薩爾茲堡

茵斯布魯克

格拉茨

克拉根福

萊巴赫

下奧地利
內奧地利
前奧地利
—— 今奧地利疆界

圖11：十四世紀末奧地利哈布斯堡家族領地的分割統治

斯信徒對奧地利北部的劫掠、鄂圖曼土耳其人對奧地利南疆的襲
擾，以及匈牙利對奧地利東疆的侵凌等等。於此同時，中古晚期
全歐氣候轉冷所造成農作歉收與饑荒、農民不堪領主壓迫而起事，
以及瘟疫蔓延傳播，皆使得哈布斯堡家族各支系統轄下的奧地利
全域，深陷朝不保夕及難以為繼的態勢。

　　中世紀後期深陷內外危局的奧地利，無論從任何角度來看，
實在無法與所謂「強權」，甚至是一方之霸的概念產生任何聯結。
然而十五世紀晚期奧地利公國在哈布斯堡家族統治下最虛弱之
期，在後續幾位英主的力挽狂瀾下，終於逐漸步向復興之局，從
十六世紀開始，開啟了哈布斯堡王朝的盛世。

第 III 篇

奧地利近古時期
（1440–1800 年）

哈布斯堡家族二度入主德意志中央

第一節　哈布斯堡家族中興之局的出現

一、哈布斯堡家族重掌德中央

　　自從 1309 年盧森堡家族及維特爾斯巴赫家族取代哈布斯堡家族，先後入主了德意志中央之後，三家族之間皆視另兩方為爭奪德中央的強力競爭對手。為了打擊及削弱對手實力，三方皆不遺餘力地採行各種手段對付對手，前曾提及之《金璽詔書》中，盧森堡家族卡爾四世蓄意將哈布斯堡家族排除於七大選侯之外，已可充分觀察出。

　　這種競爭態勢除了以政治鬥爭的面向而出現之外，有時亦會以彼此聯姻方式而進行。係因三方皆算計締婚之後將能牽制對方行動，且能對對手的決策產生影響力，一旦發生現任統治者駕崩而又無合法男嗣之際，甚或更進一步地能夠要求取得對方領土繼

承權。於是從十四世紀中期到十五世紀上半葉之間，三方就在這種既競爭又合作的模式中，不斷尋求繼承對方領域，俾進一步擴大自身家族利益的可能性。在這歷時長達百餘年的德意志三大家族爾虞我詐的激烈角逐中，最後由哈布斯堡家族贏得最後的勝利。

二、阿爾布雷希特五世結束哈布斯堡家族內爭

1411 年，出身下奧地利哈布斯堡家族阿爾貝特世系的阿爾雷希特五世 (Albrecht V.)，即日後的德王阿爾布雷希特二世（Albrecht II.，1397–1439 年，王 1438–1439 年），首度終結了奧地利公國因分割統治而導致的內戰之局 ❶。阿爾布雷希特五世可謂是哈布斯堡家族振衰起敝的關鍵性君主，他迎娶了盧森堡王朝皇帝西吉斯蒙（Sigismund，1368–1437 年，王 1411–1437 年，帝 1433–1437 年）之女，遂得以建立與德中央的密切關係，甚至在波希米亞境內，因布拉格卡爾大學校長楊‧胡斯 （Jan Hus，

---

❶　然而當日後成為德王的阿爾布雷希特二世殂後，哈布斯堡家族再陷分裂。其因在於阿爾布雷希特二世生前同時身兼波希米亞國王及匈牙利國王，這給予日後取得皇位的另一支系雷歐波德－徐泰爾世系的腓特烈三世極大的困擾，係因擁有波匈兩國王位的阿爾貝特世系仍伺機競奪德中央。腓特烈三世為穩其統治地位，決心尋求教宗之助，遂有1452 年的加冕為德皇之舉，腓特烈三世也是最後一位到羅馬而為教宗加冕的德皇。其後至 1457 年，波希米亞王國阿爾貝特世系斷嗣，雷歐波德－徐泰爾世系成為哈布斯堡家族唯一統治世系，同時也象徵著哈布斯堡家族的長期內爭之局畫上句點。然而在百餘年之後的十六世紀中後期，哈布斯堡王朝的疆域再次一分為三。

1369–1415 年）所發起的胡斯宗教改革行動，而導致其後「胡斯戰爭」（Hussitenkriege，1419–1436 年）的爆發，並蔓延中歐各地之際，仍不餘遺力地力挺其岳父打擊胡斯黨人，即便因此導致胡斯戰亂波及於奧地利北境亦在所不惜。

最後阿爾布雷希特五世得到了極大的政治收穫，1437 年西吉斯蒙逝世，因無男嗣，阿爾布雷希特五世遂得以姻親之故而在1438 年先後取得了波希米亞王國及匈牙利王國的繼承權，同年並在法蘭克福的選侯會議中被選為王，是為德王阿爾布雷希特二世，哈布斯堡家族於是再次入主德意志中央，從而終結盧森堡王朝，並二度開啟第一帝國哈布斯堡王朝的紀元。

第二節　哈布斯堡王朝的「天命論」及其擴張

一、「奧地利天命論」的浮現

阿爾布雷希特二世雖重振哈布斯堡家族在德意志及中東歐地區的聲威，然其旋在登基的次年（1439 年）不幸在抗土戰役中病歿。此際哈布斯堡家族另一支世系——雷歐波德－徐泰爾世系的徐泰爾邊區公爵腓特烈五世（Friedrich V.，1415–1493 年）成為哈布斯堡家族中聲勢最大者，遂在 1440 年時被選為德王，並在1452 年加冕為德皇，是為腓特烈三世（Friedrich III.，1415–1493年，王 1440–1493 年，帝 1452–1493 年），在其任內他成功博得了有力的奧援，即羅馬教宗為其加冕，並在 1453 年將其家族核心

領域提升為奧地利大公國的地位，全力打造哈布斯堡王朝的偉業。

　　從腓特烈三世在 1440 年登基為德王開始，一直到 1740 年瑪麗亞・特蕾西亞成為女皇的三百年間，哈布斯堡王朝的歷任君主逐漸發展出一項所謂「奧地利天命論」(pietas austriaca) 的觀點，他們認為哈布斯堡家族統治基督教世界係上帝命定的必然結果，基於上帝在凡間選擇了哈布斯堡王朝作為其代理人，因而哈布斯堡家族當然就被賦予權利與義務，來達成上帝之所願。因此哈布斯堡統治者從腓特烈三世以來，再三地宣示：「所有世間國度皆係奧地利的臣屬」 （Alles Erdreich ist Österreich unterthan ， 簡稱為 AEIOU），並進而強調 ：「奧地利係位居舉世無雙的地位」 (Österreich wird auf Erden das Letzte Höchste)。

　　秉持此種天命論的觀點，使得哈布斯堡家族代代戮力於其天授使命的達成，實際發展狀況也似如其所願。在整個十六及十七世紀期間，哈布斯堡家族長期掌控德意志皇位、奧地利大公國、波希米亞王國及匈牙利王國的王位，以及許多歐陸西部的領地，從而成為歐陸最強大王朝的事實而言，哈布斯堡王朝統治者愈發相信其遠較歐陸其他基督教國家，更有資格來作為未來世界帝國的統治者。

二、哈布斯堡王朝在歐陸的擴張

　　雖然腓特烈三世是哈布斯堡家族首位展現雄心壯志來推展所謂「奧地利天命論」的君主，不過終其統治之世，奧地利大公國並非穩定無虞，甚至首都維也納還一度遭匈牙利王國大軍攻陷並

盤據奧京達五年之久，直迄 1490 年匈軍始離境。不過腓特烈三世
安排其子馬克西米利安 (Maximilian)，即日後的德皇馬克西米利
安一世 （Maximilian I.，1459–1519 年，王 1486–1519 年，帝
1508–1519 年） 與歐陸西北部強藩布根地公國 (Herzogtum
Burgund) 公爵之女瑪麗的聯姻之舉，則為日後哈布斯堡王朝的逐
步步向興盛，扮演了極為重要的角色，係因獲得了這塊當時全歐
最富饒之地，使得哈布斯堡王朝取得了強而有力的政治資本，為
爾後其子馬克西米利安的歐陸霸業奠定重要基礎。1493 年，腓特
烈三世過世，其子馬克西米利安一世取得家族全權之後，哈布斯
堡王朝隨即在歐陸政壇上快速嶄露頭角。

　　馬克西米利安一世在 1493 年取得哈布斯堡家族所轄全域之
後，繼續堅定不移地推動其所謂「普天之下，莫非奧地利之土，
率土之濱，莫非哈布斯堡之臣」的上帝天命論，不過除非迫不得
已而必須興兵征伐之外，馬克西米利安一世的主要策略，實是透
過不斷與歐陸其他重要王室家族的聯姻，遂行其擴增疆域的雄心。
亦由於馬克西米利安一世將哈布斯堡家族的聯姻政策推行到極
致，因而當時歐洲政壇遂流行一句諺語：「別人鎮日忙於征戰，只
有爽快的奧地利一直在結婚」 (Bella gerant alii, tu felix Austria
nube, Nam quae Mars aliis, dat tibi regna venus)，可謂傳神。

　　1477 年，馬克西米利安一世與歐陸西部強權布根地公國「大
膽」查理（Charles le Téméraire，1433–1477 年，在位期間 1467–
1477 年）之女瑪麗（Marie de Bourgogne，1457–1482 年）締婚，
未久旋因查理戰歿於征戰瑞士的戰役，因而藉由瑪麗的領土繼承

圖 12：馬克西米利安一世及其家庭

權取得了富饒的布根地公國（介於法德之間的昔日中法蘭克舊域，北從尼德蘭一直延伸至今日法國東部的法蘭－孔特 [Franche-Comte] 之地）。布根地的瑪麗在 1482 年過世後，馬克西米利安一世旋即在 1493 年與米蘭公爵之女締婚，從而取得米蘭大公國。緊隨其後在 1496 年，他則安排其子菲利普（Philipp I der Schöne，1478–1506 年）與西班牙王國的「雙王」(Reyes Católicos) 腓迪南二世（Fernando II de Aragón，1452–1516 年，亞拉崗國王 1479–1516 年，卡斯提爾國王 1474–1516 年）與伊莎貝爾一世（Isabel I de Castilla，1451–1504 年，卡斯提爾國王 1474–1504 年）之女胡安娜（Juana de Castella，1479–1555 年）結婚，

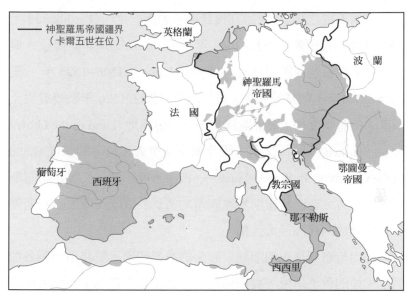

圖 13：十六世紀中期卡爾五世在位時的哈布斯堡王朝領域

生子卡爾，即後來知名的神聖羅馬帝國皇帝兼西班牙國王卡爾五世（Karl/Carlos/Charles V.，1500–1558 年，帝 1519–1556 年；若作為西班牙國王則為卡洛斯一世，1516–1556 年），這使得哈布斯堡家族也取得了西班牙王位的繼承權❷。

_____

❷　卡爾五世先後在 1516 年取得西班牙王位及 1519 年取得德皇之位，使得哈布斯堡王朝晉升全歐獨霸地位。不過至 1556 年時，卡爾五世因年邁體衰而決定退位，遂將哈布斯堡王朝領域一分為二：奧地利本土及中東歐地區的領地傳予其弟腓迪南——日後的德皇腓迪南一世；西班牙及尼德蘭的領地則傳予其子菲利普——日後的西班牙國王菲利普二世，哈布斯堡王朝遂分家為奧地利及西班牙兩支系。西班牙哈布斯堡王朝傳至 1700 年時，因男性繼承人斷嗣而告終結。

　　卡爾五世之後，緊隨其後其弟腓迪南一世 （Ferdinand I，
1503–1564 年，德王 1531–1564 年，帝 1556–1564 年）繼位，與
匈牙利兼波希米亞國王路易二世 （II. Lajos，1506–1526 年，王
1516–1526 年）的妹妹締婚，最後路易二世在 1526 年戰歿於對土
耳其人的戰爭之後，聖伊斯特凡王冠下的領地 (Land of the Crown
of St. Stephen)——匈牙利王國及聖瓦茨拉夫王冠下的領地 (Land
of the Crown of St. Wenceslaus)——波希米亞王國，又盡為哈布斯
堡家族所有，至此哈布斯堡家族領地廣及於歐陸四域，哈布斯堡
王朝晉升成為歐洲最大強權。

　　然而哈布斯堡王朝所建立起來的廣袤帝國，並非是一個各地
緊密相連的政治單位，實則僅是一個各區分奉其為主的個人聯合
體制而已，哈布斯堡統治者以不同的頭銜身分分別統治其所屬各
邦國，例如在德意志境內是德意志第一帝國（神聖羅馬帝國）皇
帝，在奧地利是大公，在西班牙、波希米亞及匈牙利則為國王，
在尼德蘭則是親王，由此可見，幅員遼闊的哈布斯堡王朝，在本
質上實非一具有強大中央集權的壯盛國度。

第三節　宗教戰爭時期的內憂外患之局

一、歐陸東西兩強夾擊哈布斯堡王朝

　　進入了 1520 年代之後，就在哈布斯堡皇室透過聯姻的手段而
不斷擴增其領地的同時，歐陸與德意志政局的發展，卻漸令哈布

斯堡王朝深陷首尾難顧之局。

　　首先是來自歐陸其他列強的挑戰，先前曾提及，儘管哈布斯堡帝國內部結構在先天上有著極大的缺陷，然而其擴張之勢仍引發歐陸其他強權，尤其是法蘭西王國極大的不安，因而從瓦洛瓦王朝 （House of Valois， 1328–1589 年） 及後續的波旁王朝（House of Bourbon，1589–1789 年）以降的歷任法王，決心要打破哈布斯堡王朝對法蘭西王國的包圍。首先雙方皆因自身安全考量而想控制義大利，於是戰爭終而爆發，自 1522 年開始，甚至演變成為長期的戰爭，史稱「義大利戰爭」或「哈布斯堡─瓦洛瓦王朝戰爭」（Habsburg-Valois Wars，1494–1559 年），終卡爾五世在位之期，戰事仍持續進行，直到 1559 年雙方師老兵疲之下而終於同意停戰為止。

　　與此同時，哈布斯堡領地東疆亦步入多事之秋，此係肇端伊斯蘭教土耳其人的入侵。自十四世紀下半葉始，鄂圖曼土耳其帝國揮軍進入巴爾幹半島展開第一波歐陸大攻勢之後，百餘年間席捲巴爾幹全域，兵鋒旋即直逼中東歐及巴爾幹北部強權匈牙利王國而來。1526 年的「莫哈契戰役」(Schlacht bei Mohács) 中，土耳其大軍在其英主蘇利曼大帝 （Sultan Suleiman the Magnificent， 1494–1566 年，帝 1520–1566 年）的統軍之下，大破匈軍，自匈王路易二世以下全軍覆沒。土軍於是長驅直入，在席捲了匈王國全域之後進逼奧京維也納，是為 1529 年的「第一次維也納圍城戰」(Erste Wiener Türkenbelagerung)，幸賴哈布斯堡部隊尚能奮戰，稍挫土軍鋒銳，奧京始得保全。

　　在抑制了土軍進軍中歐之後，奧土初步達成協議，匈王國故土三分之二以上的疆域，包括核心領域潘諾尼亞在內的多瑙河流域地帶，直接併入鄂圖曼土耳其帝國版圖之中，外西凡尼亞則成為奉土耳其為宗主國的自治公國。至於匈王國剩餘的三分之一，包括殘餘的潘諾尼亞、斯洛伐克及克羅埃西亞，則被納入了哈布斯堡王朝的疆域之中，聖伊斯特凡王冠及原由路易二世所兼領的聖瓦茨拉夫王冠，亦一併歸之哈布斯堡家族所有，哈布斯堡王朝自此取得了匈牙利及波希米亞兩王國王位。

　　然而土耳其人的持續入侵，至此成為哈布斯堡王朝東疆長期的隱憂，此後長達一百五十餘年之久，奧地利成為歐陸抗土的前哨地帶，在法蘭西王國決心全力削弱哈布斯堡王朝的意圖下，其與鄂圖曼土耳其帝國進行策略性的半結盟。自此之後，西東夾擊哈布斯堡王朝之勢，成為常態，持續到 1683 年的「第二次維也納圍城戰」(Zweite Wiener Türkenbelagerung)，臻至危急存亡之秋。

二、宗教改革運動對哈布斯堡王朝的衝擊

　　就在哈布斯堡王朝力抗法蘭西王國及鄂圖曼土耳其帝國西東夾擊之際，德意志內部從十六世紀前期開始，亦深陷動蕩不安之局，此係馬丁・路德（Martin Luther，1483–1546 年）在 1517 年以〈九十五條論綱〉(*95 Thesen*) 挑戰了天主教會現行的教義，即「宗教改革」(Reformation) 運動，導致西方羅馬教會分裂為舊教（天主教）及新教（各支抗議教派）兩大陣營。是為基督教會史上的第二次大分裂。

　　德意志境內各大諸侯利用宗教改革運動的契機，穩固其稱雄一方之勢，同時藉此抗拒哈布斯堡王朝意圖集權中央之舉。最初皇帝卡爾五世因外部情勢不穩，亟需帝國各大諸侯力量的奧援，因而不願全力打壓信仰異議者，遂使路德支持者的勢力不斷擴大。其後支持路德宗教改革理念的北德諸邦及自由城市在 1531 年於徐馬卡爾登 (Schmalkalden) 組成聯盟，並自 1546 年與哈布斯堡王朝中央作戰，史稱「徐馬卡爾登戰爭」(Schmalkaldischer Krieg)。路德派陣營在該役中雖失利，然而因法蘭西王國惟恐哈布斯堡王朝坐大，乃全力支持路德派陣營對抗帝國中央，遂使德境信仰戰爭染上國際權力衝突的色彩，使得卡爾五世深陷難以兼顧德境內外的困境下，不得不暫與路德教派妥協。

　　最後雙方終在 1555 年簽署　《奧格斯堡之帝國暨宗教和約》(*Augsburger Reichs- und Religionsfrieden*)，內容主要規定德境各邦可自行決定所屬領域的宗教信仰，亦即皈依路德派的各邦，路德派為唯一合法信仰，反之在舊教各邦亦如是，另外除路德派之外，禁止其他教派的存在。《奧格斯堡之帝國暨宗教和約》為路德派勢力的一大勝利，同時亦意謂著帝國信仰最終走向完全分裂，德意志境內的分崩離析之局自此之後再也難以挽回。

　　在哈布斯堡王朝所統轄的奧地利及中東歐各地領域之中，同樣深陷宗教信仰分裂的局面，此際接手其兄長卡爾五世的腓迪南一世（Ferdinan I，1503–1564 年，帝 1558–1564 年），在面對核心領域奧地利大公國、波希米亞王國，以及匈牙利王國內部嚴重的宗教信仰衝突的情形下，完全束手無策，最後在其遺囑中決定，

一旦當其過世之後，哈布斯堡家族在奧地利及中東歐各地的統治
領域將再次分割，分由其三子繼承三片領域，希冀其共同解決嚴
重新舊教衝突，然此舉無異導致哈布斯堡王朝統治權的急遽弱化，
並再次步入中衰之境。

宗教衝突及三十年戰爭時期的哈布斯堡王朝

第一節　中東歐哈布斯堡各領地的宗教衝突

一、哈布斯堡家族的內部衝突

　　1555 年《奧格斯堡之帝國暨宗教和約》簽署之後，德意志境內的新舊教衝突暫時止歇，實則是一場大風暴來臨前的寧靜之期而已，隨著天主教革新運動（反宗教改革）有成，以及以哈布斯堡王朝中央為首、擁護舊教的南德各邦勢力奪回了許多原已皈依新教之地區後，新教徒所屬各地領主諸侯威脅感愈漸增加。再加上哈布斯堡家族各世系統治者對於境內新教徒的態度不一，時而採行容忍之策，時而卻採取高壓逼迫的手段，致令新教徒陣營頓生朝不保夕之感，致對哈布斯堡家族各世系統治者因而抱持極深的疑慮。哈布斯堡家族各支統治者與其新教臣民間的矛盾衝突，逐漸由沉潛蟄伏走向公開對立，再加上歐陸列強基於自身利害的

考量而大舉介入德意志事務，愈使各方敵對態勢愈形激化，最終導致戰爭的全面爆發。

　　自從腓迪南一世過世而哈布斯堡家族在中東歐所屬各邦國領域三分之後，其三子：長子——其後繼位為皇帝的馬克西米利安二世，次子腓迪南（Ferdinand，1529–1595 年）及三子卡爾（Karl，1540–1590 年），分別各自繼承一部分的哈布斯堡家族領域，然而自從十六世紀上半葉宗教改革浪潮席捲全歐之後，哈布斯堡家族所屬領域，即馬克西米利安二世所屬的下奧地利、波希米亞王國及匈牙利王國、腓迪南所屬的上奧地利，以及卡爾所屬的內奧地利等三大領域，事實上也陷入嚴重的信仰爭端之中。哈布斯堡各支統治者與其所屬領域中的所屬臣屬，尤其是幾乎全面皈依新教的波希米亞及匈牙利貴族，因宗教因素而長期處於緊張狀態。

　　與之同時，鄂圖曼土耳其帝國對哈布斯堡王朝東疆的不斷入侵威脅，更進一步加劇了哈布斯堡各支統治者與其臣屬間的緊張關係，為了集中全力對抗土耳其人的伊斯蘭教勢力，哈布斯堡家族中人深感務須先將全境的信仰齊一化，俾再次形塑出強而有力的信仰依歸，以之作為對抗伊斯蘭教的精神戰力。此種背景下，哈布斯堡家族各世系所屬領地打壓新教徒事件層出不窮，新舊教的全面衝突似無可避免。

二、魯道夫二世的遷都布拉格

　　直到馬克西米利安二世長子魯道夫二世（Rudolf II.，1552–

1612 年，帝 1576–1612 年）成為哈布斯堡家族族長並接掌皇位之後，新舊教的緊張對立關係才暫獲紓緩。魯道夫二世成長於當時天主教信仰熾熱的西班牙宮廷之中，然而他返回奧地利並掌政之後，並不受狂熱舊教信仰所驅使，反而傾其所能地試圖化解新舊教間的衝突，其願雖未成，然其可謂是深受舊教信仰影響下的哈布斯堡家族中人的異類。

　　以魯道夫二世飽讀詩書及才華洋溢的特質而言，新教氛圍濃厚且學術氣息自由的波希米亞首都布拉格，遠較當時由立場僵固耶穌會所掌控且舊教盛行的奧京維也納更受他青睞，於是在其統治期間，乃將其京城遷往布拉格。這段從 1576 至 1612 年為止的魯道夫二世駐京布拉格的三十餘年時光，可謂是布拉格在歷史上，繼十四世紀盧森堡王朝卡爾四世之後再展璀璨輝煌的「第二次黃金時代」。在魯道夫二世大舉獎掖藝文活動的鼓舞下，大批美輪美奐的建築及各類雕刻繪畫如雨後春筍般紛紛湧現。此外基於其身對天文學的喜好，知名的天文學家布拉赫（Tycho Brahe，1546–1601 年）及克卜勒（Johannes Kepler，1571–1630 年），皆受邀而成為布拉格宮廷嘉賓。其他各類人文及自然科學，同樣也受到魯道夫二世的大力推動而呈欣欣向榮之態，這段由其所促進的布拉格文化昌盛之期，也被稱為「金色布拉格」時代。

　　相對於魯道夫二世以其學識淵博及雅好藝文的品味，而大力投注於知識文化的傳承而言，政治事務則顯非其所長。此種狀況下，他乃以家族族長的身分，賦予諸弟及家族叔父們共治哈布斯堡家族所屬各領地的權限，遂使哈布斯堡家族的分割之勢愈形嚴

圖14：魯道夫二世對藝術與科學相當熱愛，圖為朱
塞佩‧阿爾金波爾多 (Giuseppe Arcimboldo) 約1590
年的畫作，將魯道夫二世描繪為羅馬神話中的四季
之神。

重，隱然有陷於長久分裂危機。尤其哈布斯堡家族中的若干成員，
對魯道夫二世所持容忍新教之策甚不以為然，於是在其各自領地
中採取迫害新教徒政策，遂使哈布斯堡王朝境內，除了魯道夫駐
地所在的波希米亞王國，以及其弟馬提阿斯所轄的上及下奧地利
之外，其餘地區皆程度不等地深陷舊教統治者與新教臣民之間的

對立與衝突，其叔及幼弟甚至兩度公然率軍抗拒族長魯道夫二世。

　　屋漏偏逢連夜雨，此時土耳其人的新一波入侵浪潮又展開，更加惡化了哈布斯堡內部紛爭之局。與此同時，由於魯道夫二世未婚，因而哈布斯堡皇位的繼承成為迫切問題，在維也納主教的秘密安排下，其四弟馬提阿斯，即日後的德皇馬提阿斯（Matthias，1557–1619 年，帝 1612–1619 年），被立為未來族長及皇帝繼承人，再加上馬提阿斯先前對匈牙利新教徒叛軍及土耳其人採取和談政策，引發魯道夫二世的不滿，最後在波希米亞新教徒倒戈支持馬提阿斯的事件中，終使兩者間衝突正式檯面化，內戰因而在 1611 年爆發。

第二節　三十年戰爭前夕的哈布斯堡王朝

一、波希米亞新教徒反抗哈布斯堡王朝

　　在哈布斯堡統治下的中東歐地區中，波希米亞王國向來為新教徒最重要的大本營之一，波希米亞與新教間的淵源由來已久，早在馬丁・路德發動宗教改革運動之前的一百餘年，反對天主教的勢力即已在此生根，此即是先前所提及的布拉格卡爾大學校長楊・胡斯所發起的胡斯宗教改革行動。其後胡斯信徒的揭竿起義，雖在羅馬教廷和德皇的雙重打壓之下轉趨沉寂，但胡斯信徒仍然堅守其波希米亞的大本營未曾消失。

　　當 1517 年宗教改革而路德派及其他的各支新教派系如雨後

春筍般湧現之後，胡斯信徒因其教會改革理念再度大肆活動，他們全力支持新教陣營，遂與包括路德及喀爾文教派在內的新教團體互通訊息並密切合作，重新展開活動，他們後來被通稱為「波希米亞合一兄弟會」(Jednota bratrská/Unitas fratrum/Bohemian Brethren)。由於宗教及政治因素，他們大力支持德意志境內的新教徒反抗哈布斯堡中央，並且曾在 1546 至 1547 年的徐馬卡爾登戰爭中，出兵支持新教勢力反抗哈布斯堡王朝，雖遭敗績，不過新教徒仍能在波希米亞境內持續維繫其勢力不墜。

魯道夫二世將京都置於布拉格，更大力提倡波希米亞境內人文、自然及藝術的發展，且對新教徒抱持寬容態度，使其對波希米亞王國三十餘年的統治尚稱平穩。時至 1609 年時，魯道夫二世甚至簽署並頒布《聖詔》(*Majestätsbrief*)，內容賦予了新教徒信仰自由的權利，然而新教各大貴族決心趁魯道夫二世與其弟馬提阿斯相爭而權勢弱化之際，索求更多宗教及政治特權，魯道夫二世憤怒嚴拒之餘，決心派兵鎮壓，新教貴族遂轉而援引其弟馬提阿斯以為己助，終在 1611 年時成功聯手擊敗魯道夫二世。馬提阿斯將其兄囚於布拉格城堡，並在成為哈布斯堡族長之後，旋即加冕成為波希米亞國王。翌年（1612 年）魯道夫二世鬱鬱而終，馬提阿斯乃正式登基為第一帝國皇帝。

二、第二次布拉格拋窗事件

自馬提阿斯登基之初，哈布斯堡王朝不僅立即將其京都遷回維也納，同時也開始任命許多尊奉舊教的德裔人士主掌波希米亞

王國境內的教務事宜，絕大部分信奉新教的捷克貴族在大感失望
之餘，旋即在波希米亞等級會議中締訂排德法案作為答覆，致使
雙方的矛盾愈形激化。其後馬提阿斯在 1617 年正式宣布其堂弟、
舊教立場更為激進的腓迪南，即日後的德皇腓迪南二世
（Ferndinand II.，1578–1637 年，帝 1619–1637 年），為未來的德
皇兼波希米亞及匈牙利國王的繼承人之後，終於導致雙方爆發全
面性的衝突。1618 年，捷克新教貴族闖進布拉格王宮城堡內，將
正在密會的三名皇帝特使從布拉格王宮城堡上的高窗向外拋出，
史稱「第二次布拉格拋窗事件」（Der Zweite Prager Fenstersturz），
正式揭開了其後歷時長達三十年之久的「三十年戰爭」的序幕。

圖 15：第二次布拉格拋窗事件

第三節　三十年戰爭對哈布斯堡王朝的衝擊

一、三十年戰爭之因及戰爭的爆發

　　爆發於 1618 至 1648 年之間的「三十年戰爭」，實是延續自十六世紀中葉以來一系列宗教戰爭的最後，也是最激烈的軍事衝突。然而戰爭爆發之因絕非僅是單純的信仰歧異，實則成因錯綜複雜，包括新舊教敵對宿怨、德境中央與諸侯間憲政之爭、各國政治利益衝突，以及列強領土野心等等各項因素彼此糾纏錯結，最後形成一場以德意志全境為戰場的國際權力爭奪戰。

　　引爆三十年戰爭的導火線是 1618 年的 「第二次布拉格拋窗事件」，該事件爆發後，波希米亞貴族及各等級代表決議禁止哈布斯堡家族中人繼續出任波希米亞國王，並另選新教諸侯普法爾茲伯爵腓特烈五世 (Friedrich V. von der Pfalz) 為波希米亞國王 ， 是為波希米亞國王腓特烈一世（Friedrich I. von Böhmen，1596–1632 年，王 1619–1620 年，流亡 1620–1632 年）。此舉引發第一帝國皇帝腓迪南二世的強烈反彈，遂在翌年（1619 年）率領舊教大軍大舉攻入波希米亞 ， 爆發了 「波希米亞－普法爾茲戰爭」（Böhmisch-Pfälzischer Krieg，1618–1623 年），是為三十年戰爭的第一階段。因苦候新教援軍不至，波希米亞－普法爾茲聯軍終於在 1620 年布拉格西郊的 「白山戰役」 (Schlacht am Weißen Berg) 中遭到舊教部隊所擊潰，腓特烈一世逃亡，因僅在位一年，遂被

稱為「一冬之王」(Winterkönig)。波希米亞新教勢力既遭全面擊潰，於是波希米亞王國全境重新落入哈布斯堡王朝的掌控之下。

二、哈布斯堡王朝的嚴控波希米亞

白山戰役之後，波希米亞的捷克貴族及各等級勢力遭受重大打擊，不僅率眾起事的新教各等級的領袖，在耶穌會士的主導下橫遭處決示眾，哈布斯堡王朝亦趁此機會大舉剝奪捷克貴族的特權及其地產，使得向來具有反中央集權且實力強大的捷克貴族，自此不復為哈布斯堡帝國中央之患。捷克市民階級亦同遭池魚之殃，財產大舉被沒收，十數萬信奉新教的市民階級被迫逃離波希米亞。

上述發展使得波希米亞王國原先保有的若干程度自主性徹底消失，腓迪南二世在 1627 年的 《全境秩序重建法規》(*Verneuerten Landesordnung*) 中，正式宣布在波希米亞王國實行絕對專制的統治及尊奉天主教（舊教）為唯一信仰，同時將波希米亞王國的王位由原先的選舉制改為世襲制，聖瓦茨拉夫王冠自此之後完全為哈布斯堡家族中人所掌有，原先設立於布拉格的總督府，亦在 1624 年遷往哈布斯堡王朝的首都維也納，波希米亞王國的地位在白山戰役之後，實質上已無異於哈布斯堡王朝轄下的一個省分。

腓迪南二世在軍事上的獲勝，不僅削弱了哈布斯堡王朝領地內，包括波希米亞、匈牙利及上奧地利等向來坐擁種種特權的各大貴族實力，甚至為帝國境內的舊教之反宗教改革運動，注入了

新一波的擴張動能。除了波希米亞之外，哈布斯堡王朝各領地舊
教軍隊紛紛對新教陣營發動一連串攻勢，逼其在改宗舊教或流亡
之間作抉擇，終而導致全境約二十萬左右的新教徒出亡。

三、三十年戰爭的蔓延

腓迪南二世既已初步消弭了哈布斯堡王朝各領地內的宗教歧
異因子，使其對全境的統治趨於穩固，因而進一步欲將德意志全
境的宗教信仰重歸於一，進而在哈布斯堡王室的統治下重建強而
有力且統一的德意志中央皇權。在其勇將馮·華倫斯坦
（Albrecht von Wallenstein，1583–1634 年）的大舉征戰，以及西
班牙哈布斯堡軍隊的全力支持下，帝國軍隊連戰皆捷，中北德的
新教諸侯領地次第淪喪，時至 1629 年，腓迪南二世的一統德意志
第一帝國之夢幾近實現。然而當全德意志可能在哈布斯堡王朝統
率下重新凝聚為一強而有力的政治實體時，引發對德境有領土野
心的瑞典及法蘭西的強烈不安，遂先後出兵介入德境的戰事。

瑞典國王古斯塔夫二世（Gustav II Adolphs，1594–1632 年，
王 1611–1632 年）揮軍德意志，既有支持德境新教陣營的動機，
尤帶有兼併沿波羅的海的北德地區並建立強大的瑞典波羅的海大
帝國的野心。古斯塔夫二世介入德境戰事後，戰局立告逆轉，帝
國大軍在瑞軍精銳部隊及新式戰術的衝擊下幾乎潰不成軍，瑞軍
深入南德各地，進而威脅到奧地利本土。腓迪南二世不得不重新
任命一度遭罷黜的馮·華倫斯坦，冀望挽回戰局，最後在古斯塔
夫二世於 1632 年陣亡於呂岑戰役 (Schlacht bei Lützen) 後，瑞軍

攻勢才稍受阻滯。然而馮・華倫斯坦卻因功高震主而導致腓迪南二世猜忌，深恐他與敵謀和而自立為王，遂遣人將之謀殺，此舉導致戰事又生變化。

　　1635 年，法蘭西在輔政大臣紅衣主教李希留 （Armand Jean du Plessis, cardinal-duc de Richlieu et due de Fronsac ， 1582–1642 年）的主政下，向奧地利盟友西班牙宣戰，此舉亦等同於對奧地利哈布斯堡王朝宣戰。法軍大舉進入德境，配合瑞軍重啟在德境的攻勢，使得哈布斯堡王朝深陷首尾難顧之局，聲勢日蹙，帝國境內諸要地次第淪入瑞軍與法軍之手，勉強支撐至 1648 年秋，終而被迫與法蘭西及瑞典在德境西北的明斯特 (Münster) 及歐斯那布呂克 (Osnabrück)，簽下了《西法倫和約》而結束這場兵連禍結數十年的三十年戰爭。

四、戰後哈布斯堡王朝的失與得

　　三十年戰爭對奧地利哈布斯堡王朝所造成的衝擊，除了喪失其原本在萊茵河流域的所屬領地——亞爾薩斯 (Elsass) 及松德高 (Sundgau) 之外，與之俱來的政治後果，厥在於一度可能重建德意志中央皇權的雄心受挫，以及哈布斯堡皇帝作為德皇而在德意志全境的聲望大跌。由於《西法倫和約》中，瑞典及法蘭西皆因取得帝國領地而成為帝國諸侯之一員，出席和會及締訂和約，遂使德意志分裂的態勢受到國際條約的保障而成為國際政治的一部分，德意志分崩離析之局不僅在實質上且在名義上皆完全定型化，從而使哈布斯堡皇帝欲重建中央集權的統一帝國之夢於焉幻滅。

　　儘管三十年戰爭對奧地利哈布斯堡王朝在德境的威望損害甚大，然而若就強化其於中東歐領地的控制上，卻意外地出現正面效應。首先，相較於德意志境內許多地區因連年戰爭而淪為荒墟的情形而言，哈布斯堡王朝所控制下的中東歐各領地，較少受到戰火的波及，從而得以維繫哈布斯堡王朝元氣於不墜。其次，因大批中東歐各領地內的新教徒貴族及平民在戰爭期間出逃，使得哈布斯堡王朝領地內的宗教信仰趨於單純化，有利於尊奉舊教的哈布斯堡統治權深化。最後，在三十年戰爭期間哈布斯堡王朝所屬中東歐各領地，皆因防敵入侵之需要，紛紛自行組成地區常備防衛部隊，即令其性質最初係屬防禦性，然而在哈布斯堡王朝的呼喚徵召下，此類部隊時而與帝國軍隊聯合作戰，戰爭結束後，這些武力亦繼續長駐地方，其後漸成哈布斯堡王朝重要軍力來源，足以提供其未來繼續逐鹿歐陸與揮軍對抗鄂圖曼土耳其的重要資本。

第八章 | *Chapter 8*

絕對專制主義時期的哈布斯堡王朝

第一節　土耳其人再度入侵及奧地利的抗土戰爭

一、1683 年第二次維也納圍城戰

　　三十年戰爭甫告終結未久，哈布斯堡王朝隨即面臨來自鄂圖曼土耳其人的新一波入侵威脅。鄂圖曼土耳其帝國在經歷科皮律 (Köprülü) 父子的大幅革新而重振國威之後，決心趁歐陸各國在甫經「三十年戰爭」的慘烈廝殺而元氣大傷的絕佳時機，展開其對歐陸的第二波大攻勢。在先與法蘭西王國「太陽王」(roi soleil) 路易十四（Louis XIV，1638–1715 年，王 1643–1715 年）取得半結盟的默契之後，1682 年大首相卡拉・穆斯塔法（Kara Mustafa，1634–1683 年）親率十五萬大軍劍指哈布斯堡王朝而來。土軍兵鋒所至，所向披靡，旋於翌年夏再次進抵中歐大門——「金蘋果」城市維也納，是為 1683 年的「第二次維也納圍城戰」。

圖 16：1683 年維也納第二次圍城戰

　　奧京遭圍近兩個月之久，全城幾近彈盡糧絕，皇帝雷歐波德一世（Leopold I.，1640–1705 年，帝 1658–1705 年）甚至先一步逃離維也納圍城，避難於奧境西部的林茲，金蘋果城看似大勢已去。值此深陷絕望之際，幸賴波蘭名王楊三世・索別斯基 （Jan III Sobieski，1629–1696 年，王 1674–1696 年） 親率大軍及時馳援，方盡解維也納危城之噩。

二、楊・索別斯基：歐洲解放者及土耳其剋星

　　楊・索別斯基詳覽維也納城周遭地勢，認為奧京西郊維也納森林山脈 (Wienerwald) 群中的禿頭山 (Kahlenberg) ❶ 地勢居高臨下，戰略地位極為重要，然土軍竟未佈防於此，因此決定以禿頭

山作為波軍及其他德境各邦援軍
的攻擊發起地。依其計畫，擬先
以佈陣於禿頭山頂的重砲來壓制
土軍的攻城火砲，繼之以精銳的
波蘭「翼騎兵」(Husaria) 俯衝而
下，必能一舉重創土軍。然則禿
頭山地勢險要，拖砲上山實為艱
困無比之舉。但楊‧索別斯基既
已為援軍統帥，毅然決然地親率
大軍直登禿頭山頂，其間雖受極
為可觀的裝備損失，終究登頂，
遂據有利地形。

圖 17：波蘭翼騎兵

　　9 月 12 日楊三世‧索別斯基在禿頭山的小教堂祈禱之後，波
軍攻勢展開，先以密集砲火重擊土軍火砲陣地，待土軍陣勢大亂
之後，其精銳「翼騎兵」從上而下直搗鄂圖曼統帥大營，終而大
破土軍精銳，殘餘土軍拋盔棄甲，一路敗亡南逃，遂盡解維也納
之圍❷。

---

❶　禿頭山一名的源由，並非因其山形外貌而來，事實上作為維也納森林山
　　脈群的一部分，該山峰亦滿布植被密林，絲毫無任何光禿之景。究其
　　實，該山名稱係由建於其上的一所修道院而來，由於頭頂光禿的修院僧
　　侶頻繁出沒於該山林之中，時人遂以修士僧侶的外貌來稱呼該山峰。

❷　1683 年的「第二次維也納圍城戰」的獲勝，對於歐洲飲食界亦有深遠
　　影響，據說有一名波蘭人在戰後深入土軍撤退後的營帳內，發現許多

三、抗土戰爭的轉守為攻

　　「禿頭山之役」(Schlacht am Kahlenberg) 及「第二次維也納圍城戰」的勝利，令鄂圖曼土耳其帝國遭受致命打擊，哈布斯堡王朝決定趁機一舉剷除後續可能之威脅。於是在羅馬教宗的主導及號召之下，奧地利、波蘭、威尼斯及勃蘭登堡－普魯士❸締結

　　盛裝大量黑色豆子的袋子，乃試著將之烹煮飲用，由於其味甚苦，因而後來維也納人乃將之稍作改良，在黑豆汁液中加糖加奶一起攪拌，此即成為「維也納牛奶咖啡」(Wiener Melange) 的由來。其後在 1685 年時，維也納就出現了中歐的第一間咖啡館，此即咖啡傳入中歐之始。於此同時，維也納軍民亦發現許多土軍所遺留下的酥皮點心，這類點心皆內含鹹餡，其後維也納烘焙師將其口味作了調整，改為偏甜口味，使得酥皮類點心漸漸在奧地利及歐陸傳開。其中烘焙師傅並製作出一款酥皮類麵包，該麵包是依土耳其旗幟上的弦月標記而製成的一種不含餡的弦月狀酥皮麵包，象徵著「吃掉土耳其人」之意，希望藉此強化其未來徹底擊敗土耳其人，令其永無能力再犯奧京的信念，此種酥皮麵包就是今日常見的可頌麵包或牛角麵包，然依其緣由而稱之為「弦月麵包」，應更為貼切。

❸　1618 年，系出霍恩索倫家族 (Haus Hohenzollern) 的普魯士公國（東普魯士）末任公爵過世，因無男嗣，因而同屬霍恩索倫家族的勃蘭登堡邊區伯爵，在取得普魯士公國的宗主國波蘭的同意下，得以領有該地，遂將國名改為「勃蘭登堡－普魯士」(Brandenburg-Preußen)。至 1657 年時，因該國在波瑞戰爭中與波結盟，作為酬謝，波王因而同意解除普魯士公國對波蘭的臣屬關係，勃蘭登堡邊區伯爵取得普魯士公國的完整主權。時至 1701 年時勃蘭登堡邊區伯爵腓特烈三世正式稱王，是為

所謂「神聖聯盟」(Heilige Liga)，旋即對鄂圖曼土耳其帝國展開一系列大規模的軍事攻勢，奧軍在其知名勇帥健將如洛林的卡爾公爵（Karl V. Herzog von Lothringen，1643–1690 年）、巴登－巴登的路德維希邊區伯爵 （Ludwig Wilhelm, Markgraf von Baden-Baden，1655–1707 年），以及薩伏衣的歐根親王 （Eugen Franz, Prinz von Savoyen-Carignan，1663–1736 年）先後領軍下，獲得一系列的軍事大捷，乃將哈布斯堡帝國東界不斷向東延伸，深入了匈牙利王國的故土。

　　1697 年的「森塔戰役」(Schlacht bei Zenta)，尤為奧地利第一階段抗土戰爭的關鍵性戰役，是役中，奧軍在歐根親王的率領下，突如其來地截擊了由蘇丹穆斯塔法二世 （Mustafa II，1664–1703 年，帝 1695–1703 年） 御駕督軍，且正半渡提薩河的土耳其大軍，一舉殲滅蘇丹精銳，自是而後土耳其人再無西犯哈布斯堡帝國核心領域之力。在軍事屢屢失利之下，鄂圖曼土耳其帝國終於被迫在 1699 年及 1718 年時，與哈布斯堡帝國簽下《卡洛維茨和約》 (*Friedensvertrag von Karlowitz*) 及 《帕薩洛維茨和約》(*Friedensvertrag von Passarowitz*)，土耳其勢力至此退出多瑙河中游及巴爾幹半島北部之域，這片昔日為匈牙利王國故土之地至此盡數轉入哈布斯堡王朝所有，奧帝國東疆的危局於焉盡解，第一階段的抗土戰爭遂告一段落。

　　普魯士國王腓特烈一世 （Friedrich I.，1657–1713 年，王 1701–1713 年），勃蘭登堡－普魯士自此改為普魯士王國。

第二節　奧法東西對峙之局的形成

一、奧法的全歐霸主之爭

　　正當哈布斯堡帝國在歐陸東部對土耳其人取得大捷，並迫使其逐步退出巴爾幹半島北部之際，不旋踵間，其關注焦點又被迫拉回西歐及南歐，係因其時法蘭西太陽王路易十四趁奧重兵集結於東疆之際，逐步蠶蝕哈布斯堡帝國在德境西疆的領地。

　　路易十四秉持著法蘭西王國從三十年戰爭時期以來的國策，即突破哈布斯堡王朝從四面對法蘭西王國的包圍，甚至進一步擊潰並取而代之，成就法蘭西於歐陸的獨霸地位。為了合理化其霸權野心，於是在其部將獻策下而有所謂「天然疆界」(frontière naturelle) 之說，強調法蘭西王國四域的邊界必須以大自然界的山川大洋作為疆界，意即法蘭西疆域必須重現羅馬帝國時期高盧行省的邊界為依歸：西及大西洋濱、南抵庇里牛斯山及地中海、東達阿爾卑斯山、北則至萊茵河出海口。其間唯一尚未能企及的缺口就是東北境至北部的萊茵河地帶，因此全力向德意志及南尼德蘭地區的擴張，就成為路易十四首要目標。

　　事實上上述說法不啻路易十四為其向德境擴張尋求合理化藉口，就其觀點言之，由於三十年戰爭之後，德意志境內分崩離析而陷入小邦林立之態，法蘭西王國自不能放棄此一千載難逢之機，所謂「法蘭西的永遠強大必須建立在德意志亙久的衰弱之上」，因

而路易十四決心傾全力向德意志境內擴張。路易十四向德意志擴張的政策，毫無疑問是針對奧地利哈布斯堡王朝而來，就其觀點言之，絕不容許毗鄰法蘭西東疆出現一個統一且強大的德意志強權，放眼當時，德意志全境若可能被凝聚成為一個統一的政治強權，唯一只有在奧地利哈布斯堡王朝的領導之下，因此法蘭西王國務必全力向德境進軍，將萊茵河流域兩側地帶納入法蘭西王國的控制之下，盡可能地全面介入德意志事務，俾阻斷奧地利哈布斯堡王朝統一德意志的任何可能性。

二、法王路易十四的全歐擴張戰爭

在路易十四欲建構法蘭西天然疆界的信念下，法蘭西大軍四出征戰成為必然之舉，於是此一時期，以尼德蘭及德意志為主要鬥爭舞臺的歐洲大陸遂爆發一連串的國際衝突，史家稱之為「路易十四時期的戰爭」。總計從 1667 至 1714 年間，共計有下列四場重要戰爭：1667 至 1668 年的「遺產轉移戰爭」(Devolutionskrieg)、1672 至 1678 年的「荷蘭戰爭」(Holländischer Krieg)、1688 至 1697 年的「大同盟戰爭」(Krieg der Großen Allianz)，以及 1701 至 1714 年的「西班牙王位繼承戰爭」(Spanischer Erbfolgekrieg)。面對著法蘭西王國在路易十四整軍經武後的全力向外擴張，歐陸各單一國家在難以抗衡，以及恐懼法蘭西王國獨霸歐陸的情勢下，遂數度組成軍事同盟對抗法蘭西的擴張，其中哈布斯堡王朝尤其扮演著抗法領導者的核心角色。

此一時期，哈布斯堡王朝在前後三任皇帝雷歐波德一世、約

瑟夫一世（Joseph I.，1678–1711 年，帝 1705–1711 年）及卡爾六世（Karl VI.，1685–1740 年，帝 1711–1740 年）的統治之下，採納歐根親王所力持的與其他歐陸國家締盟之策，俾力抗法蘭西大軍的擴張。歐根親王實為此一時期哈布斯堡帝國的朝政柱石，他是路易十四的輔政大臣馬薩林（Jules Mazarin，1602–1661 年）的外孫，自幼成長於法蘭西宮廷之中，卻不得路易十四所青睞，因而毅然決然地轉投於哈布斯堡王朝皇帝麾下，全力為壯大哈布斯堡帝國奮戰不休。歐根親王甚得三任皇帝的信賴而掌握帝國軍政大權，出將入相，權傾一時，因而在其佐政的三十餘年間，哈布斯堡王朝國勢重現中興盛世。

奧軍在歐根親王的率領下先後參與大同盟戰爭及西班牙王位繼承戰爭，力阻法蘭西王國路易十四不斷向外擴張的野心，經過兵連禍結數十載及交戰各方師老兵疲之後，雙方終於在 1713 年的《于特列希和約》(*Friedensvertrag von Utrecht*)，以及 1714 年的《拉斯塔特和約》(*Friedensvertrag von Rastatt*) 之後，罷兵休戰。

三、哈布斯堡與波旁王朝的歐陸東西對峙

哈布斯堡王朝在兩和約中斬獲頗豐，計取得南尼德蘭、米蘭、拿波里／那不勒斯及西西里島等地，使哈布斯堡家族所轄領域大增，再次晉升為歐陸一等強權，並且重新取得了與法蘭西王國東西對峙並立之局。亦因哈布斯堡王朝再度崛興成為歐陸兩大強權之一，以及確立其於中東歐地區獨霸地位使然，因此當時哈布斯堡王朝的財政大臣馮‧西倫多夫（Christian Schierl von

Schierendorf，1661–1726 年）陳請皇帝，直接使用「奧地利帝國」(Austriacum Imperium/Österreichisches Reich) 之名來彰顯帝國的壯盛。

儘管此際哈布斯堡王朝皇帝仍胸懷全德意志並自視為全德意志民族之皇帝，不願僅以哈布斯堡家族所轄之中東歐地區及若干西歐南歐領地為滿足，不過實質上，奧地利帝國及哈布斯堡帝國兩名稱的交錯變換稱呼，已然逐漸行之於當時國際社會。在近兩個世紀之後的 1806 年，當德意志第一帝國／神聖羅馬帝國在拿破崙的壓力下而橫遭取消之後，哈布斯堡皇帝遂正式以奧地利帝國之名而行之於世。

第三節　哈布斯堡王朝《國事詔書》的頒布

一、哈布斯堡王朝領地不可分割性的確立

然而在重現哈布斯堡王朝的強權地位之後，如何維繫此一幅員廣袤大帝國的亙久長存，誠為一大挑戰，其因在於帝國內部多元民族結構上的先天困境，以及昔日哈布斯堡家族分割統治下所造成的分裂隱憂，因此欲達成帝國境內的團結穩定態勢實非易事。撇開西歐及南歐小片新獲領地不論，基本上哈布斯堡王朝所轄之領域係位於中東歐地帶，即由奧地利大公國、波希米亞王國及匈牙利王國三大核心領地所共組而成，其聯結方式是哈布斯堡皇帝以個人之名而聯合各邦國所達成，亦即擁有德意志第一帝國皇位

頭銜的哈布斯堡王朝皇帝，分別以奧地利大公、波希米亞國王及匈牙利國王的身分而將三者聯結，然而三大核心領域的組成民族殊異，皆各自有其自身議會及法律體系，使得帝國難以形成一致的共同體。尤有甚者，即令是奧地利大公國本土地帶，哈布斯堡家族亦因過去分割統治的傳統，使得家族若干支系欲保有自身特權，不願將權限交還予哈布斯堡家族族長。諸如上述種種，皆令哈布斯堡皇帝對其帝國後續的維繫不能無憂。

早在雷歐波德一世在位之期，已然警覺到帝國的高度分歧性而欲修法，將帝國各領地的統治權全部委由單一統治者所轄有，因此在 1703 年時，雷歐波德一世在其兩子約瑟夫及卡爾的支持下，針對現行哈布斯堡帝國的繼承法，進行了修法的討論，其後則作出決定，計畫未來帝位由系出哈布斯堡家族的現任皇帝之嫡傳長男所繼承，一旦嫡傳長男先逝則依序由其弟接任，如若無男性繼承人，則可由嫡傳長女繼位。與此同時，哈布斯堡帝國所轄各領地，必須作為一個不可分割的整體而由接掌大位的君主所統治，上述內容，到了 1713 年卡爾六世掌政初期全然獲得確認，最後明載於同年所頒布的《國事詔書》 (*Pragmatische Sanktion/ Pragmatic Sanction*) 之中。

二、《國事詔書》女嗣繼承大統的確認

然而由於歐陸各國的王室成員聯姻本屬常態，因而某一家族男性繼承人斷嗣，他國王室成員常會以姻親之故而要求繼承此一國度的王位。哈布斯堡王朝《國事詔書》的頒布，明顯阻斷歐陸

其他王室未來入主哈布斯堡家族所轄領地大統的可能性，因而哈布斯堡王朝勢必先行取得其他歐陸各大強權的首肯，俾保障未來哈布斯堡帝位的順利傳承。就當時哈布斯堡王朝未來的帝位繼承權而言，霎時間更是突遇棘手態勢，由於卡爾六世的幼子在出生數月之後旋即夭折，致令哈布斯堡家族面臨了無嫡傳男性繼承人的困境，因而卡爾六世決心依《國事詔書》的內容，由其長女瑪麗亞‧特蕾西亞繼任大統。經過內部一番爭論之後，《國事詔書》終於在 1723 年年底正式生效。

　　根據此一《國事詔書》之規定，哈布斯堡王朝所轄各領地皆係一體且不可分割的，如若皇帝未來仍未能得到男嗣，則可由其女嗣繼承大位，意即卡爾六世之長女瑪麗亞‧特蕾西亞將有權繼承皇帝之位。為了更進一步強化其女在未來統治的合法性，卡爾六世在 1736 年時，甚且安排瑪麗亞‧特蕾西亞與當時的洛林公爵法蘭茨‧史蒂芬（Franz Stephan von Lothringen，1708–1765 年）締婚，兩人將共同掌理哈布斯堡帝國政務，並計畫未來將以法蘭茨‧史蒂芬為德意志第一帝國的皇帝。

　　哈布斯堡帝國《國事詔書》的頒布，在卡爾六世的積極對外奔走下，雖然初期取得了歐洲各大強權的同意，但由於哈布斯堡帝國三朝元老重臣歐根親王在 1736 年的過世，一時之間哈布斯堡帝國基柱大受衝擊，致使 1737 至 1739 年間在帝國東疆的「第二階段抗土戰爭」敗績連連，哈布斯堡帝國在全歐的威望因而為之大損，遂使歐陸各大列強因而重新算計，是否有必要維繫先前對卡爾六世所應允《國事詔書》的諾言。此種來自歐陸及德境列強

對哈布斯堡王朝繼承人統治合法性的挑戰，在 1740 年卡爾六世過世後隨即爆發，列強紛紛宣稱有權繼承哈布斯堡帝國的皇位，因而最終導致了「奧皇位繼承戰爭」的爆發。

瑪麗亞・特蕾西亞紀元及德意志奧普雙元體系

第一節　奧地利皇位繼承戰爭

一、德境諸列強對哈布斯堡領地的野心

　　1740 年哈布斯堡王朝的德皇卡爾六世逝世，證實了先前因哈布斯堡帝國威望大損下，終難挽《國事詔書》最後淪為一紙具文的境地。此際德境及歐陸列強完全視《國事詔書》為一張廢紙，紛紛提出繼承哈布斯堡家族政治遺產的要求。巴伐利亞維特爾斯巴赫家族的卡爾・阿爾布雷希特 (Karl Albrecht) 首先提出繼承要求，為達成其目的，卡爾・阿爾布雷希特甚至與普魯士王國及法蘭西王國結盟，獲其支持而被選為第一帝國皇帝，是為德皇卡爾七世（Karl VII.，1697–1745 年，帝 1740–1745 年），然而哈布斯堡家族嚴拒維特爾斯巴赫家族繼承哈布斯堡家族的各領地的要求。此時德意志世界另一強權普魯士王國霍恩索倫王朝，決定趁

哈布斯堡王朝舊皇甫逝、新皇不穩，且強敵覬覦的千載難逢之機，火中取栗。

　　與瑪麗亞・特蕾西亞女皇同在 1740 年登基的普魯士國王腓特烈二世（Friedrich II. der Große，1712–1786 年，王 1740–1786 年），即腓特烈大王，甫即位未久，隨即向瑪麗亞・特蕾西亞提出要求，希冀女皇將奧地利屬地西利西亞 (Schlesien) 讓予普魯士，換取普魯士承認瑪麗亞・特蕾西亞為哈布斯堡家族合法繼承人的地位，然此舉為奧女皇所摒拒，腓特烈二世遂決心採行先發制人之策而迫其就範。

二、第一次與第二次西利西亞戰爭

　　1740 年秋，腓特烈大王突然發兵進占西利西亞，引爆了 1740 至 1742 年的「第一次西利西亞戰爭」(Erster Schlesische Krieg)，以及 1744 至 1745 年的「第二次西利西亞戰爭」(Zweiter Schlesische Krieg)。德意志境內的衝突同時也牽動到全歐各列強間政治利害的盤算，紛紛以各自結盟的方式介入戰爭：法國意圖削弱哈布斯堡王朝而支持普魯士，旋即侵入奧屬尼德蘭及義大利各領地；英國則為了維繫自身安全及在海外殖民地打擊法蘭西競爭者，遂與奧結盟而對法作戰。由於兩次的西利西亞戰爭、尼德蘭與義大利的衝突，以及英法海外殖民地戰爭，最初皆導因於德意志及歐陸列強欲取得哈布斯堡王朝各領地的繼承權而起，因此這些戰爭亦被合稱為「奧地利皇位繼承戰爭」(Österreichischer Erbfolgekrieg，1740–1748 年)。

　　處於絕境之中的瑪麗
亞・特蕾西亞絕不願束手待
斃，反而以一韶齡女皇之姿
而展現其不屈不撓之精神及
卓越統馭長才，力挽深陷風
雨飄搖之中的哈布斯堡王朝
於不墜。戰爭爆發之後，瑪
麗亞・特蕾西亞首先攜其未
足歲之幼子，前往時屬哈布
斯堡王朝領地的匈牙利王國
首都布達佩斯，營造孤母幼
子形象，成功虜獲全體馬札

圖 18：瑪麗亞・特蕾西亞

爾大貴族的同情而尊其幼子為匈王，遂得以援引匈軍以為己助。
其後雖對普戰事未能得勢，不過女皇此際適時調整戰略，決心先
與普妥協，轉而對付其他強敵，奧普雙方遂於 1742 及 1745 年先
後簽署《柏林和約》(*Friedensvertrag von Berlin*) 及《德勒斯登和
約》(*Friedensvertrag von Dresden*)，奧同意將西利西亞割普以換取
其退出戰局，普則承認瑪麗亞・特蕾西亞之夫法蘭茨・史蒂芬為
德皇，是為法蘭茨一世 (Franz I.，1708–1765 年，帝 1745–1765
年)。

三、《阿亨和約》及德意志普奧對立的浮現

　　時至 1748 年，因奧法兩大陣營之間相持不下，師老兵疲，最

後交戰雙方終於簽署《阿亨和約》(*Friedensvertrag von Aachen*)，
除了西利西亞見奪於普魯士之外，瑪麗亞‧特蕾西亞保有了絕大
部分的哈布斯堡王朝的領地，成功地維繫了奧地利哈布斯堡帝國
的國勢及聲望於不墜，殊屬不易。

　　綜觀奧皇位繼承戰爭，除了普魯士王國之外，並無明顯的贏
家：法蘭西王國未能取得奧屬尼德蘭，在德意志境內亦無重大斬
獲，使其欲削弱奧地利的終極目標並未能達成，同時與英國的海
外殖民地之爭亦陷入持續膠著之態。奧地利雖損失了其最富裕的
省分西利西亞，卻也藉由兩次西利西亞戰爭而充分體認到軍隊革
新的重要性，其後遂有瑪麗亞‧特蕾西亞大刀闊斧的革新軍隊之
舉，奠定日後在「七年戰爭」(Siebenjähriger Krieg，1756-1763
年) 中與普魯士一較高下的基礎。至於普魯士則毫無疑問地是奧
皇位繼承戰爭的唯一贏家，藉由取得西利西亞這個當時德意志世
界最富裕的地區之一，使其在德境的地位陡然提升，對奧地利在
德意志世界及中東歐地區向來所享有的獨霸態勢，形成了一大挑
戰，德意志的雙元對抗態勢初步浮現，在緊隨其後的年代之中，
為了削弱對方的實力，雙方再度展開激烈的對決。

第二節　德意志奧普雙元主義的確立

一、歐洲外交反覆之局的出現

　　奧普之間在十八世紀中葉的對決，不僅關係著德意志世界的

霸主地位之爭，同時也牽涉到整個歐陸結盟態勢的變化。鑑於奧皇位繼承戰爭期間與英結盟並未能帶來正面效應，瑪麗亞·特蕾西亞首先試圖轉換結盟對象，於是在外相考尼茨伯爵（Wenzel Anton Graf Kaunitz，1711–1794 年）的積極運作之下，試圖與世仇法蘭西王國改善關係，不過此舉初期成效不彰。與此同時普英之間的關係逐步走向親善，卻在不意間推動了奧法關係的快速升溫，係因英國為了保障王室原生國度❶——德意志境內的漢諾威選侯國 (Kurfürstentum Hannover) 的安全，因而欲援引普魯士王國之力為後盾，並認為可利用在歐陸進行的戰爭而削弱法蘭西用兵海外的動能。普王腓特烈二世則希望藉由與英結盟而破壞長久以來的奧俄同盟，再加上他認定法奧傳統敵對關係的不可逆轉性，遂於 1756 年年初與英國正式簽署了《西敏寺條約》(*Convention of Westminister*)。

　　未料此舉惹惱了法蘭西王國，同年 5 月決心與奧地利捐棄前嫌並簽署《凡爾賽和約》，正式締結軍事防衛同盟。於是遂出現了

---

❶ 1714 年系出斯圖亞特家族 (House of Stuart) 的安妮女王（Anne Stuart，1665–1714 年，王 1702–1714 年）過世，依英王位繼承法之規定，王位第一順位由母親系出斯圖亞特家族的德意志之漢諾威選侯國選侯格歐爾格／喬治所出任，是為英王喬治一世（George I，1660–1727 年，王 1714–1727 年），開英國史上的「漢諾威王朝」(House of Hanover，1714–1901 年) 之始。喬治一世之子喬治二世（George II，1683–1760 年，王 1727–1760 年）在位時，為打擊法蘭西王國用兵於歐陸及海外的動能，以及保障漢諾威選侯國安全，於是介入七年戰爭。

奧法由傳統敵對的態勢一轉而成為盟友的戲劇性變化，奧皇位繼承戰爭時期的敵手與盟友關係，至此全然轉換，國際結盟體系轉而成為法奧俄結盟以對抗英普的態勢，是為「外交反覆」或「外交革命」(Renversement des Alliances)，戰爭旋即爆發，史稱「七年戰爭」。七年戰爭的戰場分別在歐陸及英法海外殖民地，在歐陸，此戰爭又稱「第三次西利西亞戰爭」(Dritter Schlesische Krieg)，因其確立了西利西亞的最終歸屬。在海外則稱「法蘭西與印度戰爭」(French and Indian War)，英法長期的海外殖民地之爭經過此役後，完全塵埃落定。

二、七年戰爭及戰局的僵持

普王腓特烈二世得知法奧締結同盟之後，決心採取先發制人之策，立刻於 1756 年突襲奧地利的盟友薩克森公國，旋將之完全占領，揭開了「第三次西利西亞戰爭」的序幕。普魯士軍隊雖驍勇善戰，並有英國的支持作為後盾，然而來自英國的援助幾乎皆為財政上的，在軍事上僅有少許的英軍部隊協同普軍作戰，使得普魯士幾乎是以一國之力而對抗法奧俄三大強權。藉由出其不意的奇襲及素質優越的軍隊，普魯士在戰爭初期一度得勢，在 1757 年 11 月的「羅斯巴赫之役」(Schlacht bei Roßbach)、12 月的「洛伊騰戰役」(Schlacht bei Leuthen)，以及 1758 年夏的「措恩多夫戰役」(Schlacht bei Zorndorf)，腓特烈二世領軍下的普軍分別重挫法、奧、俄三強軍隊，致而引發德境其他邦國的人民對普王腓特烈二世的景仰，其「大王」(Großer König/Greater King) 之名，即

得之於此時。

　　然而普魯士王國相較於法奧俄三國，無論就規模及人口而言，皆難以與之相比擬，以一敵三終難能久。1759 年年中的「庫內斯多夫戰役」(Schlacht bei Kunersdorf)，普軍不敵享有巨大人數優勢的俄奧聯軍，遭受慘重失敗，首都柏林門戶大開，面臨無兵可守之絕境，腓特烈大王看似大勢已去。卻未料俄奧兩國元帥彼此意見不合而交相撻伐，隨後並分別憤而率軍歸去，普魯士意外轉危為安，是為「勃蘭登堡王室的奇蹟」(Mirakel des Hauses Brandenburg)。

　　即令如此，實力已大為削弱的普魯士充其量僅能作維繫基本生存的防禦戰而已。戰爭的後三年，深陷絕望之境的腓特烈大王憑恃著不屈不撓的決心與堅定不移的毅力，與三大強敵周旋不輟，艱困地維繫普魯士於不降。時至 1762 年年初，奇蹟再次降臨，新登基的俄皇彼德三世突然下令俄軍停戰，不僅單獨與普議和，甚至還與普魯士締結軍事同盟，轉戈指向奧法，致使反普聯盟全面瓦解，是為「第二次勃蘭登堡王室的奇蹟」(Zweiter Mirakel des Hauses Brandenburg)。其後彼德三世雖旋遭推翻軟禁，新任俄皇葉卡捷林娜二世（Yekaterina II Alekseyevna，1729–1796 年，帝 1762–1796 年）立刻取消俄普軍事同盟，然亦無意與普再啟戰端，最後七年戰爭終在各方師老兵疲的狀況下畫上句點。普奧兩國在 1763 年於薩克森簽署《胡伯圖斯堡和約》(Hubertusburger Frieden) 而結束戰爭。至於英法在北美及印度的殖民地之爭，最後則以英國全面勝利而收場，雙方同樣於 1763 年簽署《巴黎條

約》(*Treaty of Paris*) 而結束敵對狀態。

三、奧普雙元體系的形成

七年戰爭的結果對奧地利哈布斯堡王朝而言，損失不可謂不大，首先奧地利終還是無法奪回當時德意志境內極為富庶、產業高度發展且人口眾多的西利西亞，其帶來的衝擊除了哈布斯堡帝國整體產業實力受創之外，再則就是西利西亞的族群結構幾乎皆為德意志人，失之則意謂著哈布斯堡帝國境內的德意志人口比例大幅縮減，其他民族人口比例則顯著上揚，原先在哈布斯堡王朝領地內扮演主體民族的德意志民族數量大減之後，也埋下了日後哈布斯堡帝國內部的嚴重民族問題的根源。

最後，《胡伯圖斯堡和約》的締訂，更代表著長期以來奧地利作為德意志世界獨大的地位完全被打破。普魯士王國藉由奪得並保有西利西亞，從而在德意志境內強力挑戰奧地利向來所具有的優勢地位，使其晉升成為德意志暨歐陸一等強權，「德意志雙元主義」或「雙元體系」(Dualismus/Dualism) 自此確立，為下一個世紀的普魯士與奧地利之間競逐德意志世界領導權之爭，奠定基礎。

第三節　瑪麗亞・特蕾西亞及約瑟夫二世的改革

一、瑪麗亞・特蕾西亞推動改革

在 1740 年列強視《國事詔書》如無物而紛紛圖謀奪取哈布斯

堡各領地的遺產，尤其處於新近崛興的普魯士王國揮軍直入國境之際，奧地利哈布斯堡王朝雖能利用歐洲列強間的矛盾而組成對立同盟以應對之，若非瑪麗亞‧特蕾西亞以一韶齡女皇之姿，毅然決然地在內政上進行一系列大刀闊斧的改革，絕難因應從兩次西利西亞戰爭至七年戰爭所帶來的危局。

　　總計瑪麗亞‧特蕾西亞從 1740 年成為女皇一直至 1780 年過世為止，這段包括她與其夫君德皇法蘭茨一世及自 1765 年之後與其長子約瑟夫二世 （Joseph II，1741–1790 年，帝 1765–1790 年）的共同統治的歲月中，她對哈布斯堡帝國進行了全方位的改革大業。

1. 財　政

　　瑪麗亞‧特蕾西亞甫上任未久，即進行一系列中央集權化的措施。她藉由強化中央行政官僚機構的職權而削弱地方對中央事務的干擾，使得國家可以透過源源不絕的稅捐流入大大增加國庫的收入，達到國用以足的境界。

2. 軍　事

　　在中央財政的收支逐步穩定之後，固定的國防預算得以投入軍事的改革大業上。1742 年瑪麗亞‧特蕾西亞在首都維也納的新城 (Neustadt bei Wien) 設立了一所「特蕾西亞軍事學院」，用以培育優秀軍官，革新軍隊統馭能力。1748 年成立了一支工程團，並在 1754 年輔以工程學院的成立，使軍隊工程技術趕上時代之所需。另外砲兵部隊同樣被重新整飭，引入新型裝備並使之齊一化，遂逐漸能與普魯士的精銳部隊相抗衡。

3.教　育

　　由於奧地利教育界長期以來處於教宗及其所屬耶穌會的控制之下，阻礙許多新興科學及實證觀念的吸收。因此瑪麗亞‧特蕾西亞決心擺脫或至少削弱天主教會對奧地利教育事務的干擾。首先在醫學方面，女皇重用受新教思想影響的醫生范‧敘威騰（Gerhard van Swieten，1700–1772 年），將其對醫學事務的見解及研究發現引入維也納醫學院之中，使得維也納醫學院盛名為之遠播。在法學方面，其時最負聲名的法學大家如里格（Paul Joseph Rieger，1705–1775 年）、馮‧馬提尼（Karl Anton von Martini，1726–1800 年）及埃貝爾（Johann Valentin Eybel，1741–1805 年）等等，皆被延攬至維也納大學任教，使得維也納大學法學院從十八世紀中葉至十九世紀初期間名聞遐邇。在 1752 年時，瑪麗亞‧特蕾西亞甚至宣布，各類研究必須基於實證結果，而非耶穌會的推理而來，此令意謂著耶穌會對奧地利教育體系的影響全面遭到排除，使得奧地利的專業知識領域得以蓬勃發展。

4.司　法

　　在瑪麗亞‧特蕾西亞的推動下，奧地利在 1766 年首先完成新的民法法典，時至 1768 年則頒行了一部《特蕾西亞法典》(*Codex theresianum*)，使得哈布斯堡帝國的司法體系漸臻完備。

5.教　會

　　瑪麗亞‧特蕾西亞大幅刪除天主教會原本所享有的許多特權，從而將之納入國家體制之下而運作。教會節日、教會的裁判權、神職人員的免稅權等，皆受到大幅度的限制。不過在此必須

強調的是，舊教天主教信仰作為奧地利唯一官方宗教的地位，並未受到衝擊，瑪麗亞・特蕾西亞對於舊教信仰的維繫始終如一，即使削弱天主教許多特權，卻不意謂著她對信仰天主教的虔誠立場有所改變，此由她對於基督新教各派系及猶太教的持續不遺餘力打壓的作法，完全可觀察出其信仰世界觀之堅定。

6.農業暨產業

自從失去了西利西亞這個最富裕的省分之後，瑪麗亞・特蕾西亞力求將傳統農作物調整為經濟作物的種植，俾盡可能增強哈布斯堡帝國的經濟暨軍事實力。於是此際波希米亞的紡織產業被大力推廣，其他有利可圖的產業，諸如瓷器等奢侈品產業亦導入帝國境內，尤以首都維也納城內為中心。瑪麗亞・特蕾西亞以國家強制力而伸入產業領域的決策及生產之中，目的在於務使哈布斯堡帝國的整體實力藉由健全的產業結構，而重現及維繫其於德意志暨歐陸的強權地位。

總體而言，瑪麗亞・特蕾西亞的國家改革涵蓋面極廣，幾乎遍及於日常生活種種面向，其中除了對舊教之外的信仰採行極不寬容的立場之外，瑪麗亞・特蕾西亞的改革大業幾乎未遭到任何強烈的反抗，係因其政策一如其人般，以慈愛及體恤的態度，兼顧現存的狀態，盡可能藉由協調而非強制的方式而施行，卻能得到意想不到的成果，致而能得到哈布斯堡王朝上下無比的愛戴，是而她被尊稱為奧地利的「國母」，誠可謂也。

二、瑪麗亞・特蕾西亞的對外政策

　　至於在瑪麗亞・特蕾西亞統治的晚期，涉及於奧地利對外的重要決策，主要朝向西東兩方向，即在西歐方面持續維繫奧法結盟體系及在中東歐方面參與波蘭的瓜分。緣自「外交反覆」之後國際現狀的改變，為了避免奧地利在國際事務上的影響力弱化，因而她逐步朝向「現實政策」(Realpolitik) 而調整，首先決定在1770 年時與法蘭西締結更緊密的同盟，藉由將其最小的女兒瑪麗亞・安東尼亞 （Maria Antonia， 日後的法王后瑪麗・安托內特 Marie Antoinette，1755–1793 年，后 1774–1793 年）嫁予當時王太孫路易 (Louis)，即日後的法王路易十六 （Louis XVI，1754–1793 年，王 1774–1789 年，遜位 1789–1792 年），進一步深化了奧法兩國的同盟關係。至於在中東歐方面，在瑪麗亞・特蕾西亞的決策下，決定在1772 年與普魯士及俄羅斯聯手而參與了「第一次波蘭瓜分」， 從而取得波蘭南部的加利西亞 (Galizia) 南部及波多利亞 (Podolia) 西部地區，也成就了哈布斯堡帝國日後逐步發展成為中東歐三強之一的地位。

　　1780 年 11 月，瑪麗亞・特蕾西亞於美泉宮辭世，代表了瑪麗亞・特蕾西亞紀元的結束，然哈布斯堡帝國的改革大業並不因此停滯，而是繼續由其長子約瑟夫二世接手而持續推動，使得哈布斯堡帝國穩定地邁向現代化的境界。

三、約瑟夫二世改革大業的承續

　　約瑟夫二世的改革較之其母瑪麗亞‧特蕾西亞更為徹底及全面，甚至可謂是一項規模宏大、遍及帝國所有階級及領域的除舊革新大業。基於先前數度匿名微服的密訪巡禮，約瑟夫二世深感若欲維繫哈布斯堡王朝之強盛於不墜，則必須大刀闊斧地革除各類舊有社會弊端，從而邁向全民眾望之所繫的福祉國度及現代化國家。

1.農民的解放

　　約瑟夫二世首先聚焦於改善占人口絕對多數的底層農民生活條件，從 1781 至 1785 年間，在帝國當局一系列的法令頒布下，哈布斯堡帝國各領地的農奴制及苛刻的封建勞役紛紛被廢除，此舉不惟大幅改善底層農民生活水準，使其得以為了更增自身收入而投入大量農務之中，進而使單位面積產量大增，更使國家糧食庫存及收入為之提升甚多。亦由於約瑟夫二世的農業改革措施，對於農民生活的改善帶來極大的正面效應，因而他廣受農民的愛戴，甚而被冠上「農民的解放者」的美名。

2.貴族及教士特權的限縮

　　對於在帝國內長期占有特權優勢地位的貴族階級及教士，約瑟夫二世亦致力限制，甚至削減其原享之特權，並要求其亦須奉守繳稅之義務，避免兩者權勢過度膨脹而危及國家根基。1781 年時，約瑟夫二世廢除貴族所長期掌控的特別法庭，同時成立普通法院，不分貴族、教士、資產階級或農民皆適用之，日後有關勞

務條件及締訂婚約皆轉由普通法院審理，此外對非婚生人士及失婚婦女的求職歧視及種種的法令限制，亦一併廢除。

3.宗教寬容原則的頒布

深受啟蒙思潮影響的約瑟夫二世，尤其視學有專精的知識分子為國家棟樑，然而昔日卻因宗教信仰因素而使之橫遭排擠，因而約瑟夫二世在 1781 年至 1789 年間， 頒布一系列宗教寬容法令，宣布帝國其他宗教信仰，包括新教徒、東正教徒及猶太教徒的地位，與天主教徒完全平等，三者日後皆不再受到官方及舊教徒的歧視及打壓，並允其自行興建教堂、禮拜堂及聚會所，同時更撤消了對猶太人求職及受教育權的禁令。儘管約瑟夫二世此舉導致了部分天主教徒的強烈反彈，並出現驅離非天主教信徒的事件，然而總體而言，無損於宗教寬容法令通行全國後所帶來的大量正面效應，許多非舊教信仰的知識分子藉此得以逐步任職於地區及中央機構。

4.整頓天主教會

約瑟夫二世更對數量驚人且趨於浮濫的天主教各類教會機構進行大力的整頓，在其認知中，教會的許多功能，諸如地方治安的預警與維繫，應隸屬於中央警察職權所有，因而他將眾多神職人員，納入擁有警察權限的中央教會網絡之中。與此同時，他也強制關閉了大量不具教育、慈善及布道功能的小型教堂及修道院，從而大幅削弱了奧境天主教會的特權地位。

四、理性為上的哈布斯堡王朝

　　經過瑪麗亞‧特蕾西亞及約瑟夫二世歷時數十載的改革措施之後，使得帝國境內的騷動不穩之源成功地被消弭，並逐步邁向唯才是用的現代化國家之林。對此學界曾針對哈布斯堡帝國在十八世紀中後期的改革行動作出適切的評論，咸認為瑪麗亞‧特蕾西亞及約瑟夫二世母子兩代的改革大業，成功地將原帶有濃厚封建等級的帝國，轉化為啟蒙理性為尚的現代化國度，從而避免了一場像 1789 年爆發的法國大革命在奧地利境內的上演。然而法國經過短期的混亂及白色恐怖的衝擊之後，成為一個植基於遵奉人民最高主權、強調天賦人權及主權在民的現代化民族國家——法蘭西共和國，旋即對哈布斯堡帝國，造成強烈的衝擊。

第四節　巴洛克暨洛可可時代的奧地利藝文盛況

一、巴洛克式藝術形成的背景及原因

　　從十七至十八世紀初之期，在全歐居於藝術文化主導地位的是「巴洛克」(Barock/Baroque) 式風格，巴洛克一詞源自葡萄牙文，意為「變形的珍珠」，此種藝術風格的盛行與宗教及政治的因素息息相關。由於宗教改革及宗教戰爭的爆發，新教陣營贏得了大批信眾的皈依並使其信仰版圖日漸擴張，舊教陣營為了扭轉自身頹勢及挽回信徒的心，除了大舉革除舊有弊端之外，並以誇張

鋪陳的裝飾手法來興建精美絕倫的教堂建築，藉由金碧輝煌裝飾的炫目及隆重莊嚴儀式的進行，從而營造出令人猶若置身上帝國度的感受，藉此虜獲信徒對天主教的堅貞不貳信仰，並試圖重新奪回改皈新教信徒的心。

於此同時，巴洛克式風格又受到絕對專制王權的大力支持，係因將此種裝飾風格所呈現的雍容尊貴及富麗堂皇的外觀，用於宮廷苑囿的設計之上，可以充分彰顯出世俗君主強大的權力及唯我獨尊的地位，因而在天主教及絕對君權的大力推動之下，巴洛克式風格就成為了當時全歐盛行的藝文主流型式。

由於奧地利哈布斯堡王朝向以作為天主教陣營的最堅實後盾而自豪，該王朝的統治者深信，虔誠的天主教君主係受命於上帝，藉由上帝國度的秩序賦予其在凡間忠心不貳的哈布斯堡帝國君主，使其成為上帝在塵世間的代理人，奉上帝之令行使其在凡間政治上的職權。基於此種堅定的天主教信仰，毫無疑問地巴洛克式風格自然而然地成為哈布斯堡王朝的官方藝文式樣。

二、奧地利的巴洛克式代表建物

正如前言，巴洛克式風格的出現與宗教及政治因素密不可分，奧地利的巴洛克式風格就是呈現在教堂、修道院及宮廷建築上。在 1683 年第二次維也納圍城戰結束及土耳其人對哈布斯堡帝國的威脅盡去之後，奧境全域進入了一段巴洛克式建築的興建熱潮。大批昔日所建的教堂或修道院皆在此一時期被改建為巴洛克式風格，先前建於中古高峰期巴本貝格家族統治時期的本篤修會所屬

圖 19：梅爾克修道院為歐洲最華麗的修道院，藏書十多萬冊及許多珍貴的中世紀手稿，2000 年被列入世界文化遺產。

的梅爾克修道院，以及西多修會所屬的聖十字架修道院，皆在此際一轉而成為耀眼奪目的巴洛克式建築物。

　　尤其是梅爾克修道院更屬奧地利巴洛克建築藝術之珍珠瑰寶，透過建築大師普蘭德陶爾（Jakob Prandtauer，1660–1726 年）精巧細膩的建築工法，從而在山巔絕壁之上打造出一座優美華麗及繽紛燦爛的絕色建築物。遠望佇立於多瑙河谷上方的瓦豪（Wachau）山群頂端，扼守險要地勢的梅爾克修道院，十足展現出其所兼具之巍峨壯觀與瑰麗絕倫的萬千氣象，望之不禁令人心生「上帝國度」之感。

　　帝都維也納尤為當世巴洛克藝術之都，今日維也納市區的重

圖 20：維也納三大宮殿——由上而下為美泉宮、宮殿堡宮、上美景宮

要地標建築物，包括日後成為哈布斯堡皇室冬宮所在的宮殿堡宮
(Hofburg)、上美景宮 (Oberes Belvedere)、卡爾教堂 (Karlskirche)、
彼德教堂 (Peterskirche)，以及後來成為哈布斯堡皇室夏宮所在的
美泉宮等，先後在奧地利巴洛克時代的最重要兩位建築大師馮‧
埃爾拉赫（Johann Bernhard Fischer von Erlach，1656–1723 年）及
馮‧希爾德布蘭特 （Johann Lucas von Hildebrandt ， 1668–1745
年）的設計監工下而完工。

巴洛克式教堂的外部皆有一個或兩個橢圓形的圓拱頂，內部
聖壇則飾以大量金漆雕飾，透過窗戶彩繪玻璃及天花板色澤豐富
的聖畫，彰顯上帝國度的莊嚴且華麗的世界。至於巴洛克式宮殿
則外呈氣勢磅礡及裝飾繁複之象，而內部廳室則極盡巧琢精工之
能事，藉此展現統治君主的絕對至尊與統御萬民的萬千氣勢。

總體而言，巴洛克式建築藝術無論就教堂修院或宮殿而言，
皆運用了許多稜角及曲線，充分表現出裝飾、華貴及明亮等特性，
動感性十足，與先前的文藝復興式建築或稍後的古典主義式建築
所蘊含的規範、理性與節制的特色大異其趣。

三、洛可可風在奧地利的興起

進入 1720 年代以後，隨著法蘭西建築師設計更為精巧輕快的
裝飾風格及法蘭西宮廷風席捲全歐，使得「洛可可」式的風格在
此際也開始影響到奧地利全域的藝術表現形式。「洛可可」
(Rokoko/Rococo) 一詞源自法文，原意是指建築藝術中的一種「貝
殼形狀的裝飾圖案」，其後用以指稱巴洛克式晚期的藝術風格，此

種藝術風格盛行於 1720 年至 1780 年之間。

　　既作為巴洛克式後期的一種藝術表現型式，洛可可風與巴洛克風同樣皆有曲線美及動感十足的特徵，然而不同於巴洛克藝術的出現有著拓展舊教大業及君權至上的目標，因而展現出力量與激情，凸顯男性英雄時代的陽剛特質，洛可可藝術則是宮廷皇室貴族的崇尚奢華及歡愉享樂的產物，致而呈現婉約與細緻的特點，反映出女性溫柔典雅且情感流露的陰柔風格。

　　若就洛可可風格所具有的陰柔溫婉的特色而論，則這段時期的奧地利尤其將其風格全然彰顯出，係因奧地利洛可可風盛行之期，正是奧地利「國母」瑪麗亞‧特蕾西亞掌政之期，一如前述，她以嫻靜溫和卻堅毅不撓地於當時國際政治上展現的不輸鬚眉的才能，以及周旋對抗眾多男性勁敵而最終維繫哈布斯堡帝國強權於不墜的豐功偉業，在在皆顯示瑪麗亞‧特蕾西亞統治下的奧地利，將洛可可時代精神完全彰顯無遺。

四、洛可可式藝術的特色

　　洛可可藝術的特色幾乎全然展現於建築內部的裝飾與擺置上，包括內牆壁面上塗以亮白色、金黃色，以及粉紅色等明亮色彩，樓梯間牆面掛滿色澤明亮的壁畫，扶手上且雕飾以各類花卉圖案，各個宮殿內室則擺飾著各類精雕細琢的藝術品，諸如瓷器、家具、餐具、地毯及掛鐘等，其外緣或表面則雕飾以貝殼、波浪，及羽翼的形狀。因而可清楚界定出，洛可可風格與巴洛克風格之最大區別之處不在於外觀動感的設計上，而是在內部精緻的裝飾

圖 21：美泉宮內部的洛可可裝飾

上，美泉宮的改建尤可看出上述洛可可風的特色。

　　1743 年，在瑪麗亞‧特蕾西亞的指示下，兩位建築師馮‧帕卡西（Nikolaus von Pacassi， 1716–1790 年） 及馮‧霍恩貝格（Johann Ferdinand Hertzendorf von Hohenberg，1732–1816 年），將美泉宮的內部廳室及宮苑由原來的巴洛克風大幅改造為洛可可風。改造後的美泉宮一千二百多個內室皆擺設鑲金飾銀的傢俱、吊燈及大型花瓶等等，彰顯至尊無上的皇家地位。在美泉宮的宮殿後方則為大型宮苑之所在，花草皆按精心設計而植栽，宮苑格局的鋪排井然有序，苑圍中樹立大量的希臘神話雕像，並有大型噴泉於其中，其旁則有世上最古老的動物園。

五、奧地利與歐陸諸國洛可可風的差異

　　在十八世紀中期之後成為哈布斯堡皇室夏宮的美泉宮，係瑪麗亞‧特蕾西亞與其夫君及十六名子女日常最喜閒話家常及悠遊休憩的家庭聚會之所，雅好藝文音樂的女皇常邀請文人音樂家於美泉宮中演出，闔家同享藝文音樂之美，莫札特尤為受邀演奏者中名聲最盛者，在其六歲之時隨其父而受邀至宮中表演，精湛演出一舉贏得女皇全家上下讚嘆不已，為其博得「音樂神童」之美名。

　　於此同時，亦可看出當時奧地利與其他歐洲各國的洛可可宮廷氣氛的明顯差異，相較於絕大多數的君主普遍視洛可可宮廷為王室及貴族放蕩不羈的歡愛調情之所，奧地利女皇則基於虔誠的天主教信仰，強調婚姻與家庭所具有的神聖不可侵犯性，深信世上唯一真正的幸福在於美滿的婚姻及子女滿堂的家庭生活，因而她曾頒布命令，嚴厲禁止包括美泉宮在內的所有哈布斯堡宮廷內的成員發展複雜的男女關係，不難窺見女皇以追尋並維繫世上最大福祉——忠於家庭子女來作為全國人民的表率，她不僅是哈布斯堡宮廷中的女皇兼賢妻良母，同時亦是哈布斯堡帝國全國人民的母親，奧地利「國母」的地位，誠可謂也。

六、從巴洛克風進入古典主義的奧地利音樂

　　建築之外，十八世紀中期的奧地利音樂亦有不凡的表現，主要的代表人物為葛路克（Christoph Willibald Gluck，1714–1787年），在音樂領域上，葛路克可說是巴洛克風進入古典主義的代表

人物之一❶。葛路克為一知名作曲家及歌劇改革者，出身於德意志的上普法爾茨 (Oberpfalz) 地區，其後遷居波希米亞並到布拉格學習音樂，至 1750 年後則定居於帝都維也納，並受女皇瑪麗亞‧特蕾西亞之邀，自 1752 年後接掌哈布斯堡宮廷樂長，積極展開其改革歌劇的雄心。

　　由於當時義大利歌劇是以音樂來作為劇情內容、人物特色及角色間對話的主要表現工具，葛路克反對義大利歌劇的表現方式，而是主張應以戲劇為主，音樂為輔，適度的簡化歌劇中音樂的繁複性，拋棄先前炫技的要求，回歸自然純樸的樂風，重視歌劇內容的深刻性，追尋歌劇反映人世的真實性，充分彰顯在啟蒙運動盛行下，有識之士大力鼓吹對平民生活及社會問題的關懷，在葛路克的作品中得到共鳴。於是他在歌劇創作上，用管弦樂的豐富性來取代古鋼琴的單一性，大幅縮減了宣敘調與詠嘆調❷之間的差距。他的歌劇改革在當時只能說獲得有限的成功，1762 年他的

---

❶　古典主義在音樂史與建築史上的時間並不完全一致，在 1750 年時，當建築尚為洛可可式風之際，音樂表現風格則已進入了古典主義時期，葛路克即是其中關鍵性人物。音樂領域上的古典主義係由 1750 年至 1820 年之間，即由葛路克及海頓發其端，一直延續至貝多芬為止。

❷　由於葛路克著重於表達一般人內心情感世界的豐富性，他認為應透過戲劇來刻劃人性細膩的情感，因而以較能夠彰顯情感多樣性的管弦樂來取代相對單調的古鋼琴的伴奏。宣敘調是用平鋪直述的方式來介紹劇情的曲調，至於詠歎調則用於刻劃劇中人物的思想情感，所以極具旋律性。

作品《奧爾菲歐斯與歐里狄克》(*Orpheus Eurydike*) 在維也納宮殿堡宮上演，給予當世樂界耳目一新之感，並奠定其於德語世界歌劇大師的地位，並使維也納晉升德語世界中的音樂之都的地位。不過葛路克的理念，對當時歐陸歌劇主流的義大利尚未引起太大的回響，其影響力要到日後才為歌劇界所重視。

第 IV 篇

奧地利近代時期
（1800–1918 年）

第十章 | *Chapter 10*

法國大革命下的奧地利及
歐洲新秩序的出現

第一節　法國大革命及拿破崙戰爭的衝擊

一、近代民族主義浪潮衝擊下的哈布斯堡王朝

　　隨著 1789 年法國大革命的爆發及「自由、平等、博愛」的口號響徹雲霄之際，此一發展也對哈布斯堡帝國的存續造成強大的威脅，係因法國大革命由下而上的推翻不公不義的王權，從而將國家最高主權賦予全體法蘭西公民，在天賦人權與主權在民的原則下所引爆出的自由主義，以及公民作為法國國家主權真正擁有者及行使者而產生的民族自豪感，並且從中所喚起的民族主義浪潮，在在使哈布斯堡帝國先前所大力推動的由上而下、由中央出於所謂大家長愛護其子民心態，並以所謂能力、貢獻及皇恩浩蕩來為其臣民創造福祉的種種改革行動頓失依據。在主權在民及自由平等博愛等法國大革命所揭櫫的原則衝擊之下，包括哈布斯堡

帝國在內的全歐各王朝統治者的「合法性」，皆受到了強烈的質疑
與挑戰。尤其是內部組成分子高度歧異的王朝式多民族大帝國
(Dynastic Multiethnic Empire)——哈布斯堡帝國，自十九世紀初期
以來即在自由主義人士高舉的君主立憲，以及民主自由原則下，
顯得左支右絀，其後又深陷境內各支民族以民族自決為名而掀起
的民族主義衝擊下，呈現搖搖欲墜之態，全然凸顯了哈布斯堡帝
國在自由主義及民族主義衝擊下的無力因應。總計從十八世紀前
期至 1918 年一戰結束為止超過一個世紀之期，可以說是一部哈布
斯堡帝國為了維繫自身生存的奮鬥史。

二、《庇爾尼茨宣言》及法對奧普宣戰

時至 1791 年，當法國大革命發展漸趨激進，致引發遜王路易
十六及其后瑪麗‧安托內特逃亡不成而遭截回之後，哈布斯堡皇
室決心對法施加壓力。1792 年初雷歐波德二世 (Leopold II.，
1747–1792 年，帝 1790–1792 年) 轉而與普魯士王國修好，並與
普王腓特烈‧威廉二世共同發表《庇爾尼茨宣言》 (*Pillnitzer
Deklaration*)，內容在於呼籲全歐各國關注法蘭西政局的惡化並提
及必要之時應予干預，未料此宣言被法蘭西革命人士解讀為，外
國勢力欲聯手國內保王反動分子展開對革命行動的反撲，乃決心
對奧普採取激烈措施作為回應。未幾雷歐波德二世旋即猝逝，其
子法蘭茨二世 (Franz II.，1768–1835 年，作為神聖羅馬帝國皇
帝，在位期間 1792–1806 年；作為奧地利帝國皇帝則稱法蘭茨一
世，在位期間 1806–1835 年) 即位後，法蘭西立法會議在革命人

士主導下對奧普兩國宣戰，戰爭於是爆發。戰爭初期，奧普聯軍攻勢順遂，一度逼近巴黎，然而奧普之間嫌隙仍存，彼此之間難能齊心，相較於西歐事務普魯士更覬覦波蘭領土，旋於 1793 年與俄聯手，第二次瓜分波蘭。與之同時外敵的入侵更點燃了甫經歷革命洗禮之後的法國人民的強烈愛國心，戰局遂告逆轉。從 1792 年下半年開始，法軍不僅盡逐奧普聯軍於法境之外，甚至逾界進軍，占領了奧屬尼德蘭及德意志的萊茵河左岸之地。翌年（1793 年），路易十六及其后瑪麗・安托內特先後被送上斷頭臺，法國大革命進入了激進恐怖的時代。

三、同盟戰爭及拿破崙的重創奧軍

奧普既無法同心，再加上俄羅斯與普魯士在 1793 年初對波蘭進行了第二次瓜分，使得哈布斯堡帝國決心另尋盟友因應迫在眉睫的法蘭西威脅，同年 3 月，哈布斯堡帝國與英國、荷蘭、西班牙及薩伏衣締結同盟，聯手與法作戰，是為「第一次同盟戰爭」(Erster Koalitionskrieg)。然而在革命人士頒布普遍徵兵制後所組成的法蘭西公民軍，其作為法蘭西公民普遍意志及自由平等博愛理念的捍衛者身分，對尚處於舊日王朝思維下的各國聯軍造成強大的衝擊。鬥志昂揚的法蘭西公民軍在 1793 年底至 1794 年下半年間先後重創了歐洲各列強，尤其是拿破崙在 1796 年率軍在義北重創了奧軍之後，哈布斯堡帝國被迫在 1797 年簽下《康波・佛密多和約》(*Friedensvertrag von Campo Formido*)，割讓萊茵河左岸及奧屬尼德蘭予法。在此期間奧地利為彌補損失及挽回若干顏面，

遂有 1795 年與俄普聯手，對波蘭進行第三次瓜分，波蘭因而消失
於歐洲政治版圖上達一百二十餘年之久。

　　然而對拿破崙而言，與奧締和不過是權宜之策而已，待其重
整軍武之後，旋即在 1799 年對哈布斯堡帝國及其盟友英俄等國展
開後續軍事行動，是為「第二次同盟戰爭」。哈布斯堡帝國在此次
戰爭中遭受慘重打擊，法軍在席捲了德意志全境後，使得哈布斯
堡王朝對德境最後殘餘的微弱控制力，蕩然不存。1802 年哈布斯
堡帝國與法簽訂《呂內維爾條約》(*Friedensvertrag von Lunéville*)，
意謂著哈布斯堡帝國影響力全然限縮於奧地利本土及中東歐的領
地，德意志事務完全任由法蘭西所宰制，拿破崙旋即在 1804 年正
式稱帝，締建了法蘭西第一帝國，此舉明顯亦是針對哈布斯堡王
朝皇帝法蘭茨二世而來，拿破崙藉此營造出一個嶄新且充滿朝氣
活力，並以法蘭西全體公民意志為依歸的法蘭西帝國，面對著一
個由哈布斯堡家族所統御的過時且腐朽衰敗的帝國，從中刻意凸
顯哈布斯堡王朝的日暮西垂之態。

四、德意志第一帝國的告終

　　作為第一帝國哈布斯堡王朝皇帝的法蘭茨二世，仍試圖證明
其有與法蘭西第一帝國抗衡的實力，藉由 1805 年與英俄締結同盟
而再次與拿破崙一較長短，是為第三次同盟戰爭。初始階段，英
國海軍在特拉法格海戰 (Battle of Trafalgar) 一役重創法蘭西─西
班牙聯合艦隊，重燃哈布斯堡帝國敗法的一線希望，殊未料法陸
軍不受海戰失利的影響仍重創奧俄聯軍，同年 11 月中，甚至連哈

布斯堡帝都維也納都宣告失守。最後在 1805 年 12 月初，拿破崙
更在號稱 「三皇之戰」 (Dreikaiserschlacht) 的奧斯特里茨戰役
(Schlacht bei Austerlitz) 中，給予奧俄聯軍致命打擊而結束了第三
次同盟戰爭。

　　1805 年 年 底 的 《普 萊 斯 堡 條 約》 (*Friedensvertrag von
Pressburg*) 簽署後，哈布斯堡帝國在失去大量領地之餘，並被徹
底排除於義大利及德意志事務之外，拿破崙依憑己意而全面支配
義大利及德意志事務。在德境內，乃出現了由十六個西德及南德
中小型邦國所合組並在法蘭西第一帝國保護下的 「萊茵邦聯」
(Rheinbund)，巴伐利亞、符騰貝格及薩克森三公國皆被提升為王

圖 22：奧斯特里茨戰役的拿破崙與法蘭茨二世

國。此舉同時意謂著早已名存實亡的德意志第一帝國——德意志
神聖羅馬帝國的正式解體,哈布斯堡皇帝法蘭茨在拿破崙重啟戰
事的最後通牒壓力之下 , 只能在 1806 年 8 月 6 日默默地將其皇
帝稱謂由德意志神聖羅馬帝國皇帝法蘭茨二世,改為奧地利帝國
皇帝法蘭茨一世❶。至此從 962 年由德意志「薩克森王朝」鄂圖
一世所建立的神聖羅馬帝國,自中古晚期以後以苟延殘喘之態而
延至 1806 年,終告壽終正寢。

五、拿破崙控制下的奧地利

　　1806 年年底,處於巔峰的拿破崙大軍擊敗了德意志境內僅餘
的強權普魯士王國,並將歐陸幾乎全盤置之於其控制之後,奧地
利帝國也成為拿破崙重新擘劃歐洲事務的一個棋子。為了打擊尚
未屈服的唯一死敵—— 「卑鄙的商業民族」 (contemptible nation
of shopkeepers)——英國 , 於是精心建構出所謂的 「大陸體系」
(Continental System) , 意圖以其所控制的歐陸全域而對英國實施
全面的經濟戰。於是自是年年底開始,全面禁止英貨輸入歐陸,
英國則展開反擊,規定進入歐陸的各國船隻須先停泊英港並載運
英貨始得駛往,法國則回以沒入全部貨物相要脅。法英經濟戰開
打的結果,導致歐陸各國受創甚慘,奧地利全境亦不能免。1809
年,原屬奧地利後被拿破崙強劃至巴伐利亞的提洛爾 (Tirol),即

---

❶ 　實際上自 1804 年開始,哈布斯堡皇帝就已開始自稱奧地利皇帝法蘭茨
　　一世,但當時仍未放棄德意志神聖羅馬帝國皇帝法蘭茨二世的稱號。

因不堪經濟情勢惡化而大舉舉事反抗巴伐利亞，其後提洛爾起義事件延宕經年之久，甚且進一步導致奧地利與法蘭西間的戰爭。然而奧軍士氣仍欲振乏力，德意志－瓦格朗戰役 (Schlacht bei Deutsch Wagram) 中，奧軍再遭重擊，法蘭茨一世被迫與拿破崙簽下城下之盟，是為《美泉宮和約》(*Friedensvertrag von Schönbrunn*)。該約中，奧地利帝國除了進一步擴大割土賠款的範圍之外，甚至在實質上已淪為法蘭西第一帝國的衛星國地位，雖然在表面上仍名為拿破崙盟友，實則奧皇各項決策莫不尊奉法帝之旨意而行，並被納入法蘭西第一帝國嚴密的大陸體系之一環而運作，哈布斯堡帝國的地位完全遭到弱化。

六、淪為拿破崙大軍供應地的奧帝國

處於國勢極度衰微之際，奧地利帝國的對外政策因而被迫更弦易轍，在 1809 年時，梅特涅接掌外相之位，他深信現下法蘭西第一帝國的全歐霸權地位，必因內外在結構因素及經濟困境而終將被打破。因而梅特涅認為現階段最好的策略就是與法交好，靜待有利時機的來臨。因而他力主透過與法聯姻而穩住奧帝國的國際地位，他利用了拿破崙在 1809 年與始終未能有後的約瑟芬 (Joséphine Beauharnais，1763–1814 年) 離婚的時機，而在 1810 年安排拿破崙迎娶法蘭茨一世之女路易瑟 (Maria Luise，1791–1847 年)，翌年並得一子，從而進一步穩固了法奧間的政治同盟。然而此舉並未能給予奧地利太多的利基，奧地利帝國淪為法蘭西第一帝國的衛星國度的狀態並無改變，不僅被迫償付鉅額的戰費，

圖 23：拿破崙與路易瑟的婚禮

且須供應法軍一切支出，從而導致奧帝國財政的不支破產。尤有
甚者，當 1812 年拿破崙為了嚴懲不遵循大陸體系的俄皇，親率六
十萬大軍而揮軍東進俄羅斯帝國，此際奧地利作為盟友也被迫投
入三萬奧軍參與對俄戰事。

　　1812 年的征俄之役實為拿破崙由盛轉衰的關鍵，俄人採堅壁
清野策略，使得法軍給養困難，雖能在同年 9 月中旬即攻陷莫斯

科，然火焚俱盡的俄京空城，令法軍難以抵禦即將到來的嚴冬，
不得不於 10 月中拔營西返。然俄軍沿途襲擊西撤的拿破崙大軍，
終導致六十萬大軍全面土崩瓦解，最後返回歐陸者，僅餘不到六
萬之眾。

　　征俄戰役的失敗，導致拿破崙獨霸全歐的局面被打破，於是
全歐各國再組反法聯盟，遂有 1813 年的「萊比錫諸民族大會戰」
(Völkerschlacht) 的爆發，拿破崙軍隊於是役中慘遭各國聯軍所重
擊，至此一路敗退至京城巴黎，1814 年 3 月底抗法同盟軍攻陷法
京，迫使拿破崙遜位並流亡至地中海的厄爾巴島。

第二節　維也納會議及歐洲五強均勢的確立

一、維也納會議的召開

　　隨著抗法同盟在萊比錫諸民族大會戰擊潰拿破崙之後，奧地
利帝國似乎重回歐陸大國之林，然而實質上奧地利的重振是搭著
其他列強的順風車有以致之。在萊比錫諸民族大會戰中，由於落
後的軍事裝備、缺陷重重的後援補給及效能不彰的指揮體系，使
得奧軍在戰場上作戰不力，若非盟軍普魯士及俄羅斯軍隊在戰場
上一再給予法軍重擊，奧軍恐怕早已不支而潰敗。其後在 1815 年
年初，拿破崙潛回巴黎，展開所謂百日復興，隨即興軍進逼南尼
德蘭，亦是憑藉著普魯士及英格蘭部隊的浴血奮戰，終而在滑鐵
盧戰役 (Schlacht bei Waterloo) 重挫法軍，並將戰敗的拿破崙流放

至南大西洋的英屬聖赫勒拿島 (Saint Helena) 之後，方使拿破崙對全歐各國的威脅盡去。面對奧帝國體質的孱弱，為免危及國家利益及其在歐陸政壇的傳統要角地位，於是在奧相梅特涅精心擘劃下，而有 1814～1815 年「維也納會議」(Wiener Kongress) 的召開，從而確立了「歐洲均勢」(Kräftegleichgewicht/Balance of Power) 原則，亦即英、俄、法、奧、普的歐洲五強格局。

在維也納會議上，梅特涅為捍衛奧地利的國際地位而大力訴求歐洲均勢原則，力阻因在抗法戰爭戰果斐然而要求領土擴增的普俄兩國，其訴求完全切中英國向來對歐陸事務所持的觀點——各列強維持相持不下之局，全力防止單一強權的崛興而主宰歐陸事務，避免危及英國的國家利益。在英政府的支持下，梅特涅憑其高超的政治手腕成功地擘劃出戰後歐洲新格局。

在大會中三項原則：「神聖正統原則」(sacred Principle of Legitimacy)、「回復原況原則」(Principle of Status Quo)，以及「補償原則」(Principle of Compensation) 的安排下，各國王室紛紛復位，所轄領土亦盡可能回復戰前原狀，如若不能，則予他地作為補償。基於上述原則，奧地利放棄若干在萊茵河及西南德的領域，從而在義大利及阿爾卑斯山地帶取得補償，使其疆域較之先前更為集中及完整。整體而言，在維也納會議中梅特涅充分利用英國對全歐均勢要求而引為己助的情形，大施其縱橫捭闔之術，成功地讓體質孱弱的奧地利帝國躋身於全歐的政治舞臺之上，並再次以一強權之姿而與其他列強平起平坐。

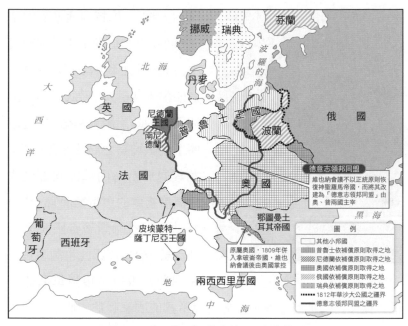

圖 24：維也納會議後的歐洲局勢圖

二、梅特涅體系的建構

　　然而梅特涅在維也納會議中唯一未能達成的目標，在於難以完全回復昔日「舊秩序」(ancien régime) 下的傳統政治結構及皇權專政的合法性，儘管梅特涅終其掌政之世始終汲汲不息於舊秩序的重建。從 1789 年開始的法國大革命及其後的拿破崙戰爭浪潮，在全歐所掀起的自由主義思潮、民主立憲理念，以及民族主義思想，已然對包括奧地利帝國在內的全歐各地人心造成強烈的衝擊，一個嶄新的時代精神已呈現沛然莫之能禦，似乎即將將舊時代一掃而盡的態勢。作為舊時代傳統王朝式思維及保守主義的

圖 25：梅特涅

政治人物，梅特涅極度痛恨革命，認為革命行動中所訴求的自由主義、民主政治及民族主義，猶如洪水猛獸般，徹底破壞了歐洲原有的政治體系與結構，且破壞了全歐均勢之局及社會秩序。尤其對於當時內部民族組成成分高度複雜的奧帝國而言，革命行動更不啻意謂著帝國將全面被支解。梅特涅因此也洞悉各國在拿破崙戰爭之後對革命的恐懼，從而巧妙地將之導引至配合奧帝國的國家利益。他力主各國內部事務與國際事務密不可分，一旦某國境內爆發的事端有可能波及至他國者，他國則可聯合起來干涉某國的內部事端。當然為了防範各國境內的騷動亂源影響至他國，最好的方式是各國間應定期集會來弭平歧見及維繫共同利益，並對可能破壞和平的爭端預作防範，上述原則即是所謂「歐洲列強之協調」(Europäisches Konzert der Mächte/Concert of Europe)，或稱「會議制度」(Congress System)。

因而梅特涅傾全力在維也納會議中重建舊秩序的國際體系，前述神聖正統、回復原況及補償等三項原則的實現，即是此一思維下的體現。此外，為了防堵日後任何可能的革命行動破壞現有秩序，梅特涅特別建構出一套捍衛舊有王朝統治合法性的防衛機

制——「神聖同盟」(die Heilige Allianz)，即奧地利帝國聯手普魯
士王國及俄羅斯帝國，對任何反對現有王朝統治者的行動，無論
是革命訴求或攻訐言論，三強所組成的神聖同盟都將對之採行毫
不容情的鎮壓措施。神聖同盟對歐洲現有正統王室統治合法性的
全力捍衛，以及在此期間透過各強權間的決議而對此起彼落的革
命行動的壓制，就是梅特涅精心策劃的反動反革命之舉，此即是
所謂的「梅特涅體系」(das Metternichsche System)。據此，梅特
涅實非是自己所一再宣稱的「歐洲的（領頭）馬車」(Kutscher
Europas)，無寧說是「消防滅火員」(Feuerwehrmann)，致力於撲
滅各地不穩的灶媒，避免星星之火的燎原。在梅特涅利用各國恐
懼類似法國大革命所帶來的全歐動蕩心理，將原本在中歐與中東
歐與奧帝國處於競爭的普俄兩國，納入其精心建構的同盟體系，
誠屬奧帝國的一大外交勝利。

第三節　梅特涅體制下的歐洲及德意志

一、民族主義衝擊下的奧地利帝國

　　當然在維也納會議中列強所建構的，藉由定期集會而處理動
蕩事件的所謂「歐洲列強之協調」，在這段期間因涉及各國國家利
益使然，在實際層面上的運作並非是順遂無虞，此在 1821 至
1830 年間的希臘獨立革命及 1830 年的比利時獨立事件尤可窺見
端倪。緣自英法俄基於欲擴大自身在巴爾幹半島及東地中海地區

的影響力，以及英國推動比利時作為英國在歐陸前哨預警地帶的政策使然❶，因而積極支持兩地人民起事對抗原宗主國，終使希臘及比利時先後完成獨立建國的地位。凡此種種，皆使「梅特涅體系」受到相當程度的傷害。

　　不過若純就中歐及奧地利帝國境內而言，「梅特涅體系」可算相對成功。自從德人在解放戰爭中成功擊潰拿破崙大軍之後，德意志民族主義浪潮風起雲湧，廣大的德意志民眾熱切盼望德意志民族完成統一而建立起自身民族國家。然而先前曾提及，作為德意志的兩大強權之一的奧地利，雖然帝國的統治民族為德意志人，然而帝國主政者卻對德意志民族主義抱持著敬而遠之甚至是打壓的態度，係因奧地利帝國係屬一王朝式的多民族大帝國，面對境內超過一打以上的民族組成結構而言，支持德意志民族走向統一，無異是徹底裂解自身疆域，因而哈布斯堡帝國當局堅決摒拒德意志民族統一運動。此外全歐列強的態度尤為一大關鍵，就英俄法

---

❶　自從拿破崙戰爭以來，隨著拿破崙控制包括南尼德蘭（今比利時）在內的全歐各地，強行推行大陸政策，封鎖與英國的貿易活動以來，使得歷史上與南尼德蘭經貿關係極為密切的英國，蒙受相當程度的商貿損失，因而英國在維也納會議中，力主將南尼德蘭併入北尼德蘭（尼德蘭聯合王國），避免此一經濟戰略要地為歐陸其他列強所控制。隨後在 1830 年時，南尼德蘭人民自覺受到尼德蘭聯合王國的忽視與不公平對待，因而爆發起義，是為比利時獨立戰爭。革命爆發後，英國為確保此一要地不落入其他列強之手，遂於 1839 年要求包括法普兩強在內的歐洲列強簽署《倫敦條約》，保障比利時獨立。

三強的立場而言，全歐的均勢之局必須維續，他們無法忍受一個統一且中央集權化的德意志政治強權在歐洲心臟地帶的出現，係因此舉必然導致全歐權力平衡的崩解。

二、三月革命前期的德意志民族運動

基於前述背景，因此秉持正統王朝及歐洲均勢思維的梅特涅，當然得以在維也納會議中，透過其蓄意的安排，在德意志境內建立一個由三十五個德意志各邦國及四個自由城市所合組的「德意志領邦同盟」(Deutscher Bund)。該同盟的議會設於法蘭克福，奧地利則以主席的身分參與同盟，其主要目的在於以奧帝國為德境各邦正統王室的後盾，防範自由主義及君主立憲的訴求在德境內發酵，同時更全力打壓德意志民族主義勢力的擴張。梅特涅透過嚴格的出版檢查、強化監視行動及壓制各大學等手段，意圖將梅特涅體系貫徹至德意志全境，於是德意志全境進入了所謂「復辟時代」(Restauration)，即德意志「三月革命前期」(Vormärz)。

然而德意志各大學此際反抗梅特涅體系的風潮甚為熾熱，紛紛組成「學生社」(Burschenschaften)，其中尤以耶拿大學(Universität Jena)為代表，他們訴求在自由主義及君主立憲的政體下完成德意志民族國家的建立。1817年為了紀念馬丁·路德的宗教改革三百週年，以及萊比錫諸民族大會戰四週年紀念，他們舉行了「瓦特堡聚會」(Wartburgfest)，將象徵梅特涅體系的各邦專制統治的徽章圖騰付之一炬。一名立場激進的學生桑德（Karl Ludwig Sand，1795–1820年），甚至在1819年年初刺殺一名親俄

的保守主義詩人馮‧寇策布 （August von Kotzebue， 1761–1819
年），梅特涅決心採行嚴厲措施鎮壓之，在取得普魯士國王腓特
烈‧威廉三世 （Friedrich Wilhelm III.，1770–1840 年，王 1797–
1840 年） 的首肯之後 ， 於同年 9 月頒布 《卡爾斯巴德決議》
(*Karlsbader Beschlüsse*)。此後梅特涅透過其所掌控的德意志領邦
同盟解散大學學生會、厲行對大學師生的監督，以及出版品的檢
查，使得德境的自由主義及民族主義在後續的年代中持續遭到壓
制。

三、奧帝國作為多元民族共同體的嘗試

　　梅特涅不僅強行在德意志領邦同盟境內壓制新思潮，同時對
奧帝國境內亦是力阻自由主義及民族主義的蔓延，因而在 1820 年
代時鎮壓義大利各地的起事，同時亦在奧境內厲行檢查制度。不
過梅特涅在文化層面上則放寬各支民族的對自身文化的維繫與發
展，帝國當局以超然且不偏不倚的態度，立於各民族之上而成為
中立的統治者，其主要目的當然是希望建立起一個以哈布斯堡皇
室為共同認同對象的多元民族大帝國。據此，梅特涅全力推動德
語作為境內各民族的 「共通語」 (lingua franca) 地位，亦即在行
政、政治、經濟、教育及文化事務上皆以德語作為跨民族溝通的
語言，期望此舉能夠打破各民族間的隔閡敵視，進而打造出哈布
斯堡帝國作為集體認同的母國。

　　然而哈布斯堡皇室一方面想以奧地利在傳統上作為德意志世
界的龍頭地位，積極參與並控制德意志事務，另一方面又欲在其

家族所轄領的多元民族的領地中，打造出集體認同的哈布斯堡帝國臣民的歸屬感，顯然力有未逮。在德意志境內，德意志民族主義的風潮雖在梅特涅體系下受到壓抑，實則是以沉潛之勢繼續發展，其因在於工業革命逐步波及於歐陸、德意志及奧帝國全境之後，改變了整個產業及社會結構。工業化的結果，創造了許多嶄新的城市、新的財富型態及新的權力分配，從中造就出大批新興的中產階級及工人群眾，他們成為改變社會及打破政治現況的急先鋒，對梅特涅體系掌控下的政局及維也納會議之後的政治秩序高度不滿，因而亟思從根本上改變舊秩序舊王權的復辟現狀。

四、普魯士主導下德意志關稅同盟的建立

工業化及經濟活動的快速發展，尤其對於德意志全境產生了政治及社會結構的轉變，為了加速貨物流通及節省商品運輸成本，使得原本德意志領邦同盟各邦間的關稅壁壘，漸在德境各地輿論的要求下，出現應將之廢除的呼聲，出身自南德符騰貝格王國羅伊特林根 (Reutlingen) 的經濟學家李斯特 （Georg Friedrich List，1789-1846 年），尤為其中代表者。李斯特力主應將德意志全境視為一整體的經濟單位，對內卸除領邦同盟各邦間的關稅壁壘，實施自由貿易，對外則採取保護關稅政策，僅開放德意志境內具競爭優勢的產業。

在李斯特積極奔走各邦而聲嘶力竭的呼籲下，普魯士王國逐漸窺見出德意志全境經濟整合，實有利於主導未來政治統一之路，於是普魯士先從其境內開始推行自由貿易及統一稅收制度，其後

逐步開始與領邦同盟各邦簽署關稅同盟，由於商品加速流通後所帶來的可觀商貿利潤，使得其後德境各邦亦紛紛簽約加入，至1834年時，「德意志關稅同盟」(Deutscher Zollverein) 就在普魯士王國的主導下正式成形。與之相對的，奧地利帝國在梅特涅的掌政下，卻未能清楚看出經濟因素在德意志民族統一運動中所扮演的關鍵性角色，反而將之視為德意志民族主義者眾多政治技倆之一，摒拒加入。直到1850年代時，奧地利才終於認清關稅同盟對民族統一運動的關鍵地位，因而欲加入之，卻在1850及1853年兩度橫遭普魯士所嚴拒。此一失策導致日後奧地利在德意志世界的影響力大減，為其未來在與普魯士競逐德意志世界領導權的失利，預先埋下伏筆。

五、猶太產業鉅子對奧地利帝國的貢獻

　　工業化及產業快速的發展對政治及社會的衝擊，不僅出現於德意志全境，同樣也波及到奧帝國全域。自從1820年代開始，奧地利的經濟發展因工業化的進程而逐漸加速，尤其是波希米亞的紡織工業及鋼鐵工業呈現蓬勃繁興的榮景，其中猶太裔的「羅特徐爾德家族」(Haus Rothschild)❷扮演了關鍵性角色。羅特徐爾德

---

❷　自十九世紀初發跡並延續至今的羅特徐爾德家族，是一個掌控全球金融業的富可敵國且影響力深遠的猶太家族，其最初係源自德意志法蘭克福 (Frankfurt am Main) 的猶太人社區，因該家族門簷上的「紅盾之家」(Haus zum Roten Schild) 招牌而得名，若按英文發音則為羅斯柴爾德家族 (Rothschild Family)。家族創建者邁亞·阿姆謝爾·羅特徐爾德

家族可說是奧地利工業化進展及棉紡、鐵道與製鋼產業的推手，
經由該家族雄厚資金的投入，使得奧地利在 1820 年中至 1840 年
間享受了一小段經濟榮景。這段主要由羅特徐爾德家族及猶太產
業鉅子投入並帶動起的經濟成長期，對於在政治上採取嚴厲管控
措施，因而受到自由人士及民族主義者高度不滿的梅特涅政府而
言，無異是一場及時雨，係因此舉可增加大量就業人口及提升其
所得，轉移人們對政治事務的不滿。尤有甚者，由於這類產業鉅
子係出身猶太人背景，在社會上時遭排擠，當他們投資並造就出
經濟榮景而使帝國政府的財政表現亮眼之際，自然而然地使奧地
利當局甚感滿意，因而對他們提供許多具體保護及便利措施，猶
太裔產業鉅子及富有人士基於投桃報李而效忠於奧帝國。也由於
猶太裔菁英們對奧政府貢獻如此之大，以及奧政府對其展現相當
程度的寬容，使得在這段時期，若干猶太裔菁英及家庭遂得以出

（Mayer Amschel Rothschild，1744–1812 年），在 1792 年於法蘭克福創
建一間金融公司，並設立分支機構於法蘭克福、維也納、倫敦、拿波
里及巴黎，分由其五子負責處理當地業務，其後遂發展成為羅特徐爾
德家族在各國的分支子嗣。羅特徐爾德家族藉由在各國金融業界的綿
密網絡而預知快速流動訊息，從而在十九世紀的進程中，成就其國際
金融霸主的地位。羅特徐爾德家族對哈布斯堡帝國財政經濟的貢獻尤
大，係因哈布斯堡帝國作為多元民族的國度，相較於歐洲各國幾屬單
一民族國家而言，猶太人在奧帝國較不會受到當局的歧視及排擠，這
亦是何以大量奧裔猶太人將奧帝國視為母國，並在經社及知識藝文各
領域上作出卓越且具體的貢獻，有關此一部分，可參閱本書後續篇章
的說明。

任財政及產業官員，甚至其中有少數還被敕封為貴族，從這段時期開始，奧京維也納也成為猶太人群集之樂土。因此若說猶太人撐起了「三月革命前期」的奧帝國的產業及經濟榮景，實亦不為過。

六、三月革命爆發前的政經社危機

　　即令梅特涅體系受惠於猶太產業鉅子所促進的經濟榮景，因而能維繫二、三十年之久，然而進入了 1840 年代之後，涉及於人口增長所帶來的整體社會及產業結構的轉變，頓使梅特涅體系深陷於崩陷威脅之中，此乃「英國農業革命」(British Agricultural Revolution) 波及於歐陸後所產生的直接效應。其因在於自英國發端的工業革命開展以來，大量新式農耕器械的投入、化學肥料的發明及鐵路交通的擴展，使得農作物的產量及農產品的保存與運輸，發生了革命性的變革，造成務農人口大減，農村多餘人口不得不離開原鄉而進入城市及各大工業區域尋求生機，致令奧帝國全境各大城市及重要工業區皆人滿為患，由於勞力供過於求，遂使大部分勞工工資所得微薄，難以溫飽，於是處於絕境的大量騷動群眾因而亟欲改變其惡劣現狀，這股不滿的力量旋成為動搖已呈僵化的奧地利政局之源。糧食作物的歉收更惡化了奧帝國的政治危機，1847 年因為馬鈴薯病蟲害所導致的農產歉收，使得奧地利全境到處因饑荒遍野而呈現騷動不安之勢，廣大不滿浪潮已呈沸騰態勢，所待者只在於導火線在何時何地被全面引燃而已。不旋踵間，1848 年法蘭西二月革命的爆發，成為終結梅特涅政權的最後一擊。

第四節　從古典主義到浪漫主義的奧地利藝文

一、古典主義暨畢德麥亞風格的興起

　　十八世紀中期至後期，由於 「啟蒙運動」 (Aufklärung/
Enlightenment) 的興起及盛行，使得自由、理性、進步、寬容及
「自然神論」(Deismus/Deism)——上帝創造世界後就任其自行發
展而不加干涉——等等信念，漸成為文人思想家及有識之士所奉
行不貳的準則，此種背景下，此種思潮必然也影響至同一時期藝
術文化的表現風格。再加上全然體現貴族宮廷奢華之風的洛可可
藝術型式所呈現矯揉虛浮的本質，愈難獲得廣大知識藝文界的共
鳴，因而從十八世紀中期之後，藝文界就出現了一股回歸希臘羅
馬古典時期的風潮，重視比例、工整、協調及對仗等原則，於是
從 1750 年至 1840 年之間就進入了 「古典主義／新古典主義」
(Klassizismus/Neoclassicism) 時期❸。

　　在包括奧地利在內的德意志世界中，由於 1789 年的法國大革

---

❸　在建築與音樂藝術的用語中，十八世紀中期至十九世紀前期的這段時
　　期，在德語世界中將之稱為「古典主義」紀元，英語世界則稱為「新
　　古典主義」時期。之所以會出現如此差異，係因德語專業用語上，新
　　古典主義係被用於十九世紀中期以後 「歷史主義」 (Historismus/
　　Historism) 時期的仿羅馬式造型的新古典主義式建築之上，為了區分兩
　　者間所處時代的差異，因而作出區別。

命及其後的拿破崙戰爭所帶來的鉅大變動，及緊隨的 1815 年之後
保守反動的梅特涅時代下，德意志立憲自由及民族統一運動等政
治訴求的橫遭打壓，使得以中產階級為主的有識之士及藝文界人
士在悲觀之餘，回歸家居田園生活的型態，生活重心僅置於私人
領域上，包括重視私家內部的典雅裝飾擺設、舉行家庭音樂會、
合宜的衣著服飾，以及略帶父長權威的和諧家居生活等等，遂出
現了所謂的「畢德麥亞」(Biedermeier) 時期❹，時間係由 1815 年
延續至 1848 年的德意志「三月革命」(Märzrevolution) 之間，這
段時期在德意志政局上就是「三月革命前期」(Vormärz) 時代。在
德意志藝文界之中，畢德麥亞時期係被歸列為古典主義的範疇之
中，屬於古典主義的晚期風格。

---

❹ 畢德麥亞之名，出自作家艾希羅特 (Ludwig Eichrodt，1827–1892 年)
　及醫生作家庫斯毛爾 (Adolf Kußmaul，1822–1902 年) 所創造出的一
　位小說人物畢德麥亞 (Gottlieb Biedermaier)，此一角色在兩位作家的描
　繪下，具有誠懇自律、謹小慎微、性格保守並謹守中產階級所應展現
　的種種道德規範，這種謹守本分與保守自持的人物，可說是德意志「三
　月革命前期」的政治高壓時代下，德意志中產階級的普遍寫照，因而
　後來成為了各界在描繪這個時代的藝術、文化及社會狀態。值得一提
　的是，在 1900 年之前，畢德麥亞是一帶有負面意涵的用語，與保守、
　退縮、固步自封同義，然自 1900 年之後，該詞彙轉為中性，成為專門
　用以指稱十九世紀前期德意志中產階級的藝術文化及社會現象的專有
　詞彙。

二、浪漫主義與古典主義藝文的並行發展

　　然而隨著啟蒙運動的盛行，過度理性及規範的箝制，藝文界的創作僅能依循固定的模式而詮釋，自然也引發若干文人思想家及創作者的高度不滿，再加上法國大革命及後續拿破崙戰爭對德意志地區所帶來的威逼壓榨，從而刺激了包括奧地利在內的德意志有識之士回歸傳統民族文化，以之作為對抗法蘭西外來統治的精神戰力，因而遂有一批文人作家大量援引故有民族文化作為創作的主題，於是「浪漫主義」(Romantik/Romanticism) 的風潮遂大肆而興，其出現的時代約略晚於古典主義時期，其後則與之並行發展，約從 1770 年至 1840 年之期，值得一提的是音樂的浪漫主義時期為時甚長，甚至延續了整個十九世紀之期，與其他領域諸如建築或文學思想界在發展的時間上並不完全一致。

三、古典主義暨畢德麥亞時期的建築藝術

　　就建築領域而言，奧地利古典主義暨畢德麥亞時期的代表人物為徐普倫格（Paul Wilhelm Eduard Sprenger，1798–1854 年），從 1842 年開始，他接掌奧地利宮廷建築總監一職，因而承接了許多政府建案，包括奧地利鑄幣總局 (Hauptmünzamt)、關稅總局 (Hauptzollamt) 及下奧地利的總督府 (Niederösterreichische Statthalterei) 等等，從而導致其被自由主義人士謔稱為「建築界的梅特涅」(Metternich der Architektur)。然而究論其實，徐普倫格的建築理念明顯有別於當時奧建築界根深蒂固的裝飾風，改採簡捷

圖 26：奧地利鑄幣總局

風，他曾談到建築藝術的價值不能僅關注於視覺的美好而忽略其
餘，尤其在有限的預算之下，如何能打造出一幢優雅同時功能性
十足的建物，才是其所最關注的焦點。因而在其堅持下，一系列
外型簡捷優雅而內部功能實用性完備的官方建築物，先後問世，
這對當時觸目所及幾盡為巴洛克式暨洛可可式建物的維也納而
言，可謂異數。儘管徐普倫格的建築理念不為當世所認可，然而
隨著時序的進展，在建築工法及設計理念的不斷更動變化下，時
至二十世紀之時，建築界對徐普倫格的評價已然轉向正評，推崇
其為功能建築的時代先驅，開啟日後建築界重視建物應具實用及
機能性的先河。

四、維也納古典樂派的盛況

　　此一時期在藝文方面的成就，尤以音樂為大，此即影響後世
深遠的古典主義樂風。古典主義音樂，雖與建築一樣皆同採古典

主義之名，實則兩者間的涵義有著本質上的差異，不同於建築領域中建築師係透過回歸並模仿古希臘羅馬時期的建築形式，在仿效之中重作詮釋，古典主義時期的音樂並非是模仿古希臘羅馬時期的音樂形式，而是著重在演奏時樂風的整齊、簡明及對稱。巴洛克暨洛可可與古典主義音樂之間，作曲手法雖明顯有別，但樂風在某種程度上卻有著類似的基調，係因古典主義時期的作曲家與巴洛克時期音樂家相似，若非受聘於貴族而成為其宮廷樂師，就是受貴族名門之託而為其作曲，因此為了迎合貴族們的口味，古典主義音樂所表現的風格遂帶有細柔、歡樂及輕快的特色，與具濃厚宮廷貴族氣息的洛可可風所呈現的雅緻、歡愉及悠閒的表現風格，頗有類似之處。

　　奧地利在音樂領域的成就，尤其是在古典主義暨畢德麥亞時期達到了登峰造極，甚至是主導全歐音樂界的境界，古典音樂界的三大時代巨擘：海頓、莫札特及貝多芬皆嶄露頭角於此際，他們開啟了「維也納古典主義樂派」(Wiener Klassik) 或稱「第一維也納樂派」 (First Viennese School) 時期，從 1750 年一直延續至 1820 年，歷時達七十年之久，對於日後的古典音樂發揮了強大的影響力，從而奠定了哈布斯堡帝國首都維也納成為全歐，乃至於全世界的永恆音樂之都的地位。

五、海頓：古典主義音樂的奠基者

　　海頓出身奧帝國邊境地帶的克羅埃西亞民族聚居區，帶有克裔血統，年少之時至維也納習樂，1761 年後，他成為宮廷樂長，

並自此之後長達三十年的時間中，擔任一名長居維也納的馬札爾貴族家庭的私人交響樂團團長兼總指揮。直至 1791 至 1795 年才有兩度倫敦之行，並獲得牛津大學榮譽博士學位。海頓被推崇為交響樂及弦樂四重奏之父，同時亦是鋼琴協奏曲及鋼琴三重奏的開創者，他的樂曲特色在於將簡單的主題擴張成為宏偉的結構，使其音色與旋律為之飽滿濃厚。海頓是一位多產的作家，一生創作包括交響樂、管弦樂、奏鳴曲、協奏曲及歌劇在內高達四百多部的作品，其中最廣為人所熟識的是《G 大調第九十四號交響曲——「驚愕」》(*Sinfonie Nr. 94 G-Dur "Paukenschlag"/Symphony No. 94 "Surprise"*)，以及《皇帝頌》(*Kaiserhymnen*)❺。

六、「音樂神童」莫札特：超凡入聖的歌劇革命者

與海頓有著深厚交情，彼此惺惺相惜者是「音樂神童」莫札特。莫札特出身於當時尚不屬於奧地利的薩爾茲堡大主教領

❺ 《皇帝頌》又稱《國民頌》(*Volkshymnen*)，發表於 1797 年，最初原是海頓獻予神聖羅馬帝國皇帝法蘭茨二世／奧皇法蘭茨一世之作，從 1826 年至 1918 年間成為奧地利帝國國歌，其間包括自 1867 年的奧匈妥協之後所建立起的奧匈帝國體制之期。1918 年一戰結束之後，威瑪共和國政學界將《皇帝頌》的內容作了修改但保留其曲風旋律，取名為《德意志之歌》(*Deutschlandslied*)，將之作為威瑪共和國國歌，並自 1949 年之後成為德意志聯邦共和國國歌。此外自 1929 年之後的奧地利第一共和國政學界亦將該曲內容及曲風稍作修改，成為《永久的祝福》(*Sei gesegnet ohne Ende*)，以之作為奧地利第一共和國國歌，一直使用至 1938 年德併奧始告結束。

(Fürsterzbistum Salzburg) 的薩爾茲堡城，自小即展露音樂才華，在其六歲時，其父攜其進入美泉宮為女皇瑪麗亞·特蕾西亞閤府演奏，其所展現的演奏技巧及樂風一鳴驚人，博得女皇全家為之讚嘆驚悅，瑪麗亞·特蕾西亞甚至情不自禁地將年幼的莫札特緊摟懷中，疼惜不已。莫札特的樂風深具旋律性及藝術性，展現優雅深邃兼輕快開朗的特色，悅耳之餘尤感溫馨。莫札特是首位給予

圖 27：奧地利薩爾茲堡的莫札特像

鋼琴協奏曲重要地位的作曲家，他也將獨奏樂器與管弦樂徹底融合。此外，亦如海頓般，他善於將簡單的曲調主題擴張成為宏偉華麗的結構，他生平創作出大量作品，種類涵蓋了當時所有的音樂類型：協奏曲、弦樂四重奏、奏鳴曲、交響曲、小夜曲等等。最後在歌劇方面，他力主音樂才是歌劇的主體，駁斥葛路克的劇情為歌劇基礎的觀點，日後他所創作出的諸如《費加洛婚禮》、《魔笛》、《喬凡尼先生》、《後宮出逃》及《女人皆如是》在內的二十二齣歌劇，皆秉持如是觀。莫札特所創作出的歌劇及其所賦予的新內涵，可謂超然脫俗，猶如一場革命般，顛覆了舊有框架

制約，擺脫了時代的包袱。

　　雖然莫札特自青年時期之後，由於其個性上的獨特性而不受當時貴族富豪之所喜，因而在未能得到長期約聘下，再加上其妻性好奢華，莫札特只能靠著不間歇的音樂創作而勉強將其生活開支打平，其生活始終只能維繫在差可溫飽的狀態而已，最後甚至僅三十五歲時即因不治之疾而英年早逝。然而莫札特生命歷程上的艱辛並不彰顯於其樂風之中，他的作品始終洋溢著明快且開朗的特性，帶給聽眾心靈無限喜悅。

七、「樂聖」貝多芬：從古典到浪漫的時代推手

　　維也納古典樂派三大宗師的最後一位是「樂聖」貝多芬，貝多芬出身於德意志萊茵區的科倫選侯國 (Kurfürstentum Köln) 首府波昂 (Bonn)，一如莫札特般，貝多芬自幼年時即已展現卓越出眾的音樂才華，至其青年之期，莫札特及海頓皆已窺出其所具之音樂天分，希望能予其親自指導，其後法國大革命所引發之長期戰爭波及德境萊茵區，因而至 1792 年時，他乃前往維也納並自此之後長居於斯。貝多芬至維也納後，先後師承海頓及義裔作曲家薩里耶利（Antonio Salieri，1750–1825 年）門下，至 1795 年之際已成名聞遐邇的鋼琴大師，其後更將其創作才華全面擴及所有音樂類型，包括交響曲、鋼琴奏鳴曲、小提琴奏鳴曲及弦樂四重奏等等，尤其對交響曲的創新作出鉅大貢獻：首先，他隨著音樂展現的需求，而在節奏上有著相當自由的彈性，不再遵循嚴格節奏要求。其次，貝多芬基於個人豐厚的情感特質，極善於創造出歌

曲般的旋律，並以豐富的配器提高管弦樂的表現張力，創造出歌唱性的管弦樂曲，其交響曲也具有強烈的戲劇性對比。貝多芬的曲風明顯分前後兩期，前期尚受海頓及莫札特的影響，因而帶有濃厚的古典主義色彩，諸如《第一交響曲》及《第二鋼琴協奏曲》等，至於到了中後期之後，樂風愈帶有濃厚的個人風格，展現熱情活力及奔放不拘的特色，明顯帶有浪漫主義的色彩，這實與他個人出身及對世局的觀點息息相關。

　　這名罹患嚴重耳疾的天才音樂家，出身低微，在講究門當戶對的專制主義時期，其身分地位不為當局及貴族社交圈所認可，導致其三度提婚盡皆受挫，遂對專制體制甚為反感。尤其在 1815年維也納會議之後，包括奧地利帝國在內的全歐進入了專制復辟的梅特涅時代，這段絕對專制統治之期政治層面上的壓抑，促使貝多芬將其反專制主義及嚮往平等自由的信念，全然在其作品中展現出來。在其最知名甚至今日成為歐盟盟歌，即依照席勒的頌詩所創作的 《第九號交響曲——　「歡樂頌」》 (*9. Sinfonie d-Moll op. 125 mit Schlusschor über Friedrich Schillers Gedicht "An die Freude"*) 即是貝多芬反專制主義並表達時人對於自由平等及追求永恆福祉的深切期望。從貝多芬曲風在中後期走向強烈個人風格，見證著他是從古典樂派轉向浪漫樂派的關鍵性人物。

八、舒伯特：抒情的浪漫作曲家

　　與貝多芬同屬浪漫主義樂派奠基者的是舒伯特 （Franz Peter Seraphicus Schubert，1797–1828 年），舒伯特出身維也納，受其業

餘音樂家父親的影響，啟發其音樂之路，至十二歲之時，其才華受到當時義裔作曲家薩里耶利的注意，從而將之納入師門之下。不過終其一生，舒伯特的音樂之路走得並不順遂，他的才華並未能得到當世樂界所認可，生前僅能享有小有名氣的地位，致使其生活維繫成為問題，幸賴友人的大力支助，方能使其無後顧之憂地創作出大量作品，直到他過世前數年，世人方才注意其作品所深具的卓越不凡的特性。

舒伯特的創作特色係以抒情的旋律聞名，在其演奏中總將抒情的旋律自然流露出，渾然天成，毫不造作。舒伯特且善於將音樂與詩文作結合而譜出優美的作品，包括德意志文學大師歌德（Johann Wolfgang von Goethe，1749–1832 年）、席勒（Friedrich von Schiller，1759–1805 年）及海涅（Heinrich Heine，1797–1856 年）的詩作在其作品中都得到了完美的詮釋。舒伯特作品取材的來源極為廣泛，因而展現其作品中也有著不同的曲風，包括抒情曲、敘事曲、愛國曲，以及民間歌謠等，諸如耳熟能詳的《鱒魚》、《菩提樹》、《冬之旅》、《天鵝之歌》、《美麗的磨坊少女》、《魔王》及《野玫瑰》等等。

九、「圓舞曲之父」：老約翰‧史特勞斯

後續浪漫主義樂派的代表人物則為老約翰‧史特勞斯（Johann Baptist Strauss，1804–1849 年），他被稱為「圓舞曲之父」，為後來其子小約翰‧史特勞斯在圓舞曲上的卓越成就打造了初步的基礎。「圓舞曲」(Walzer) 可說是包括奧地利在內的德意志

中產階級，在政治上對「三月革命前期」時局的失望不滿，致而遁入藝文音樂上的「畢德麥亞時期」的反映與產物。圓舞曲是脫胎自南德鄉間的一種民俗舞蹈「旋轉舞」(walzen) 而來，這種舞步由於具有輕快、愉悅與奔放的特質，對於維也納會議後，中產階級及知識界在梅特涅專制體制的打壓之下，渴求自由主義及君主立憲政體不成，轉而藉由此種歡悅且不受拘束的舞風而抒發其內心中對自由的渴望，老約翰‧史特勞斯也就在此種時代背景下，成為了引領這股音樂風潮的時代推手。

　　從 1825 年之後，老約翰‧史特勞斯組建樂隊，並為之譜寫演奏的圓舞曲樂曲，未幾旋成維也納最知名的圓舞曲作曲家。老約翰‧史特勞斯之所以被稱為圓舞曲之父，在於他對圓舞曲作了許多的創新，使之更具典雅時尚之風，他將原本為 3/4 節拍的民俗舞蹈，發展成為擁有五個依次承接的小圓舞曲、一個精簡的完結篇及一個動人心弦的結尾所共同組成的大架構。老約翰‧史特勞斯最有名的作品為發表於 1843 年的 《羅蕾萊－萊茵河之歌》 (*Loreley-Rheinklänge*) 及 1848 年 的 《拉德茨基的行軍》 (*Radetzkymarsch*)，後者係頌揚奧地利大將拉德茨基 （Johann Joseph Wenzel Anton Franz Karl Graf Radetzky von Radetz，1766–1858 年）率軍英勇行進之作，日後成為各類慶典儀式最喜演奏之曲目，維也納交響樂團每年首日的新年演奏會中，該曲亦是固定的首演曲目。

法蘭茨・約瑟夫一世統治紀元的展開

第一節　三月革命下奧境民族運動的風起雲湧

一、德意志三月革命對奧帝國的衝擊

　　1848 年 2 月，法蘭西二月革命爆發，波旁－奧爾良家族 (House of Bourbon-Orléans) 路易・腓利普 (Louis-Philippe，1773–1815 年，王 1830–1848 年，遜位 1848–1850 年) 的七月王朝 (Monarchie de Julillet，1830–1848 年) 被推翻，這股革命浪潮隨即襲向了奧地利帝國及德意志全境。次月，包括奧境在內的全德意志各邦旋即深陷革命風暴之中，奧境各地不滿群眾，包括自由主義人士及各支民族主義者紛紛起事，要求實施立憲政體及民族自決，使得梅特涅政府深陷首尾難顧之局，最後在這波「三月革命」的浪潮中不支垮臺。奧帝國被迫讓步，任命自由主義人士組閣，並同意頒布憲法及取消檢查制度。儘管作出許多讓步，然而

　　此際奧帝國政府形勢艱困，帝國境內各支民族主義浪潮風起雲湧，
皆欲趁機完成自身民族目標——獨立或至少自治。

　　奧地利境內的德意志人，包括奧地利本土及波希米亞的德人，
自行派出代表前往出席法蘭克福的保羅教堂所召開的德意志民族
大　會 (Deutsche　Nationalversammlung　in　der　Frankfurter
Paulskirche)，參與德意志民族統一大業的議程，冀望奧地利本土
及波希米亞的德人分布領域，未來能夠被納入統一的德意志民族
國家疆域之中。馬札爾民族主義運動則在寇述特（Lajos Kossuth，
1802–1894 年） 及巴提亞尼伯爵 （Lajos Graf Batthyány， 1807–

圖 28：1848 年維也納三月革命

1849 年）的領導下，宣布在遵奉奧帝為匈王的架構下建立一個議
會民主的君主立憲國家 ， 奧皇腓迪南一世 (Ferdinand I. ， 1793–
1875 年，在位期間 1835–1848 年，遜位 1848–1875 年）在烽火遍
野下被迫簽署《4 月法》(Aprilgesetze)，同意馬札爾民族主義者的
要求。惟於此同時，匈牙利王國境內的其他民族包括斯洛伐克人、
克羅埃西亞人、塞爾維亞人及羅馬尼亞人等等，則深恐遭到「馬
札爾化」而選擇支持奧地利中央，使得奧地利當局得以利用上述
諸民族抗拒「馬札爾化」的恐懼心理，以之作為對付馬札爾民族
主義的後續政治訴求。此外，捷克民族主義者則在波希米亞首府
布拉格召開泛斯拉夫民族大會，希望能夠匯集各支斯拉夫民族者
的訴求而共同奮鬥。捷克民族主義的領導人帕拉斯基 （František
Palacký，1798–1876 年）提出在維持奧帝國完整的架構下，建立
一個各支斯拉夫民族與德人及馬札爾人皆同等享有高度自治權的
聯邦國度，是為「奧地利斯拉夫主義」(Austroslawismus/Austro-
Slavism)。

二、哈布斯堡王朝的重掌政局

　　面對境內澎湃洶湧的各支民族主義浪潮的大肆沖刷侵蝕，奧
帝國中央在初期陷入左支右絀之境，奧京維也納甚至一度為革命
人士所占領。然而儘管奧政府短時間內雖作出些許讓步，然實質
上並無意放棄其中央集權式的體制，尤其當帝國政府窺見出各支
民族主義者的民族目標之間，在本質上實存在著無可解決的矛盾
衝突之際，隨即介入操弄利用，使之相互敵對互鬥而從中坐收漁

利。於此同時，奧地利的自由主義人士在此期間亦恐懼奧帝國在民族主義下的崩解，將損及其既得的經濟利益，因而轉而重新支持奧帝國中央。在得到自由主義者的支持之後，奧政府立場因而逐步轉向強硬。

奧帝國在兩名勇將拉德茨基及溫帝希格雷茨 （Alfred I. zu Windischgrätz，1787–1862 年） 的領軍下，先後擊潰了帝國所屬的義大利及波希米亞境內民族主義者的起事，隨即揮軍維也納，並在 1848 年 10 月底弭平民主共和派人士的革命行動。至於匈牙利王國境內狀況稍嫌棘手，由於奧軍攻勢不順而使馬札爾民族主義者在翌年 1849 年 4 月宣布匈牙利王國獨立， 奧帝國最後則在俄羅斯帝國的出兵援助，以及唆使匈境內克、塞、羅等民族反抗馬札爾人統治下，終在同年 8 月，將馬札爾民族主義勢力完全鎮壓下去，從而重行掌控奧帝國全境。

第二節　新絕對專制主義的建立

一、法蘭茨・約瑟夫一世與西西公主的締婚

哈布斯堡王朝中央在重新穩定奧地利帝國政局之後，甫在先前亂局中接掌皇位的法蘭茨・約瑟夫一世（Franz Joseph I，1830–1916 年，帝 1848–1916 年），成為哈布斯堡帝國末期中執政最久的一位皇帝。在其漫長的統治期間，哈布斯堡王朝的整個國家體制已然呈現過時衰頹之象，家族王朝的統治型態、臃腫不堪的官

僚體系及恩威並濟的父權式政體，在洶湧奔騰的民族主義紀元中，深陷於難以自處之困局。境內各支民族主義訴求雖在奧軍的強力鎮壓下暫告平息，實則帝國內的民族矛盾從未能有效化解，其所採行的各民族分而治之的統治策略，只能延緩病症而終未能根治病源。再加上法蘭茨・約瑟夫一世本身並不具備平易親民的特質，因而使得哈布斯堡王室在其初掌政權之際，更難以喚起廣大的臣民對其產生任何的愛戴之情。

　　直到 1854 年，法蘭茨・約瑟夫一世迎娶其年僅十六歲的表妹──系出維特爾斯巴赫家族的巴伐利亞大公馬克西米利安・約瑟夫（Maximilian Joseph，1808–1888 年）之女──「西西公主」伊莉莎白（Elisabeth Amalie Eugenie, Herzogin in Bayern, Kaiserin von Österreich，1837–1898 年）之後，藉由皇后平易近人的特質，方能相當程度地扭轉帝國臣民對皇室的普遍觀感❶。即令如此，已呈日暮西

圖 29：伊莉莎白皇后

───────────────

❶ 伊莉莎白為巴伐利亞公爵馬克西米利安・約瑟夫的次女，家人及親戚喜暱稱其為「西西」(Sisi)，因而有「西西公主」(Prinzessin Sisi) 之名，她成為奧地利哈布斯堡帝國皇后之後所展現的美貌、魅力及特立獨行之姿，冠蓋全歐，從而為其博得「全球最美麗皇后」之美名。西西公

山之態的奧地利哈布斯堡帝國，逐步以其步履蹣跚之姿而步向內外困局接踵而至的十九世紀下半期。

二、帝國內政的革新

　　在甫度過了 1848/1849 年的三月革命風潮之後，年僅十八歲的皇帝法蘭茨・約瑟夫一世在皇太后索菲（Sophie Friederike von Bayern, Erzherzogin von Österreich，1805–1872 年）的輔政，以及外相史瓦岑貝格（Felix Fürst zu Schwarzenberg，1800–1852 年）及內政部長馮・巴赫（Alexander Freiherr von Bach，1813–1893 年）的先後掌控國政的大政方針之下，採行嚴厲的中央集權措施

主自幼以來即深受其父影響，熱愛騎馬、繪畫、閱讀及寫作，這種愛好自由的特性，使其在十五歲之齡而陪伴其姊海倫前往上奧地利的伊敘爾浴療城 (Bad Ischl) 時，深深吸引其表兄皇帝法蘭茨・約瑟夫一世的目光，使他違逆原先其母為其安排的與大表妹海倫的婚配之約，轉而堅持迎娶二表妹伊莉莎白。在勉強取得雙方同意之後，法蘭茨・約瑟夫一世與伊莉莎白乃於 1854 年完婚，並於 1858 年產下一子魯道夫，這亦是她與法蘭茨・約瑟夫一世唯一男嗣，隨即被立為皇儲。不過這段婚姻對伊莉莎白而言並不快樂，係因她始終難以適應皇宮內院中嚴格的宮廷禮儀，再加上因親子撫養觀而與婆婆索菲關係緊張，導致她出現了心因性疾病，因而再也難以常居於維也納宮殿堡宮及美泉宮之中，遂展開一連串的經年旅行。1889 年時，她的兒子奧皇儲魯道夫自盡而亡，尤對她造成極大的創傷，使得她最後染上嚴重的憂鬱症，從此更是展開自我放逐式的旅行。時至 1898 年，伊莉莎白皇后終在被一名義籍激進的無政府組織分子的刺殺後，從而結束了其淒美哀傷的一生。

來控制帝國所屬各領地，這套日後被稱為「巴赫體制」(Bach System) 的統治方式，就是將整個奧地利帝國當作一個不可分割的單一國家來治理，也就是從首都維也納向四域延伸至帝國境內各偏遠地區，皆派遣安置忠於帝國中央的文官組織來進行治理，此類帝國官員被賦予充分的行政及司法權力，俾確保帝國中央的政策能確實被推行到帝國境內各角落，同時德語也被列為帝國各地區間的通用語言，藉由帝國派駐在各地的官員被廣為使用，其終極目標就是試圖在帝國全境各民族之間，建立起身為哈布斯堡帝國公民的歸屬感。從 1849 至 1859 年屬行巴赫體制的十年之期，也被稱為「新絕對專制主義」(Der Neoabsolutismus)。

此一時期奧地利帝國進行了一系列的經濟、社會、教育、宗教及軍事的改革，包括取消奧地利與匈牙利間的關稅障礙、建立大型的銀行、貨幣改革、農民權利的維繫、法律之前人人平等觀念的落實、中學教育的層級分割、大學自治的推行、研究與教學的並進、國家與天主教會建立密切協商管道，以及軍隊完全聽命於帝國等等。即便上述改革措施取得相當程度的成效，然而奧帝國臣民在新絕對專制主義的處處箝制之下，卻難以建立起對帝國中央的高度向心力，不過帝國中央政府無視於此，帝國當局認為，只要藉由對行政官僚體系及軍隊的有效控制，以及與天主教會之間進行密切的合作，即能掌控局面而不致於出現政局動蕩的情形。

三、猶太人在帝國中所扮演的角色

由於這段時期奧帝國內政上的穩定，因而帝都維也納也被進

圖 30：環城大道與城堡劇院

一步擴建成為世界級的大都會，對此猶太企業主一如過往般扮演
了關鍵性的角色。儘管在這段新絕對專制主義的紀元中，猶太人
對帝國中央原本欲推行的猶太解放運動寄予甚深的期望，然而受
制於皇帝虔誠的天主教信仰及天主教會對猶太人所持的根深蒂固
偏見使然，終未能如願。不過對於居處於奧地利的猶太人而言，
相較於歐陸其他國家，奧帝國已算得上是對之寬容之地，因而猶
太企業主及富商自然而然對奧帝國抱持效忠態度，並持續為奧帝
國經濟及社會的發展貢獻其心力，先前所提到的羅特徐爾德家族
在此一時期，繼續扮演帝國經社發展的重要支柱。在他們大筆資
金的挹注下，環繞維也納的要塞式城牆在 1857 年被全部拆除，取
而代之的是「環城大道」(Ringstraße) 的興築，大量嶄新的基礎設

施及林蔭大道的建構布置，配合著大道兩側市容的整修及裝飾，使得 1860 年環城大道完工之時 ， 將奧京世界級都會的典雅華麗氣派全然彰顯無遺，從而使環城大道成為了此一時期，哈布斯堡當局充當宣傳奧地利帝國所具有的進步性及理想國度最具代表的象徵。

四、奧帝國在近東問題的失策及其後果

儘管這段期間奧地利帝國內政方面尚算平穩，然而由其防衛及對外政策來看，卻已可觀出奧帝國缺失重重，作為歐陸五強之一的強權地位呈現搖搖欲墜之態，此由 1854 至 1856 年間的克里米亞戰爭 (Krimkrieg/Crimean War) 即可清楚窺見出。在這場涉及於歐洲列強對因鄂圖曼土耳其帝國的衰凌而產生出的近東問題深切關注，以及欲在該區占有各自勢力範圍的國際衝突之中，奧地利帝國所採行的近東政策，對其日後在歐陸及德意志強權地位的趨於弱化，有著十足深遠的影響。

首先作為神聖同盟一員而在 1848～1849 年三月革命風潮時大舉出兵鎮壓馬札爾民族運動，從而襄助一度危如累卵的奧帝國重新穩住政局的俄羅斯帝國，原本希望奧帝國投桃報李，助俄在鄂圖曼土耳其帝國所掌控的巴爾幹地區，取得若干政治及領土利益，俄皇尼可拉一世 （Nicholas I of Russia，1796–1855 年，帝 1825–1855 年） 甚至力邀奧皇法蘭茨‧約瑟夫一世，共同參與未來瓜分土耳其並共分戰利品的行動 。 殊未料奧帝國在新任外長馮‧布爾－蕭恩斯坦 (Karl Ferdinand Graf von Buol-Schauenstein，

1797–1865 年）的主導下，視維繫土耳其帝國的殘存有利於奧帝國的利益，因而嚴拒俄皇之請。

　　然則俄帝國依舊選擇開戰，奧帝國在克里米亞戰爭期間雖未直接參戰，實則立場是較為傾向英法一方，此由其屯駐重兵於加利西亞及外西凡尼亞，牽制俄軍的大舉南進即可看出。最後至1856 年時這場戰爭終以英法慘勝的結局而告終，俄帝國誠然是最大輸家，因其南進巴爾幹半島的野心受到遏阻，然奧帝國亦屬實質失利者，係因奧地利經由這次國際衝突而與俄羅斯交惡。在此之前原本有俄帝國的鼎力支持，使得奧地利在穩住對哈布斯堡帝國多元民族帝國各領地的控制之餘，尚有餘力干涉義大利及德意志事務，力阻義大利及德意志的民族統一運動的實現。及至奧俄交惡之後，來自俄羅斯的奧援力量不再，而英法兩國在克里米亞戰爭得勝後亦未對奧地利在戰時的不介入戰局抱持太多感謝之意，更遑論予其實質利益。在兩頭皆空的情況下，使得奧帝國在國際政局的影響力受到極大的衝擊，直接效應就是使奧地利在義大利及德意志地區的影響力大不如前，並最終導致義北地區的脫幅而去，以及奧地利被排除於德意志民族國家之外的後果。

第三節　奧帝國內外危機的爆發

一、義大利民族統一運動對奧帝國的衝擊

　　奧帝國的外強中乾之態，隨即就在 1859 年的對皮埃蒙特－薩

丁尼亞 (Piemont-Sardinien) 及法蘭西戰爭的失利中，赤裸裸地顯現出來。其時義大利民族統一運動在皮埃蒙特－薩丁尼亞王國的號召下，逐步邁入興旺之期，並得到法蘭西第二帝國皇帝拿破崙三世之助。1858 年拿破崙三世與皮埃蒙特－薩丁尼亞王國總理卡富爾（Camillo Benso Conti di Cavour，1810–1861 年）簽署密約，計畫藉由兩國王室聯姻而營造締結同盟之態，刺激奧帝國對皮埃蒙特宣戰，從而在國際上形塑強凌弱的態勢，藉此合理化皮法同盟共抗奧地利的侵凌，從而將奧帝國勢力逐出義北地區，奧地利果然中計，旋於隔年 1859 年對皮埃蒙特宣戰，法隨即與皮結盟而共抗奧軍。這場戰爭見證了奧地利國勢江河日下之景，奧軍先後在馬根塔 (Magenta) 及索弗里諾 (Solferino) 兩役失利後，被逐出富饒的義北倫巴地地區，此對奧帝國的國際威望及財政狀況均造成相當程度的損傷。

二、新絕對專制主義的結束及猶太解放運動

戰事結束後，法蘭茨・約瑟夫一世為了挽回哈布斯堡皇室的顏面，頗欲增強奧地利在德意志領邦同盟的地位，從而對抗主要競爭對手普魯士。為了凝聚內部力量，新絕對專制主義必須鬆解，於是法蘭茨・約瑟夫一世在 1860 年放棄新絕對專制主義政體，轉而朝向其一向所不喜的立憲政體路線。此舉係因奧帝國財政極為困難，極為仰賴猶太企業主的雄厚資金，然而對於掌控奧帝國經濟命脈的猶太產業鉅子，尤其是富可敵國的羅特徐爾德家族而言，猶太人的各項權利的確保，皆有賴於奧帝國走向立憲的自由主義

政體，透過憲法明文對少數民族地位的保護，方有可能。於是
1860 年奧帝國逐步朝向自由的立憲政體之路前行，此由「猶太解
放運動」(Jüdische Emanzipation) 的推展，即可窺見端倪，猶太人
的財產權至此獲得確保，同時亦取得自由遷徙及選擇居所的權利。

　　1860 年所公布的《十月憲章》(*Oktorberdiplom*) 中，同時也
欲施行帶有部分聯邦色彩的國體型式，亦即給予全國各地區一定
程度的自治地位，不過馬札爾民族主義者不滿於僅只是自治地位
而已，而是強烈要求回復昔日匈牙利王國的憲法，除了共尊奧皇
為君之外，其餘事務完全自理。馬札爾人的幾近獨立的民族訴求，
導致奧帝國當局在高度疑慮之餘，採取了較為保守的改革措施，
亦即頒布了一部成文憲法及成立了議會，在帝國首相徐梅林
（Anton von Schmerling，1805–1893 年）的建議之下，法蘭茨·約
瑟夫一世再於 1861 年 2 月頒布了《二月詔令》(*Februarpatent*)，
締建了兩院制的帝國議會 (Reichsrat)，分別為參議院 (Herrenhaus)
及眾議院 (Abgeordnetenhaus)，然而並非帝國所有公民都可以直接
參與選舉，實則係以繳稅的能力而作為參政的標準，亦即必須擁
有相當數量財力的人士方有資格參與政治。

三、各民族對選舉制度的抵制

　　這種選制很明顯只有城市內的資產階級及鄉間的上層階級方
有資格參政，尤其是作為帝國的主要支持者德意志資產階級，更
是其中最大的得利者，至於經濟發展本較為落後的其餘民族，則
在此種選制下，幾乎完全被排除了參政的可能性，此舉當然引發

他們極大的反彈。於是馬札爾人從一開始就完全抵制帝國議會的
選舉，捷克人及波蘭人繼之，使得帝國議會的選舉在幾乎沒有其
他民族成員參與下，完全由德意志自由主義人士所掌控，他們是
一批大德意志主義的支持者，主張應在奧地利的主導下，建立起
一個立憲君主制政體的德意志民族國家。因而此一時期帝國政策
的重心，實質上是以整個德意志民族的利益為優先考量，這當然
導致帝國其他民族的不滿與疑懼。

第四節　奧普對決及德意志民族國家的建立

一、奧地利「大德意志」及普魯士「小德意志」方案

　　奧地利的自由主義暨大德意志派人士既然在奧帝國議會選舉
中，在帝國其他民族抗議選制不公而拒絕參與的情形下，取得獨
大的優勢地位，因而也利用此一良機企圖影響帝國的對外政策，
在首相徐梅林的策劃下，有意推行一項在奧帝國領導下廣達七千
萬人口所組成的大德意志聯邦計畫，奧地利自由主義暨大德意志
派人士，趁 1861 及 1862 年普魯士陷入國會兩度否決政府軍事預
算而引發的憲政危機之中❶，順勢取代普魯士而使奧地利重新奪

───────────

❶　1861 年普魯士王國所爆發的憲政危機，係肇端於普魯士陸軍大臣容恩
　　（Albrecht von Roon，1803–1879 年）及參謀總長毛奇（Helmut von
　　Moltke，1800–1891 年）在 1859 年上任之後，鑑於普軍人數不足以因
　　應戰時所需而欲擴軍，因而向國會提出軍事預算。然而此議橫遭以上

回對德意志領邦同盟的影響力。然而此際奧帝國領導下的大德意志藍圖，卻受到在 1862 年 9 月新出任普魯士王國首相的「鐵宰」(Der Eiserne Kanzler) 俾斯麥的小德意志計畫的強力挑戰。堅定秉持著由普魯士所領導，並以新教勢力為背景的「小德意志方案」(Kleindeutsche Lösung/Lesser German Solution) 的俾斯麥，深知由奧地利所主導且帶有濃厚天主教色彩的 「大德意志方案」(Großdeutsche Lösung/Greater German Solution)，是在完成德意志民族國家歷程中，不得不忍痛且必須割離的要件，其因在於列強無法接受包括奧普兩國在內的全歐德意志民族的統一，因為此舉將導致全歐均勢之局的破壞。

二、大小德意志方案之爭

　　為了打擊奧地利的大德意志方案，俾斯麥深入洞悉歐洲列強及德意志領邦同盟各國關注利害之所繫,而大展其合縱連橫之策,

層中產階級為背景的萊茵區企業主所反對，遂指示在國會中作為其利益代言人且占有國會多數黨地位的德意志進步黨，兩度否決政府軍事預算案，致而引發嚴重的憲政危機，僵局一直延續至 1862 年，普王威廉一世任命俾斯麥為相之後始能有解。俾斯麥甫一就職，為了爭取國會對強化軍備的支持而在國會發表演說：「當前德意志之所以仰賴於普魯士者，並非其自由主義，而是其實力。……能夠決定一個時代新局的開創，並非是依靠演講及多數決——這正是 1848 至 1849 年時所犯下的錯誤，而是鐵與血。」從這篇著名的演講而博得「鐵宰」之名的俾斯麥，決心忽略國會對其掣肘及利用普魯士憲法上的漏洞而逕行增稅擴軍，為日後的普奧軍事對決奠定勝基。

從而將之導向有利於普魯士的「小德意志方案」的實現。俾斯麥首先用法蘭西第二帝國拿破崙三世對奧地利帝國的提防心理，與之締訂了普法自由貿易條約，從而達成法奧疏離的目的。其後在1863 年 8 月時，奧皇藉由其生日而在法蘭克福召開所謂的「王族親王大會」(Fürstentag)，廣邀德意志領邦同盟的各邦王室參與，在德意志各邦君主的簇擁下，奧皇法蘭茨・約瑟夫一世高舉自由立憲及民族統一的大纛，意圖塑造並確認奧地利帝國作為德意志世界領導者的角色。儘管先前法蘭茨・約瑟夫一世已親身力邀威廉一世與會，然在窺破奧地利意圖的鐵宰俾斯麥的力勸之下，威廉一世最終並未出席該大會，避免為其背書而損及普魯士在德意志領邦同盟中的威望，向來對北德各邦及德意志關稅同盟深具影響力的普魯士既未參加該大會，使得奧地利意圖藉該會而重掌德意志世界領導權的期望完全落空。此一發展亦證明，奧普間的德意志民族統一的領導權之爭已完全檯面化，所待者只在於對決時刻爆發於何時而已。

三、德丹戰爭及奧普敵對態勢的白熱化

　　1864 年的「德丹戰爭」(Deutsch-Dänischer Krieg) 及後續的事端，進一步激化了奧普間的敵對態勢。事件肇端於日德蘭半島南端的兩個公爵領地——徐列斯威 (Schleswig) 及霍爾斯坦 (Holstein) 的歸屬之爭而起。兩地與德意志世界關係密切，然丹麥國王以兩地公爵身分之名而遙領之，不過時至 1863 年時，丹麥卻直接吞併徐列斯威，致而引發德意志領邦同盟各邦的高度不滿，

於是領邦同盟乃決議對丹麥宣戰,德丹戰爭於焉爆發。普奧在德意志領邦同盟的決議下,於 1864 年初舉兵進軍丹麥,丹麥在兩強的連番打擊下,未及數月即遭擊潰,被迫簽署《維也納和約》(*Friedensvertrag von Wien*),退出徐列斯威一霍爾斯坦,旋由普奧兩軍共占之。

對俾斯麥而言,奧普兩軍共占徐列斯威一霍爾斯坦,不過是攤牌時刻未至前的權宜之計而已。事實上在德丹戰爭結束後,俾斯麥徹底利用奧地利在國際政治上的不利形勢而精心策劃,決意給予奧地利致命的一擊。由於當時義大利民族運動的聲勢持續高漲,義人群集的奧屬威尼西亞積極想脫離奧帝國而加入義大利共和國,英法兩國亦支持威尼西亞的義人民族自決訴求,因而介入斡旋,甚至提出由義大利出資而換取奧帝國同意放棄威尼西亞的建議。然而此議為奧皇所嚴拒,遂導致義大利決心強化與普魯士之間的關係,英國無意再行介入奧義之爭,俄羅斯則因銜恨奧地利在克里米亞戰爭期間對俄南進行動的牽制,而嚴拒聲援奧地利,至於法蘭西則企圖在普奧的對立之中取得在萊茵河地帶的領土,遂為俾斯麥所充分利用,藉由給予法蘭西若干空言承諾而換取其中立,最後普魯士決定與義大利締訂攻守同盟,允諾未來普義聯手對奧作戰,義可得威尼西亞為酬,至此奧地利帝國在國際間完全陷入孤立態勢。

四、德意志戰爭的爆發

當奧陷於孤立無援之際,俾斯麥下一個目標即是引發事端,

陷奧地利在別無選擇之下對普魯士宣戰。1866 年 6 月初奧地利欲
討論霍爾斯坦的未來歸屬問題，俾斯麥乃以奧地利違反先前普奧
協議為由直接派軍占領霍爾斯坦，於是奧普雙方的對決一夕間升
高。奧地利為了突破國際孤立的態勢，不惜同意法蘭西第二帝國
在德境萊茵河地區扶植一緩衝國，同時並同意威尼西亞在戰後割
讓予義大利，藉此換取法國同意日後奧敗普之後從普領土中得到
補償，法國則保證在奧普戰爭過程中保持中立。同月 14 日，在奧
地利的影響下德意志領邦同盟通過決議，譴責普魯士占領霍爾斯
坦，普魯士則回以同盟已遭破壞而被迫展開軍事行動，於是奧普
軍事衝突正式爆發，史稱「德意志戰爭」(Deutscher Krieg)，即普
奧戰爭，又名「七星期之戰」(7 Wochen Krieg)。

　　雖名為德意志雙強對決，然則奧帝國實係面臨兩面作戰：北
拒普魯士及南抗義大利。在義大利戰線方面，奧地利海陸兩軍在
1866 年 6 月底皆重創義軍而大獲全勝，於是勝負關鍵則繫於德意
志境內的戰事而定。然而在這場事關德意志民族統一的軍事對決
之中，奧地利軍隊就各方面的表現而言，皆難望普魯士大軍之項
背。早自數十年以來，普魯士已藉由各項產業的工業化進程投入
軍隊的改造之中，從而將其軍隊打造為一支具有高度紀律及深諳
操作先進器械的勁旅，尤其普軍自 1850 年代以來即全面採用新式
的後膛裝填步槍，射速一分鐘可達七發，相較於奧軍尚在使用前
膛裝填且需清槍管，一分鐘最多只能射擊兩發的舊式步槍而言，
兩軍的軍事高下之別立可判斷。尚有要者，過去數十年中普魯士
高度工業化後即集其心力於鐵道的鋪設，使之在 1860 年代已然趨

於全面周密之境，遂使其作戰部隊在極短的時間內即可運抵戰場，迅速列隊布陣，以逸待勞並制敵於機先。再者新式電報通訊亦被普魯士廣泛使用於戰場的普軍各部聯繫上，使得普魯士將帥隨時得以掌握戰場上瞬息萬變的戰情。

五、奧地利被排除於德意志世界之外

　　諸如上述所言之種種，於是軍事上的普優奧劣之勢不言可喻，此種形勢下，奧地利軍事上的敗局已然成為定局，1866 年 7 月 3 日的「柯尼希格雷茨／薩多瓦之役」(Schlacht bei Königgrätz/Sadowa)，奧地利慘遭普魯士所重擊，不得不拱手讓出長期以來在德意志世界龍頭角色的地位，與之同時奧地利亦被排除在日後的德意志民族國家之外，亦代表了奧地利帝國所構思的大德意志藍圖的告終，以及由普魯士所主導的小德意志派的大獲全勝。奧皇法蘭茨·約瑟夫一世不得不吞下此一苦果，惟尚屬萬幸的是，普魯士鐵宰俾斯麥為了避免過度羞辱奧地利而導致法蘭西第二帝國的介入戰爭，因而迅速與奧達成和平協議。同年 8 月底，奧普之間正式簽署《布拉格條約》(*Friedensvertrag von Prag*)，奧地利除了付出賠款、允諾取消德意志領邦同盟並同意北德同盟的成立，以及普魯士對南德四邦擁有優勢地位之外，並未割讓任何帝國領土予普魯士。不過無論如何，1866 年奧地利在德意志戰爭的失利，意謂著自 1740 年以來涉及於競逐德意志世界領導權之爭的奧普雙元體系，在歷經長達 140 年的角逐之後，終以奧敗普勝而宣告落幕。

　　奧地利被排除於未來的德意志民族國家之外，對奧帝國境內的德意志人之衝擊甚大，原以長期倚靠廣大德意志世界作後盾，並以之作為在奧帝國優勢地位維繫靠山的奧地利德意志人，其民族認同感受到極大衝擊，因而哈布斯堡帝國當局盱衡局勢，不得不在國家政體上作出讓步，俾贏得境內其他民族對帝國中央的支持，於是遂有 1867 年奧帝國改制為奧匈帝國的決定。

第十二章 | *Chapter 12*

奧地利—匈牙利雙元帝國的建立及其困境

第一節　奧匈妥協憲章及帝國三大地域的形成

一、奧中央對馬札爾人的讓步

　　為了維繫奧帝國內部的穩定，帝國中央其實已在 1865 年再與馬札爾人談判協商，然而馬札爾人的領袖德艾克（Ferencz Deák，1803–1876 年） 及安德拉西 （Gyula Graf Andrássy， 1823–1890年） 堅持，必須要恢復匈牙利王國的憲法，不過因隔年 1866 年德意志戰爭的爆發而使談判暫告中斷。在奧普戰爭期間，馬札爾人頗效忠於哈布斯堡皇室而對普作戰，因此儘管奧帝國最終仍不免慘遭敗績，但馬札爾人也成功贏得了奧中央的讓步。

　　德意志戰爭的失利及奧地利被排除於未來的德意志民族國家之外，對奧帝國的威望而言，實為一鉅大的打擊，這意謂著奧地利當局對自身作為歐洲一等強權之列的信心，已產生極大的動搖。

奧帝國雖在普魯士戰略的考量下而並未付出割讓領土等實質上的損失，然而奧地利在實質上已淪為德意志世界次要角色的地位，同時其長期以來在中歐及中東歐世界的優勢地位亦告終結，尤為嚴峻者為，聲望大損的奧帝國當局對內亦不再能維繫其單一國度的治理型態。至此奧帝國當局已別無選擇，為了維繫帝國命脈，勢必對境內澎湃洶湧的各支民族主義勢力做出一定程度的妥協。鑑於境內族群組成結構，斯拉夫民族的總數量雖幾達帝國人口總數之半，然而因其有著不同的分支且各有不同的民族訴求，因而帝國當局評估，與其分別與之談判而恐將使帝國走向鬆散的多元民族政體，不如僅向馬札爾人讓步而組成雙元國度，於是乃有「1867 年的奧匈妥協」 (Österreichisch-Ungarischer Ausgleich von 1867/Austro-Hungarian Compromise of 1867) 方案的出現。

二、奧匈妥協下的奧帝國及匈王國的分治

1867 年 2 月，在奧皇法蘭茨‧約瑟夫一世的無可奈何及其后伊莉莎白的傾力支持下❶，帝國首相玻易斯特 (Friedrich Ferdinand Graf von Beust，1809–1886 年) 終於與馬札爾人的代表

---

❶ 「西西公主」伊莉莎白極鍾愛匈牙利，處處展現對馬札爾民族運動的同情，據說她與馬札爾貴族安德拉西彼此間互有愛慕情愫。伊莉莎白的友匈立場對奧匈帝國的建立，產生了潛移默化的影響。亦因如此，在匈牙利王國境內她享有幾乎如聖人般的地位，許多建物或設施皆以她的名字來命名，時至二十一世紀的今日，馬札爾人仍賦予她極為崇高的地位，殊屬不易。

德艾克及安德拉西達成最後協議，此即「奧匈妥協」，根據這份奧匈妥協方案，在對外維持一個共同帝國的架構下，雙方決定以奧匈之間的界河萊塔河 (Leitha) 為界，將帝國分為西半部的奧地利帝國「萊塔河此岸」(Cisleithanien)，以及東半部的匈牙利王國「萊塔河彼岸」(Transleithanien) 兩部分，改稱「奧地利－匈牙利雙元帝國」(Österreichisch-Ungarischen Doppelmonarchie/Dual Monarchy of Austria-Hungary)，雙方共戴一君，哈布斯堡皇室皇帝在西部的奧地利帝國為帝而在東部的匈牙利王國則為王，稱為「帝－王」(Kaiserlich Königlich/Emperor-King)，兩國各自擁有憲法、議會及內閣政府，除外交、軍事及財政由兩國共同處理之外，其餘事務完全自治。表面上奧匈雙方看似平等，實則匈牙利所得遠較奧地利為多，僅占全國人口總數不到兩成的馬札爾人卻取得了全國52% 的領土及四成的人口，並且每年只需上繳約全國總稅收的三成予帝國中央。奧帝國政府付出如此沉重的代價，只為換取馬札爾人對哈布斯堡帝國的效忠，然而事後證明，馬札爾人所關注者只在於全面掌控匈牙利王國的大政而不容帝國中央插手，甚至凡涉及雙方共同事務者，馬札爾人亦消極應對甚或反對之，一切只為維繫除了共君之外已呈實質獨立存在的匈牙利王國，使得奧匈帝國日後的發展愈趨廢弱無力。奧匈妥協下所建立的雙元帝國體制，從 1867 年一直維繫至 1918 年哈布斯堡帝國因在一戰戰敗而解體為止，為時達五十二年之久。

三、雙元帝國建立之初的內外部挑戰

　　奧匈帝國的建立對馬札爾人可謂一大勝利，然而對帝國境內占有最大宗人口的斯拉夫人則大失所望，因而激烈抗議帝國中央對他們的民族訴求的忽視，其中尤以占斯拉夫人口總數最多的捷克人及波蘭人為烈。然而奧匈雙方皆利用了各支斯拉夫人之間因不同民族目標而難能合流的弱點，蓄意對其訴求漠視不理，使得各支斯拉夫民族主義勢力在後續年代中仍不斷抗議帝國的民族政策，導致雙元帝國的內政始終處於動盪不安之態。

　　帝國改組而暫使帝國的維繫獲得確保之後，對於法蘭茨・約瑟夫一世而言，曾一度仍想對普魯士採取復仇行動並進而介入德意志事務，俾重振哈布斯堡皇室的權勢與威望，然而此種企圖隨著普魯士所領導的德意志各邦聯軍，在 1870 至 1871 年的德法戰爭 (Deutsch-Französischer Krieg)❶中擊潰法蘭西大軍，以及依照「小德意志－大普魯士方案」 (Kleindeutsch-Großpreußische Lösung) 的德意志民族國家建立之後，宣告灰飛煙滅。該事端之發展，對哈布斯堡帝國而言，不啻意謂著其在國際間的威望再一次受到極為嚴厲的打擊，係因國際列強愈發清楚認知到，哈布斯

---

❶　國內中文書籍普遍以普法戰爭稱呼 1870～1871 年的戰爭，然而在德文文獻上則以德法戰爭稱呼之，係因該戰爭中，普魯士軍隊雖扮演著主力部隊，然而在反法的德意志民族主義浪潮的驅使下，其他德意志邦國亦派軍隊參戰，因而這是一支在普魯士領導下而組成的德意志聯軍，所以以德法戰爭來稱呼這場戰爭應更恰當。

堡帝國已衰頹到完全無能力去介入由普魯士所精心設計的德法戰
爭。奧地利哈布斯堡帝國的國勢，似乎正一步步地步向有「歐洲
暨近東病夫」之稱的鄂圖曼土耳其帝國的日薄西山的處境，而與
之齊名。

四、捷克及其他民族地位提升的失利

　　處於內外情勢交困之局的法蘭茨・約瑟夫一世，在別無出路
之際，不得不將其關注重心重新拉回奧匈帝國境內，慎重考慮賦
予其直接治理的「萊塔河此岸」──奧帝國中的斯拉夫人較多的
自治權利，試圖平息困擾帝國內政已久的民族問題。1871 年法蘭
茨・約瑟夫一世計畫頒布一項文告，賦予捷克人更多的自治權，
然而此舉旋引發奧地利境內向來占優勢地位的德意志人不滿，係
因他們恐懼一旦捷克人在帝國中，取得了與德意志人及馬札爾人
相同的政治權利之後，身處於波希米亞境內的德意志人將淪為該
地的少數民族，將會受到捷克人的打壓，因而強烈反對奧皇提升
捷克人政治自治地位之舉。於此同時，匈牙利亦反對法蘭茨・約
瑟夫一世此一作法，他們認為奧皇此舉已違背了先前奧匈妥協方
案的精神，係因若在「萊塔河此岸」的奧帝國提升某一民族的地
位一旦成真，則在「萊塔河彼岸」的匈王國境內，恐亦會有其他
民族群起仿效而提出提升其地位訴求的可能性，因此為了恆久鞏
固馬札爾人在匈王國境內的主宰態勢，馬札爾人的政治領袖全力
反對奧皇試圖提升捷克人政治地位之舉。

　　為了滿足捷克人及其他聯邦主義支持者而危及自身權力的穩

固，對法蘭茨‧約瑟夫一世而言，此種風險實在太大，因而最終被迫放棄此一構想。此事對捷克民族主義者打擊甚大，使其抗爭行動日趨激進，終而演變至後來波希米亞境內嚴重的德捷民族鬥爭狀態。

五、匈王國境內的馬札爾化政策

　　誠如前言，馬札爾人反對奧皇提升捷克人地位的用意，目的在於確保並鞏固自身作為「萊塔河彼岸」——匈王國境內的唯一主宰者，馬札爾人自從在 1867 年的奧匈妥協中取得了對匈王國的全面性主導地位之後，可謂是原先所有奧帝國境內各民族之中獲利最大者，由於馬札爾人隸屬烏拉爾語系族群 (Ural Languages)，本是源出歐亞草原上的游牧部族 (Euroasian Steppes)，他們自九世紀遷入潘諾尼亞平原建立起自身國度之後，雖接受基督教並被納入歐洲文明圈之中，但相較於在匈王國境內擁有人口數量優勢的各支斯拉夫民族及羅馬尼亞民族而言，馬札爾人始終抱持著強烈戒慎恐懼之感，惟恐遭其所同化。此種高度的不安全感，導致其全面掌控匈王國政經社大權之後，決心傾全力將匈王國全境打造成為馬札爾文化的單一國度。

　　於是馬札爾人乃透過各種行政措施及教育體制的安排，對境內的各支斯拉夫民族——斯洛伐克人、克羅埃西亞人、塞爾維亞人，以及另一支人數眾多的拉丁民族羅馬尼亞人等，實施大規模的「馬札爾化政策」(Policy of Magyarization)，強制各民族接受馬札爾語文、歷史及傳統習俗，企圖全面消弭各民族的民族意識。

這使得雙元帝國境內的民族問題中，「萊塔河彼岸」 的問題更較
「萊塔河此岸」為嚴重，甚至最後導致奧匈帝國體質的持續弱化
而再無重振之機。

六、波蘭人成為帝國三大主導民族之一

　　在雙元帝國境內的各支斯拉夫民族之中，最後只有波蘭人的
政治地位獲得大幅度改善。由於奧境波蘭人分布於帝國東北部的
加利西亞 (Galizia)，該地具有屏障帝國東北疆以拒俄的重要戰略
地位，再加上波蘭人在歷史上擁有長久的獨立傳統，更重要的是，
此時掌控奧帝國議會多數議席的德意志自由主義派議員，為了捍
衛在奧地利及波希米亞大片德人聚集區的德人優勢地位，因而積
極拉攏波蘭籍議員支持其民族政策，作為交換條件，他們願意承
認波蘭人擁有加利西亞的政治優勢地位。其後又在馬札爾民族領
袖的默許下，奧皇遂在 1871 年時賦予該地的波蘭貴族，以半自治
的地位統治著加利西亞，因此波蘭人在奧匈帝國境內的地位，差
可與德意志人與馬札爾人相比擬。

　　於是從 1871 年之後直迄一戰結束，哈布斯堡帝國的民族紛爭
從各民族對帝國中央的爭權一轉而成為奧地利、匈牙利及加利西
亞三大核心區域的主要民族：德意志人、馬札爾人及波蘭人對其
所屬地域其他民族的支配與壓制，哈布斯堡帝國的民族問題逐步
步上僵化無解的困境。

第二節　1860 末至 1870 年代經濟、社會、文化盛況及政局發展

一、經濟、社會、文化繁榮期及猶太解放運動

　　自從 1867 年奧匈妥協之後，雙元帝國進入了一段自由主義人士主導政局的時期，亦是經濟蓬勃興旺之期。不管是萊塔河此岸的奧帝國或是「萊塔河彼岸」的匈王國境內，在這段時日中，自由主義者皆取得成效不斐的改革成果。首先確認了法律保障帝國境內所有公民，並不因為宗教信仰有所不同而出現差別待遇的原則，此舉意謂著境內的「猶太人解放運動」完全實現。其次，司法獨立審判的原則亦同時獲得確認，雙元帝國正式成為一個依法行政的法治國家。與之同時，帝國境內的天主教會勢力則愈受削弱，尤其在教育方面，雙元帝國政府確立了不分族群的所有學童八年義務教育。

　　此時期亦是雙元帝國的一段經濟與藝文繁榮之期，在這段被稱為「繁榮期」(Gründerzeit) 的時代中，由於猶太解放運動所帶來的猶太企業主資金的大筆投入，使得奧帝國及匈王國境內各城市欣欣向榮，各類產業快速發展。除了維也納的「環城大道」兩側燦爛耀眼的宏偉建築之外，帝國首都另一個金碧輝煌的街區就是以「巴勒斯坦」(Palästen) 為名的猶太購物大街區，由兩處金融業及消費購物區興旺繁榮的街景來看，充分說明了猶太金融鉅子

在帝國的經濟及社會層面上所扮演的強大影響力，並象徵著猶太人對帝國的高度認同感。猶太人視哈布斯堡帝國為其安身立命之所，同時也可從後續時日中猶太裔知識分子在藝文知識領域的大放光彩中窺見端倪，此將在後續篇章中進一步說明。

二、「圓舞曲之王」小約翰・史特勞斯及《藍色多瑙河》

生機盎然的帝都維也納，尤其在其音樂傳統的妝點之下而格外顯得絢爛耀眼。此一時期，圓舞曲之風，席捲了奧京全域，史特勞斯家族尤為這股風潮的推手，承襲其父老約翰・史特勞斯所成就的圓舞曲風基礎的小約翰・史特勞斯（Johann Baptist Strauss II，1825–1899 年），更是家族中成就最高者。1867 年，時逢奧地利在德意志戰爭中慘遭普魯士重擊而被排除於德意志世界之外時，小約翰・史特勞斯隨即發表其名聞遐邇的代表作《藍色多瑙河》(*An der schönenen blauen Donau*)，此曲一出，可謂樂音繚繞奧京，經久不絕，不僅成功地撫慰了哈布斯堡帝國上下因戰敗而受創的心靈，並且引發一股萬民癡迷圓舞曲風的熱潮，從而也為小約翰・史特勞斯博得了「圓舞曲之王」(Walzerkönig) 的美稱，使其成為浪漫樂派時期的最重要代表人物之一。

《藍色多瑙河》在奧京及哈布斯堡帝國境內傳頌之盛，甚至有奧地利秘密國歌之稱，不難觀出其對其時及後來奧地利音樂領域影響之深遠。

三、布拉姆斯及《德意志安魂曲》

　　同為此一時期奧地利浪漫樂派的重要代表人物為布拉姆斯
（Johannes Brahms，1833–1897 年），他出身漢堡，在 1862 年時
前往維也納，其間一度短暫離開，至 1872 年之後終於正式定居於
奧京。在這數年之中，布拉姆斯大放異彩，成就其大師級地位。
身為小約翰·史特勞斯摯友的布拉姆斯，專精領域不在圓舞曲，
而在於管弦樂、交響樂及合唱團等演奏型式，1865 至 1868 年之
間他發表其曠世鉅作《德意志安魂曲》(*Ein deutsches Requiem*)，
該作品甫一發表，旋即造成樂界轟動，奠定其日後成為維也納音
樂圈的巨擘要角之一。

　　基於這段時期蓬勃繁興的經濟及音樂藝文榮景，再加上哈布
斯堡帝國當局先前成功地爭取到「萬國博覽會」在帝都維也納的
舉辦，1873 年該會在各國政要名流冠蓋雲集的出席典禮中，高度
彰顯並襯托出當時奧京所具之風華絕代之姿。種種跡象似乎顯示
出，哈布斯堡帝國已走出 1866 年的敗戰陰霾，在自由主義派人士
所主導的自由開放的經濟政策推行下，令奧匈帝國元氣漸復，有
望重回歐陸強權之列。然而一切美好的表象，終不敵國際經濟形
勢的劇變而被打回原點。

四、自由主義時代及繁榮期的結束

　　由於處於 1870 年代樂觀主義的時代氛圍之中，國際金融市場
過度的投機與炒作，導致泡沫化的情形瞬時湧現，危機首先就是

爆發於奧匈帝國境內。1873 年 5 月 9 日維也納股市突然崩盤，金融市場一夕之間由雲端跌入谷底，在大批投資人破產下引發帝國內部百業大蕭條之慘景，雪上加霜的是，此一時期奧匈帝國境內又爆發霍亂大疫情，奪去了約五十萬左右的性命，致而引發帝國全境的經濟及社會的雙重危機。這場肇端於奧匈帝國並迅速席捲全歐各國的經濟危機，從 1873 年一直持續到 1879 年，給予當時全歐在自由主義掛帥下，普遍抱持樂觀主義的時代氛圍一個重大的打擊，這也導致緊隨而後奧匈帝國政治局勢的轉變，進入了一段所謂「鐵環」(Eiserner Ring) 時代的保守主義者執政紀元。

五、奧德俄三皇同盟協定的締結

自從奧帝國改組為奧匈帝國，以及由普魯士所主導的德意志第二帝國在 1871 年建立之後，法蘭茨‧約瑟夫一世的對外方向轉向巴爾幹地區，這片在當時絕大部分領域尚處於被謔稱為「歐洲暨近東病夫」──鄂圖曼土耳其帝國所轄之域，向為歐洲列強，尤其是俄羅斯帝國覬覦已久的魚肉。法蘭茨‧約瑟夫一世亦因地緣緊臨該區之故，也想將奧匈帝國的勢力範圍伸入此區，藉此重振哈布斯堡帝國的威望。於是後續年代中，哈布斯堡帝國就捲入了這片當時全歐最落後最混亂之地的競逐之中，終而不免與早已視巴爾幹為其囊中物的俄羅斯帝國發生了利害衝突。幸賴德意志第二帝國首相俾斯麥的積極調解雙方利益，方而成功化解了奧俄敵對的態勢。

馬札爾籍的安德拉西自 1871 年以來擔任奧匈帝國外長後，對

外交方面原本採取強烈反俄立場,但在俾斯麥的具體分析國際情勢對雙元帝國的利弊得失之下,乃改採較為克制的態度,其深層之因實在於希望避免俄帝國大力支持奧匈帝國境內各支斯拉夫民族運動而導致局勢動蕩,奧匈帝國因而同意在 1873 年時與德俄締結「三皇同盟」(Dreikaiserbund) 的協定。協定內容規定,某一方受到他國軍事攻擊,則三國彼此協商及議定共同行動。

　　然而此一協定實是俾斯麥為了德意志第二帝國的國家利益——即藉由與歐陸各大列強締結緊密同盟或友誼關係而達成全面孤立法國,令其報復德國之舉無由實現——而精心策劃的結果,在本質上實難解決俄奧在巴爾幹半島上的利害衝突,果然在此後數年間巴爾幹半島爆發反抗土耳其帝國的事件之後,俄奧雙方的利害衝突完全暴露無遺。

六、柏林會議及奧匈帝國伸向西巴爾幹

　　1875 年土屬波士尼亞－赫塞哥維那 (Bosnia-Herzegovina) 爆發反土起事,不旋踵間,抗爭事件在翌年蔓延至土國另一屬地保加利亞,由於土耳其在鎮壓起義時手段甚為殘酷,引發歐洲列強不滿,尤其俄羅斯帝國向以斯拉夫世界的大家長自居,於是乃以保護巴爾幹地區的斯拉夫弟兄為名而介入干預,遂在 1877 年正式向土宣戰,俄土戰爭於焉爆發。1878 年初俄敗土之後,取得了大量的政治利益,尤其其所扶植的塞爾維亞,成為了一個完全獨立且面積廣大的巴爾幹國度,奧匈帝國惟恐俄帝之舉,對自身境內的各支斯拉夫民族運動造成激勵的效應,因而乃聯同其他國際列

強，反對俄帝對巴爾幹地區的政治安排。此種背景下，遂有柏林
會議的召開。

為了消弭因近東問題引發的歐洲列強利害衝突的危機，在德
意志第二帝國首相俾斯麥的邀約下，遂有 1878 年柏林會議
(Berliner Kongress von 1878) 的召開。在會議上，鐵宰俾斯麥以所
謂「誠實的經紀人」(honest broker) 自居，對列強在巴爾幹及東地
中海地區的勢力範圍重作分配。會中俾斯麥所盡力調處者，尤在
於如何均衡奧俄雙方在巴爾幹的利益，最後俄取得在東巴爾幹的
比薩拉比亞 (Bessarabia)，奧匈帝國則取得西巴爾幹的波士尼亞－
赫塞哥維那，至此法蘭茨‧約瑟夫一世達成其願，藉由在巴爾幹

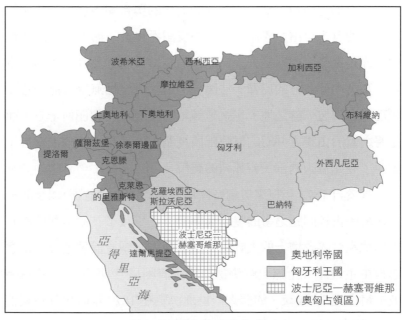

圖 31：1878 年的奧匈帝國

地區的擴張而重振哈布斯堡帝國的威望。

七、波士尼亞─赫塞哥維那的占領對帝國內政的衝擊

　　就表象上而言，奧匈帝國藉由取得波士尼亞─赫塞哥維那而重回大國之列，實則在帝國內部引發了極大的爭議。首先「萊塔河彼岸」的匈王國極不願合併波─赫之地，係因該地民族幾皆為斯拉夫人，一旦該地納入了帝國領域之內，勢必使帝國境內的斯拉夫人口比重更進一步提升，加劇帝國內部的民族爭端。「萊塔河彼岸」的匈王國既不願合併波─赫之地，但馬札爾人也不願該地歸屬於「萊塔河此岸」的奧帝國所有，係因此舉將導致奧匈帝國的奧匈均勢之局遭打破。「萊塔河此岸」的奧帝國內居於政治優勢地位的德意志自由主義派人士，亦反對吞併波─赫之地，所持理由同樣是擔憂境內斯拉夫人口總數的劇增，將危及其對政權的掌控。基於內部各方的反彈，法蘭茨‧約瑟夫一世無奈只能同意占領而非合併波─赫之地，也就是該地非直屬於奧匈任何一方，而是將之置於由雙方共組的財政部所控制，此種奇特的政治安排，說明了雙元帝國內部民族死結的難解。

　　基於自 1873 年以來奧匈帝國境內嚴重的經濟危機，以及波─赫之地的占領問題之爭的雙重衝擊之下，導致了「萊塔河此岸」的奧地利帝國政壇上的大動蕩，由於原占有議會優勢地位的德意志自由主義派人士無力解決當前的經濟困局 ， 再加上拒絕占領波─赫之地，法蘭茨‧約瑟夫一世遂決定在 1879 年時更動帝國首相 ， 任命其好友──持保守立場的塔佛 （Eduard Graf Taaffe，

1833–1895 年）出任新任首相。在皇帝及塔佛的全力支持下，帝國議會中的大地主利益代言人、天主教保守人士、波蘭人及捷克人代表等陣營，在 1879 年的大選中大有斬獲，成功地使德意志自由主義派陣營失去了議會多數議席，遂終結了「萊塔河此岸」的奧地利帝國的自由主義紀元，進入了一段保守主義統治時期。

第三節　1879 至 1893 年的保守主義紀元

一、鐵環紀元下的改革措施

　　1879 年的大選，雖然塔佛的保守主義陣營並未能取得議會多數議席，然而在皇帝的全力支持下，以及議會其他民族代表的策略支持下，仍能有效地壓制德意志自由主義派人士，從而展開一段折衝各方、聯己抑彼的執政歲月。這段長達十四年的所謂「鐵環」的保守政府執政時期，雖試圖重建有效率的政府職權，然而面對著自始至終無由紓解的民族敵對死結的僵局，終僅能取得有限的成果。

　　塔佛秉尊法蘭茨·約瑟夫一世的旨意，希望儘速解決「萊塔河此岸」的奧帝國所面臨的經濟危機，並盡可能建構出帝國諸民族之間，以及各支民族與帝國間關係的穩定性，亦即將各支民族對帝國的觀感控制在「輕微不滿」（wohltemperierter Unzufriedenheit）的狀態之中，並使其任何政治作為都不逾越「適度」反彈的界線之外。就此一動機而言，則不能不說塔佛政府的

確取得了若干政治成果，他藉由模仿當時鐵宰俾斯麥在德意志第二帝國所進行的主導議事的作風，不斷與國會中重要政治團體的代言者及各民族的議員進行利益交換，使得塔佛政府在十四年的執政時期內推動了許多進步法案的立法，包括明文限制童工及女工一日之中勞動鐘點的最高上限、勞工意外、傷殘及疾病保險法的推行，以及自由放任式的產銷方式亦被規範嚴謹經商交易模式所取代等等，成功地挽救了時陷於風雨飄搖之中的奧帝國經濟。

二、塔佛政府提升捷克民族地位的嘗試

至於棘手的民族問題，塔佛政府亦試圖著手解決之。他首先與長期摒拒參與帝國議會選舉的捷克民族領袖協商，從而與之達成若干程度的諒解，捷克人自此才正式參與議會選舉。在 1879 年所選出的捷克議員的支持下，塔佛在上述的社會改革行動中得到了他們的全力支持，作為交換條件，塔佛政府自然也對捷克人的民族訴求釋出相當的善意，於是遂有 1882 年的布拉格卡爾大學的二分為捷克語及德語學區的實現。緊接著塔佛政府亦在 1882 年進行波希米亞議會的改革，大幅降低了參與選舉投票權的財產下限，從而使得捷克人取代了先前一直掌控議席優勢的德意志人，使得在波希米亞人口居於多數的捷克人得以將其意志投射於自身議會之上。

塔佛政府的更進一步的友捷措施，則在於大幅提升捷克語在波希米亞境內的地位，將現行德語作為波希米亞各行政機構的唯一用語的規定，改為德語與捷克語並行，惟各機構之間及各機構

對中央政府間的內部公文書信德語仍是唯一用語，此一措施很明顯地就是希望達成波希米亞境內兩大族群德意志人及捷克人的母語使用環境的公平，消弭長久以來捷克人對以德意志統治階級為背景的哈布斯堡帝國中央的不信任感。此舉當然受到捷克人的大力支持，同時雙語的使用對捷克人而言並不構成問題，因為波希米亞捷克籍官員早已嫻熟德語的使用，因而大力支持塔佛政府的此一措施。

三、波希米亞德人對政府友捷政策的反彈

然而對於波希米亞的德籍行政機構人員而言，塔佛政府的德捷語並行之策無異是一項晴天霹靂。長久以來，由於波希米亞德意志人始終掌控著境內優勢的政經社地位，塑造出他們對自身所操之德語及所屬的德意志文化高人一等的想法，並認定捷克語根本只是當地廣大的捷克下層及農民階級所使用的語言，因此絕大部分的德籍行政人員根本毫無意願去學習捷克語。於是當塔佛政府的德語捷克語並行之策一出之際，自然引發波希米亞德意志人的激烈反彈，對他們而言，學習被其視為鄉巴佬及不入流的捷克語，無異是貶低自身身分。此外尚有另一深層之因，波希米亞德意志人深恐藉由塔佛政府一系列友捷政策，將會導致在波希米亞占人口多數的捷克人影響力大增，從而使波希米亞德意志人失去其在此間長期所享有的政經社優勢地位，甚至淪為波希米亞少數民族的境地。

基於上述因素，激起了波希米亞德意志人強烈抗議塔佛政府

各項友捷政策的浪潮，他們的行動同時也得到萊塔河此岸奧帝國境內的許多德意志人機構及團體的大力支持。

四、大德意志思想在雙元帝國境內的復起

此際萊塔河此岸奧帝國境內的各地德意志人社群中，基於強烈的民族危機意識，因而政治傾向也日漸朝向濃厚的德意志民族主義及大德意志思想而轉變，同時亦因不滿塔佛政府的工商政策偏向大企業主及富商鉅子，因而他們又以捍衛中產階級利益及訴求社會正義為號召。在 1882 年所公布的《林茲綱領》(*Das Linzer Programm*) 中，他們除了揭櫫社會主義的理想之外，同時也聲嘶力竭地強調必須在其他民族步步進逼的威脅之下，捍衛奧地利德意志人的文化特性及民族利益。此種背景下，奧地利德意志民族內部之中，漸漸湧現應在奧地利帝國境內分割出德意志民族的領域，甚至未來不排除進一步融入德意志民族國家的可能性，意即併入德意志第二帝國疆域之中，暹那勒爾 (Georg Ritter von Schönerer，1842–1921 年) 在 1879 年所建立的「德意志民族主義陣線」(Deutschnationalismus)——日後重組而在 1891 年重新整構而成「泛德意志統一陣線」(Alldeutsche Vereinigung)，尤為其中最具代表性的激進德意志民族主義團體。

暹那勒爾對奧帝國深陷於各支民族主義浪潮所造成的動蕩，以及其對居於人口少數的德意志民族之存續所造成的嚴重威脅，感受至深，因而力主奧地利德意志人，應力保其所群集之奧地利本土及波希米亞周遭山群地帶的純粹德意志特性，未來兩地且應

併入德意志第二帝國之中，俾恆久保障德意志民族在兩地的永續長存。他從不諱言對奧地利哈布斯堡王朝的蔑視，以及對德意志第二帝國霍恩索倫王朝的傾慕，甚至直接尊稱德皇威廉一世為吾皇。凡此種種，皆象徵著當時帝國境內的德意志民族已不再全然是奧帝國中央最核心且忠實的後盾了，甚至一轉而成為奧匈帝國內部的離心力量之一，此由暹那勒爾的鮮明反猶立場尤可一窺端倪。

第四節　反猶主義的崛興及錫安主義的出現

一、反猶主義在帝國內部的風起雲湧

　　為了捍衛奧境內純淨德意志領域，不受外來民族的「污染」，暹那勒爾高舉反猶大纛，批判猶太人是奧匈帝國內的毒瘤，猶太人基於其「飄泊離散」(Diaspora) 的失根狀態而懷抱「世界主義」(Cosmopolitanism)，企圖弱化作為哈布斯堡帝國主導民族的德意志民族特性，同時並藉由其雄厚的財力為後盾，從而全面掌控了帝國的經濟命脈，導致帝國根基逐步遭蝕空而成為一具空殼，最終步向全面瓦解❷。原本此類惡意攻訐猶太人的言辭，最初僅被

---

❷　反猶主義在奧匈帝國的崛興，並非單純僅因政治人物的攻訐而成形，實則有著諸多錯綜複雜的因素糾結其間。首先，奧匈帝國境內的許多猶太人自 1850 年以來，就以不符合其於奧帝國人口比例而逐步在各專業領域上，包括文學、藝術、音樂、媒體自由業、金融業及各類大型產業等等，取得卓越不凡的成就，甚至躋身頂尖之列。猶太人為了保

視為該組織博取政治舞臺的一種宣傳技倆，殊不料在 1884 至
1885 年時於帝國內部大肆發酵。其因在於當年北方鐵道公司在奧
政府的主導下，以極為優惠的條件特許猶太金融鉅子羅特徐爾德
家族承接鐵道工程革新的合約，合約內容遭公開之後，旋即引發
雙元帝國政壇大動盪。再加上自 1860 及 1870 年代以來在全歐各
國逐步生根並廣布的「社會達爾文主義」(Sozialer Darwinismus)
及「種族主義」(Rassismus) 思想，使得奧匈帝國境內先前早已不
斷醞釀的反猶氛圍，一夕轉化為激烈的「反猶主義」
(Antisemitismus) 風潮。

障其於上述各領域的持續發展的可能性，幾乎皆投身於自由主義的陣
營，係因自由主義政策的推行，方能確保其作為少數民族的權益。然
而全方位放任下的自由主義所帶來的 1873 年的維也納股市大崩盤，以
及由其所引發的經濟危機，造成許多投資者一夕破產而淪為窮途潦倒
的社會邊緣人，他們乃將這股怨恨之情盡數投射到掌控金融業的猶太
鉅子身上。其次，奧地利天主教徒對猶太人的深層不信任感，亦屬反
猶浪潮奔騰的關鍵因素之一。天主教徒向來認定耶穌基督因猶大的出
賣而受難，因而背負著原罪的猶太人有何資格能夠占有各領域的要津，
猶太人藉由大筆資金收買政府高層而取得「猶太解放」敕令，其後卻
順勢霸占了奧匈帝國所有領域的利基，廣大的奧地利德人卻淪為次要
配角，是可忍孰不可忍。最後一項反猶因子則為民族主義暨種族主義
的風起雲湧，使得奧匈帝國境內的各支民族主義皆以訴求自身民族的
純粹性為出發，並以此作為檢視效忠與否的標準，因此散居帝國各地
而無自身母土的猶太人遂成代罪羔羊，成為各支民族排擠甚至攻擊的
對象。

二、捷克民族主義者的強烈反猶立場

　　此種反猶立場不僅見之於激進的德意志民族主義者，同時亦出現於奧帝國境內其他民族上，「青年捷克黨」(Jungtschechen) 即為一鮮明例證。自 1890 年之後，原本長期作為捷克民族利益代言人的「老壯捷克黨」(Alttschechen)，被帶有強烈捷克民族主義及反猶主義色彩鮮明的新興勢力「青年捷克黨」所取代，原本採取穩定持重的推動捷克人於帝國境遇改善的政策，也一轉而成為訴求立即貫徹奧帝國的聯邦主義的激進捷克民族主義觀點──推動捷克人所在的波希米亞作為奧帝國的另一元，從而與德意志及馬札爾民族並立。青年捷克黨人對於捍衛自身波希米亞及摩拉維亞母土的強烈情感，不僅反射出鮮明的反德立場，同樣亦波及於掌控大量波希米亞及摩拉維亞產業利益的猶太人身上，從而產生出強烈的反猶情結，青年捷克黨人甚至認為捍衛奧帝國存續不遺餘力，且與奧帝國高層關係匪淺的猶太人，根本就是奧地利德意志人安插在波希米亞的第五縱隊，意圖與德意志人聯手而全面掌控波希米亞政經社的一切資源，從而逐步消弭波希米亞及摩拉維亞的捷克民族特性。

三、猶太人作為奧匈帝國困局的代罪羔羊

　　奧匈帝國境內反猶主義氛圍的高漲與蔓延，甚至在某種程度上彌合了奧帝國政黨政治上長期以來的左派右派之爭，此際不論是左翼的自由主義者、社會主義者及中下層的中產階級，或是右

翼的天主教徒、產業主及上層的中產階級，逐步在奧匈帝國衰凌
的過程中找到了代罪羔羊——猶太人。自從北方鐵道公司的醜聞
爆發之後，哈布斯堡帝國境內的反猶聲勢居高不下，最後甚至導
致猶裔所擁有的媒體橫遭攻擊，作為事件主謀的暹那勒爾旋遭逮
捕，然而反猶野火卻依舊持續延燒，卡爾‧呂格（Karl Lueger，
1844–1910 年）尤為 1880 至 1890 年代之交奧帝國重要反猶主義
者代表。

　　呂格承接先前暹那勒爾的反猶行動，並在其靈巧奸猾的宣傳
操弄下，將德意志民族內部團體何以始終陷於無法團結的高度分
歧之因，歸究於猶太人對帝國政經命脈的掌控所致，從而頗為成
功地將猶太人醜化為德意志民族內部不同派系之間的共同敵人。
1895 年呂格甚至當選為維也納市長，從此刻開始，在他極具個人
風格魅力的領導下，整個奧帝國境內的德意志政界因而重新洗牌，
並出現了一個直至 1918 年奧匈帝國解體之前，始終作為奧帝國德

圖 32：呂格（右二）與基督社會黨領袖

意志民族內部的主要代言人角色之一的基督社會黨
(Christlichsozialen)。

基督社會黨與青年捷克黨在萊塔河此岸奧地利帝國的長期敵
對與競爭,基本上就形塑了這段歷時達三十年之久的「德捷民族
鬥爭」(deutsch-tschechische Nationalitätenkampf) 紀元,在德捷兩
民族針鋒相對的長期政治鬥爭之中,惟有一點是雙方立場一致的,
就是鮮明的反猶仇猶立場,秉此可見此際奧帝國內部反猶氛圍的
熾熱。此種反猶的風潮自此愈演愈烈,即令日後奧匈帝國瓦解之
後仍深植於奧地利境內,直迄日後希特勒攫取政權上臺之後所展
開的大規模迫害猶太人的行動中,達到最巔峰之境。

四、猶太民族運動:錫安主義的興起

面對這股聲勢急遽湧現的反猶主義浪潮,絕大部分奧匈帝國
境內的猶太人團體,受制於其族群千百年以來始終遭受飄泊離散
的宿命觀影響,因而依然採取低調隱忍的迴避衝突之態,試圖靜
待風潮過後他們能繼續作為哈布斯堡帝國的忠貞公民,安居於奧
匈帝國境內。此際惟有極少數的猶太知識分子,已然敏銳觀察並
感受出猶太民族處境之危險,其中赫爾茨(Theodor Herzl,1860–
1904 年)尤為其中關鍵人物。

赫爾茨出身匈牙利猶太人社群,後至奧京維也納的《新自由
報》(*Neue Freie Presse*) 報社發展,曾一度成為該報派駐法京巴黎
的記者。他親眼目睹了 1894 年爆發的法國反猶浪潮「德雷福事
件」 (Dreyfus Affair),再參照其時自身奧匈帝國猶太人的橫遭歧

視打壓，以及同期間俄羅斯帝國各地不斷爆發的 「屠殺」
(Pogroms) 猶太人事件，使得赫爾茨深感反猶主義浪潮已成全歐不
分國度的普遍現象，因此若不儘速喚醒猶太人集體民族意識並進
而打造出猶太人的自身國度，日後猶太人恐將難以避免地橫遭大
屠殺的噩運。因而赫爾茨透過其《猶太國：解決當前猶太人問題
的一項嘗試》 (*Der Judenstaat: Versuch einer modernen Lösung der
Judenfrage*) 一書的發表 ， 大力呼籲同胞關注自身民族未來的命
運，在最短的期間內建立起猶太人的自身國度，此即猶太民族運
動「錫安主義」(Zionismus/Zionism) 之源起。在赫爾茨及其同僚
的積極奔走下，遂有 1897 年第一屆錫安主義者大會在瑞士巴塞爾
(Basel) 的召開，然而從會議的舉行地點卻也不啻說明了，面對歐
洲各國反猶聲勢的高漲，以及絕大部分猶太人仍對自身民族前途
抱持著疏離冷漠的態度，錫安主義大會地點竟無法在除了俄羅斯
帝國之外全歐猶太人總數最多的奧匈帝國境內舉行，可觀察出猶
太人團體內部的一盤散沙之狀，此種狀態使其終不免日後遭逢慘
痛的民族噩運之後，錫安主義的價值方才為其所珍視，並全力實
踐之。

第十三章 | *Chapter 13*

奧匈帝國步向崩解及世紀之交的文化盛世

第一節　世紀之交帝國民族問題的急遽惡化

一、邁耶林之皇儲亡故事件

　　時至十九世紀末，整個奧匈帝國的傾頹之勢，已然勢所難擋，法蘭茨‧約瑟夫一世卻在此際又遭遇皇位繼承人驟逝的重大打擊。先前法蘭茨‧約瑟夫與其后伊莉莎白僅得一子魯道夫，旋即被立為皇儲，然而魯道夫對國政觀點與其父皇大相逕庭，因此兩人間常為政策的制定一再發生衝突，致使父子情感極度疏離不睦，也由於法蘭茨‧約瑟夫一世大權獨攬，私毫不容許魯道夫有議政的可能性，長期下來遂導致魯道夫罹患嚴重的精神疾病。其後更因魯道夫與某貴族之未成年女兒深陷愛情漩渦，不見容於當世宮廷禮節，終促使他決定採取決絕手段向其父皇抗議，於是在 1889 年年初，他遂在維也納森林山脈上的邁耶林狩獵行宮 (Schloss

Mayerling) 中，先行槍殺愛戀對象後自殺。法蘭茨‧約瑟夫一世
在震驚之餘，為了阻止皇室醜聞外流，選擇極力掩蓋實情，並對
外宣稱皇儲是死於意外而非自盡。然而欲蓋彌彰的結果，反而導
致邁耶林行宮的皇儲亡故事件成了一件謎團，好事者更想要一探
究竟，於是在頗長的一段時期內，邁耶林行宮皇儲亡故事件儼然
成為各類報章書籍出版最喜好的題材，內容極盡想像誇張之能事，
這對聲威已然江河日下的哈布斯堡皇室而言，無異又是一記重擊。

　　時至 1890 年代，塔佛政府藉由與各民族代表的各項利益交換
而一度穩定的政局，卻仍難擋民族主義洶湧浪潮對奧匈帝國持續
不斷的衝擊。為了尋求更廣泛基層民眾的支持，來對抗帝國全境
日益偏激的民族主義浪潮，塔佛在 1893 年大膽決定進行一項投票
權的改革，賦予年滿二十四歲且能文識字的成年男子投票權，使
得萊塔河此岸的奧地利帝國內有權投票人口大增。然而開票結果
卻令塔佛大失其所望，執政聯盟各黨派的得票數遠不如預期，使
得支持塔佛政府的後盾盡失，即令有著法蘭茨‧約瑟夫一世的力
挺，卻仍難以挽回塔佛政府的最終下臺結果。

二、波希米亞德捷民族鬥爭的激進化

　　此後奧地利帝國的政壇深陷於幾乎難以為政的亂局，從後續
的溫帝希格雷茨 （Alfred III. Fürst zu Windischgrätz ， 1851–1927
年）、基爾曼瑟格 （Erich Graf Kielmansegg，1847–1923 年），以
及巴登尼（Kasimir Graf Badeni，1846–1909 年）政府等等，莫不
受困於各民族主義政黨的相互傾軋及境內各民族間不時而起的衝

突，致使帝國議會及各地區議會的議事全面停擺，1897 年的巴登尼的《語言法規》(*Sprachverordnungen*) 公布後所產生的大動盪，尤可清楚看出奧帝國內政因族群衝突的激化而陷入全面癱瘓的情形。該事件肇端於政治實力愈來愈壯大的青年捷克黨在其自身母土波希米亞及摩拉維亞境內，已無法再繼續容忍捷克語地位始終次於德語的附屬狀態，因而強烈要求在波希米亞及摩拉維亞境內兩語言的地位必須完全相等。為了贏得他們對政府政策的支持，因而首相巴登尼乃接受其訴求，同意德語與捷克語在波希米亞及摩拉維亞兩地享有完全平等的地位，並規定最遲至 1901 年時，兩地的各級行政官員都必須同時通曉兩種語言。

可想得見的，此一措施自然而然地全面激起萊塔河此岸奧帝國的德意志民族怒火，原本在德意志民族內部各團體間對於帝國各項政策尚持有路線看法歧異的各黨派，在此一事件上基於共同的德意志民族情感而全面地匯集於一，於是維也納的帝國議會也就在德裔議員的激烈抗議中成為了一片戰場，德裔議員甚至霸占了整個議會，在波希米亞及摩拉維亞境內的各大城市，尤其是首府布拉格皆爆發了德意志群眾的暴動。此一事件的衝擊性，甚且逾越了奧帝國國境之外而波及至德意志第二帝國境內，致而形成了一股泛德意志浪潮。基於聲援奧帝國境內的德意志同胞，毗鄰奧帝國邊境的德境薩克森的大德意志民族主義者，高唱著《捍衛萊茵河》(*Wacht am Rhein*) 及《德意志之歌》(*Deutschlandslied*) 等象徵著德意志民族統一的歌曲，跨過邊界而進入了波希米亞周遭山群地帶的德意志民族聚集區，與奧境德人會合，聯手向奧帝國

巴登尼政府施壓。

迫於此種壓力，法蘭茨‧約瑟夫一世不得不撤換巴登尼以平息奧地利德意志人的怒火，最後《語言法規》在 1899 年時被完全撤消。然而甫除去德人憤怒的同時卻換來捷克人的憤慨，深感遭到政府當局背叛的青年捷克黨人亦以癱瘓議會作為抗爭手段，於是霸占奧帝國議會的對象遂由德人轉變而成為捷克人。深陷國政停擺危機之中的法蘭茨‧約瑟夫一世，只能被迫宣布帝國進入緊急狀態，其後再由奧皇指派其親信柯爾貝（Ernest von Koerber，1850–1919 年）在 1900 年接任首相之位後，局面才獲短暫穩定，不過德捷民族鬥爭之局已成野火，所待者只在於何時再次燎原而已。

第二節　軍隊指揮語言之爭及奧匈對立態勢的升高

一、匈王國對哈布斯堡帝國認同的挑戰

自從 1867 年奧匈妥協之後，其後數十年間，相對於「萊塔河此岸」奧帝國政局的動盪不安，「萊塔河彼岸」匈王國的政經社形勢至世紀之交時，在匈牙利自由黨領袖蒂薩（Kálmán Tisza，1830–1902 年）政府的長期執政下，尚稱穩定。然而時至 1890 年代之後，激進的馬札爾獨立黨人在匈牙利議會上取得優勢，從而終結了匈牙利的自由主義紀元。馬札爾獨立黨在其領袖寇述特（Ferenc Kossuth，1841–1914 年）的領導下，已不再以奧匈妥協及共組雙元帝國的現狀為滿足，而是要求終止與奧的關係，走向

匈王國完全獨立的境界。此一訴求必然衝擊到與奧帝國之間的現行政治架構，雙方勢不能無爭，隨即在 1903 年的軍隊語言使用問題，匈王國與奧帝國之間的緊張關係頓時浮上檯面。

該事件肇端於奧匈帝國境內的成年男子皆有服兵役的義務，在帝國軍隊的體系中，德語是作為軍隊中不分族群的共通語言，透過廣泛的徵兵途徑，源自帝國各地不同民族的成員進入軍隊服役的過程中，使之學習德語、尊敬皇帝，並從中塑造出作為多元民族國家「哈布斯堡帝國公民」的一種認同感。因此哈布斯堡帝國的軍隊可謂是一所「國家學校」(Schule der Nation)，其所具有的凝聚哈布斯堡全體人民的向心力，相較於奧匈帝國的其他政治、經濟及社會機構而言，可說具有顯而易見的效力。

然而就寇述特為首的激進馬札爾民族主義派人士的立場而言，出於高度珍惜並捍衛自身馬札爾文化特性的情結使然，不願在自身民族所在的「萊塔河彼岸」匈王國境內，見到效忠哈布斯堡帝國高於匈牙利王國的情形出現，因此馬札爾獨立黨人乃以先前在「萊塔河此岸」奧帝國的巴登尼首相所批准並施行的《語言法規》為例，要求駐紮在匈牙利境內的馬札爾防衛隊中，應改用匈牙利旗幟而捨棄原先使用的哈布斯堡王朝旗幟，同時馬札爾語亦應取代德語而成為軍隊指揮用語。

二、奧帝國與匈王國間的政治對立

然而對哈布斯堡皇室而言，若滿足馬札爾獨立黨人的匈軍易幟換語的民族訴求，則無異是讓匈王國取得實質獨立的地位，其

結果不僅將使法蘭茨‧約瑟夫一世失去軍隊的統帥指揮權，以及哈布斯堡帝國軍事力量的統一性，而且必將導致帝國中央長期以來所一再推動的目標，即建立哈布斯堡帝國公民認同感的全面失敗，從而導致這個多元民族帝國的霎時土崩瓦解。因此最終法蘭茨‧約瑟夫一世嚴拒了馬札爾獨立黨人的民族訴求，遂使奧匈雙方矛盾態勢一夕成形。

然而馬札爾民族主義者並不善罷甘休，透過其馬札爾民族至上論的訴求及匈牙利議會有限選舉權的保障，從而使其又在 1905 年的匈牙利議會中勝選及取得絕對多數議席，遂再次提出馬札爾防衛隊的軍隊指揮語言的問題。至此法蘭茨‧約瑟夫一世決定採取強烈反制手段，他決定在匈王國境內全面實施成男普選制度，旋於 1907 年初正式通過了普選法案，此舉果然奏效，馬札爾獨立黨人不再堅持前議，因其深懼若成男普選制一旦在匈牙利境內施行，恐將導致匈境其他民族勢力崛起，從而瓦解馬札爾人在政壇上向來所獨享的優勢地位。不過即令其民族訴求撤回，他們亦拒不施行奧皇所頒布的成男普選法案在匈王國境內的實施，奧匈雙方的政治矛盾對立態勢，在此鮮明可見，此對奧匈帝國後續政務的推行又是一大重擊。

第三節　步向一戰災難的哈布斯堡帝國

一、奧匈帝國內部民族敵對的白熱化

自十九世紀中期以來，在全歐民族主義席捲的時代浪潮中，作為一個王朝式的多元民族國家的哈布斯堡帝國之所以仍能屹立不搖，除了哈布斯堡帝國統治當局費盡心思地透過種種拉此制彼及政治利益交換的策略，從而艱困地維繫帝國命脈的賡續於不墜之外，尚有一關鍵要因則在於全歐對哈布斯堡帝國作為一方強權而續存的必要性需求。

係因哈布斯堡帝國屹立於中歐心臟地帶，對於全歐各國而言，其存在不僅可以作為「桶箍」的角色，將數量驚人且具有高度動搖國際秩序的多元民族及其所具之革命動能，控制在哈布斯堡帝國境內而使之不致失控為區域動盪之源之外。而且就世紀之交的國際局勢而言，哈布斯堡帝國的地理位置恰處於歐洲五強的中心地帶，成為了在涉及於列強利害衝突之際的一塊絕佳的緩衝地區，此種狀態下，哈布斯堡帝國遂成為了扮演全歐均勢之局存續的最佳角色。

然而隨著境內民族鬥爭之勢愈趨激烈且成難解死結的狀態下，終令徒擁龐大軀殼的奧匈帝國國政全然陷於癱瘓之態，最後則在法蘭茨・約瑟夫一世昧於帝國泥足現狀而執意於在巴爾幹地區重振哈布斯堡王朝聲威，終而導致其垂垂老矣的多民族大帝國

步向一戰的煉獄。

二、德捷及德斯民族衝突的爆發

　　自 1900 年以來「萊塔河此岸」奧帝國境內的德捷民族鬥爭愈趨白熱化，柯爾貝政府以不斷利益交換的方式而拉攏國會某政黨及某民族黨派代表，僅能換取政壇的短暫寧靜，卻無益於德捷民族敵對態勢的緩解，由於捷方力主至少要使捷克人占多數的波希米亞及摩拉維亞，取得奧匈帝國第三元的地位，而德方則恐懼兩地的德意志人優勢地位的不保，並淪為受捷克人宰制的少數民族狀態，從而使德捷民族問題的和平併解已無可能。

　　此種背景下，德捷民族鬥爭之局遂以激烈對抗下而發展，至 1904 年，柯爾貝政府亦因無力處理民族高度對立之局而下臺，政壇旋即又陷於政府更迭頻繁的大亂局之中。其後至 1907 年，在奧皇發布的成男普選權在萊塔河此岸奧帝國的全面實施下，卻造成路線歧異的各類政黨及各民族激進人士的大舉進入帝國議會，自是而後整個帝國議會深陷於黨同伐異及各民族代表的衝突對立之中。最後這種衝突難以避免地外溢到萊塔河此岸的各地區之中，毫無疑問地波希米亞首當其衝地迅速成為民族衝突的重災區。

　　1908 年年底，波希米亞及摩拉維亞的德意志與捷克人長期以來不時發生的民族摩擦，終在此際爆發成為大規模的族群衝突事件。帝國中央雖試圖介入，並宣布事件發生地點布拉格全面戒嚴，然而卻無力降溫怨懟已深的雙方高張情緒，在數日之間暴動事件頻傳，並且蔓延至波希米亞及摩拉維亞各城市中。這場波希米亞

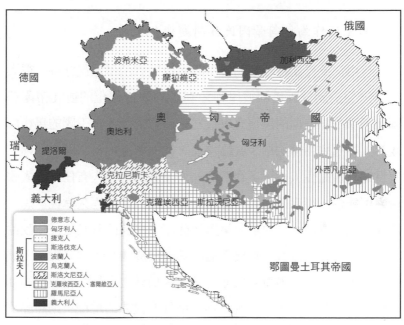

圖 33：奧匈帝國境內的各民族分布圖

德捷民族衝突事件甚至亦外溢至帝國其他斯拉夫人的民族聚居
區，例如斯洛文尼亞人群集的萊巴赫／盧布爾亞那 (Laibach/
Ljubljana)，導致當地德斯民族衝突的爆發。直到波希米亞及摩拉
維亞的德捷民族衝突事件終遭遏抑之後，留下了超過三百人以上
死亡，近千名受傷的駭人數字，這種非戰爭時期的高傷亡人數，
清楚揭示出哈布斯堡帝國內族群，尤其是德捷民族敵對的嚴重性，
然而受制匈王國對帝國改組所持的僵化立場，益使問題無由得解。

三、匈王國作為奧匈帝國民族問題激化之源

　　萊塔河此岸奧地利帝國境內的德捷民族鬥爭無從紓解，很大的原因係受制於萊塔河彼岸匈牙利王國堅持僵化的雙元帝國體制，不願作出任何的調整有以致之。前曾述及，匈王國的馬札爾政治人物透過各種選舉制度的操控，從而牢牢地獨掌國家政權，其目的在於避免人數眾多的斯拉夫人及羅馬尼亞人有任何進入政府之可能性，從而確保馬札爾人對匈王國政權的恆久掌控。馬札爾政治人物同時也全力反對萊塔河此岸奧帝國改善其他民族政治地位的想法，因擔憂一旦奧帝國向其他民族讓步，勢將對匈王國境內其他民族產生鼓舞效果並進而要求仿效之。馬札爾政治領袖因而向奧施壓，若單方面改變其所轄其他民族的地位，則將違反了當初奧匈妥協的協議內容，據此暗示奧匈雙元體制終止的可能性。為了維繫奧匈帝國的存續，法蘭茨‧約瑟夫一世因而不得不一再地向匈王國妥協，致使德捷民族鬥爭之局愈演愈烈。

　　事實上，馬札爾人在政治上長期以來橫阻帝國體制作任何調整性的作為，實非新奇，更精確地說，馬札爾人的作為不僅只是阻撓國家體制的調整而已，甚且為了確保馬札爾人的政治利益而不惜一再弱化哈布斯堡帝國中央的權限。

四、帝國中央威信在匈王國掣肘下的弱化

　　自從 1867 年奧匈妥協之後，匈王國立刻在其中得到很大的好處，係因匈王國全境人口數占奧匈帝國人口總數的五分之二左右，

但卻僅需負擔帝國每年稅收的三分之一而已。然而匈王國在占盡好處的同時，卻又在與奧協商之際，處處刁難任何需強化帝國體質的共同部門事務，諸如軍事、外交、財政及商貿等等，一切作為就是避免帝國中央重現其行政效能，目的在於使匈王國幾乎實質獨立的現狀長久維繫。基於此種思維使然，馬札爾人領袖對任何有關增強並穩定哈布斯堡帝國國力的措施，諸如增加兵員、提高軍費、採購武器及對外政策等等，莫不採取橫加阻撓的態度，最後即使稍許讓步，卻也必定從哈布斯堡帝國中央拿到大量好處。

　　長此以往，奧匈帝國天平中的砝碼簡直完全倒向匈王國一方。這其中除了匈王國只需負擔帝國共同稅款的三分之一之外，匈王國的許多建設都由奧帝國支付，帝國中央的軍事採購亦由原先奧境產業界轉至匈境產業界製造，匈牙利防衛隊的一部分軍費更是由奧帝國中央所給付，匈王國在奧匈帝國中所享有的龐大優勢可見一端。

　　匈王國長期以來對於帝國中央各項國防暨對外政策橫加阻撓，對哈布斯堡帝國而言無疑地是致命的，係因軍事訓練、軍務革新，乃至於新式武器配備，全都受到嚴重的阻滯甚或無法進行，使得時至世紀之交時，哈布斯堡帝國的整體軍事力量相較於歐陸其他列強而言，落差幾達一個世代之遙，一旦戰爭爆發，戰力虛弱至此的哈布斯堡帝國，最終戰果根本不問可知。

　　面對作為奧匈帝國之一的匈王國，對帝國所造成的中央虛無化及國力大幅衰落的現象，自然引發捍衛哈布斯堡中央的人士強烈反彈，尤其是新任皇儲法蘭茨·腓迪南（Franz Ferdinand，

1863–1914 年）最感憤慨。法蘭茨‧腓迪南向來對匈王國對奧帝國的各項勒索及扯後腿的行徑極為反感，認為若要重振哈布斯堡帝國的聲望及使奧帝國重回歐陸大國之列，則務必割除寄居在哈布斯堡帝國內的匈牙利禍根。在其觀點下，1867 年建立的奧匈帝國體制是弱化哈布斯堡帝國的致命性因素，因此他力主必須罷棄之，從而建立起奧地利作為中央一元的統治型態，亦即哈布斯堡帝國在一面以黑黃雙色為基底，其上繡上哈布斯堡雙頭鷹標記的傳統國旗之下，對境內所有民族實行無差別式的統治，也就是重新建立起哈布斯堡帝國的中央集權統治型態。如若法蘭茨‧腓迪南早日即位，哈布斯堡帝國或許不無重生的可能性，惟法蘭茨‧約瑟夫一世掌權時日甚久，終使皇儲壯志難酬。

五、外部民族主義對奧匈帝國的威脅

　　即令內部的捷克人及馬札爾人民族問題，不斷弱化哈布斯堡帝國的中央權限，然而最後令哈布斯堡帝國步向解體的，卻是來自境外民族主義浪潮的衝擊，此即境外巴爾幹地區的塞爾維亞民族主義者所煽動的南斯拉夫主義浪潮，其對奧匈帝國境內包括塞爾維亞人、克羅埃西亞人及斯洛文尼亞人等南斯拉夫族群的吸引，導致哈布斯堡帝國中央在這股源自內外部民族主義浪潮的合擊下，一再應對失策，終而難以避免地走向衰亡之途。

　　導致哈布斯堡帝國走向一連串災難之途的塞爾維亞王國，原是在十九世紀的進程中，經過了數次革命後才分批並逐步地從土耳其帝國中獨立出來，時至 1878 年時，塞爾維亞王國的法理獨立

地位在柏林會議中獲得全歐各國的承認。初期這個緊臨奧匈帝國的占領地波士尼亞－赫塞哥維那之旁的巴爾幹北部小邦，幾乎可說是依附於哈布斯堡帝國而成為其衛星國度，不過時至二十世紀初期之時，塞爾維亞王國向來所持的友奧政策在此際突然遽轉而成為反奧政策，其因在於塞國在 1903 年時爆發政變，原本立場傾奧的「歐布倫諾維奇王朝」(Obrenović Dynasty) 遭到深具強烈民族主義且立場親俄的 「卡拉喬捷維奇王朝」 (Karađorđević Dynasty) 所推翻，使得哈布斯堡帝國的南方突然面臨險峻的威脅。

六、境外塞爾維亞對奧匈帝國內部的衝擊

此種威脅係由內外兩方朝向哈布斯堡帝國襲來，外部方面，由於塞王國立國於巴爾幹的中北部，阻斷了哈布斯堡帝國朝向巴爾幹擴張的可能性，而巴爾幹政策向來被哈布斯堡帝國認定是重振帝國雄風的最後機會，因而親俄反奧的塞王國成了哈布斯堡帝國巴爾幹之夢的最大障礙。再加上此一時期俄羅斯帝國煽動泛斯拉夫主義運動，鼓吹所有斯拉夫人應團結在斯拉夫世界最大的國家俄羅斯帝國的領導之下，才能永遠擺脫其他民族的奴役，塞爾維亞王國作為俄帝在巴爾幹地區最佳代言人，首先當然亟欲完成所有南斯拉夫民族的統一。此種泛斯拉夫主義的風潮，毫無疑問地對境內南斯拉夫各族人口眾多的奧帝國構成了致命的威脅。

至於在內部方面，由於哈布斯堡帝國的南部，尤其是緊臨塞爾維亞王國的邊境地區，從多瑙河及其支流薩瓦河 (Save) 及德拉瓦河 (Drau) 地帶 ， 一直延伸到奧匈占領地波士尼亞－赫塞哥維

那，聚居著超過七百萬包括斯洛文尼亞人、克羅埃西亞人、塞爾維亞人及波士尼亞克人等各支南斯拉夫民族，面對帝國境外塞王國不斷地訴求南斯拉夫民族主義的情形下，帝國境內的南斯拉夫各族頗受其鼓舞。此種帝國境內及境外的南斯拉夫民族主義洪峰的可能合流狀態下，哈布斯堡帝國的南部地帶愈來愈具高度不穩定性，甚而嚴重威脅到哈布斯堡帝國的存續。

　　儘管塞爾維亞王國所代表的南斯拉夫民族統一象徵，對哈布斯堡帝國內外部的穩定所帶來的威脅是如此之大，然則奧匈帝國卻不思如何善用既有的籌碼，反而一再地自毀長城，最終竟使塞爾維亞夢魘成真。窮本溯源，實與奧匈帝國從二十世紀初以來，針對境內的南斯拉夫族群政策及境外的塞爾維亞政策中，所犯下的兩項致命失策息息相關，此即是對匈王國的反克羅埃西亞政策的置之不理，以及所謂「豬戰爭」（Der Schweinekrieg）所帶來的衝擊。

七、奧皇對匈王國反克羅埃西亞的忽視

　　首先就匈王國打壓克羅埃西亞人而言，前曾提及，由於馬札爾人對「萊塔河彼岸」匈王國境內的非馬札爾民族一律採行「馬札爾化」政策，導致各民族高度不滿，其中尤以克羅埃西亞人反彈最烈，係因先前在 1868 年時馬札爾人對匈王國境內的克羅埃西亞民族曾給予其類似奧匈妥協的匈克妥協之安排，使得克人得到某種程度的自治權，其民族地位堪稱匈牙利王國中之最佳者。然而至 1903 年時，馬札爾人悍然剝奪了克人的自治權限，改採嚴屬

的馬札爾化政策。

　　克羅埃西亞人在抗議無效之餘，轉而向兼任匈王的奧皇法蘭茨·約瑟夫一世求助，然而向來受匈王國予取予求的法蘭茨·約瑟夫一世，以不干涉匈王國內部事務為由而斷然拒絕克人之要求。此舉令克羅埃西亞人群情憤慨，係因相對於帝國其他斯拉夫民族對中央所抱持的敵意而言，克人向來較效忠於哈布斯堡帝國，此由先前革命事件克人始終站在帝國中央一方可為佐證。而且克羅埃西亞人對於塞爾維亞人所主導的大塞爾維亞或南斯拉夫主義，明顯抱持著較為疏離的態度。

　　然則法蘭茨·約瑟夫一世的坐視馬札爾人對克人的打壓，使得克羅埃西亞人在悲憤絕望之餘，轉而改採與塞爾維亞人合作之策。1905 年，奧匈帝國境內的克人與塞人聯手向帝國中央施壓要求改組為聯邦國體，訴求應由包括塞爾維亞人、克羅埃西亞人及斯洛文尼亞人所合組的南斯拉夫，作為聯邦一員而享有高度自治權利。此項要求不啻使哈布斯堡帝國原尚處於蟄伏的各支南斯拉夫民族問題驟然浮上檯面，其間並在境外塞爾維亞王國的不斷煽惑挑撥之下，使得帝國南疆的穩定性頓時遭到嚴重的挑戰。

八、豬戰爭的爆發及後果

　　至於就「豬戰爭」事件而論，尤凸顯了哈布斯堡帝國昧於運用塞爾維亞王國對自身的貿易依存度，從而加以反制的利基。長期以來，來自奧地利的工業製品占塞爾維亞進口總值高達六成以上，同樣的以豬肉為大宗的來自塞爾維亞的各類農產品，亦以奧

匈帝國為最重要的出口市場，可說兩國間存在著高度的貿易依存度，一般而言，商業貿易關係愈是緊密，戰爭發生的可能性當然愈低。然而受制於國內政局黨同伐異及工商業界意見相左之故，奧匈帝國從 1906 年開始逐步調高來自塞王國的進口商品關稅，塞王國遂同樣採取對奧匈商品課徵重稅的以牙還牙手段，使得兩國貿易戰正式開打。

　　然而這場從 1906 至 1910 年歷時達五年之久的所謂「豬戰爭」，最後證明對哈布斯堡帝國是得不償失，係因塞爾維亞固然受創甚慘，然隨透過保加利亞及其他巴爾幹地區市場的開拓而脫困，但對奧匈帝國而言，此舉卻無異自掘牆腳，豬戰爭的開打實無異襄助塞爾維亞王國解除了對奧匈帝國的貿易依賴，使其後續時日在強化對奧匈境內南斯拉夫各族群的煽惑，更加肆無忌憚，使得哈布斯堡帝國的南疆地帶頓陷危如累卵之局。

九、奧匈帝國併吞波─赫及巴爾幹危機的出現

　　為了因應塞爾維亞王國所鼓動的南斯拉夫主義浪潮，以及塞王國作為俄帝泛斯拉夫主義在巴爾幹的代理人所帶來的威脅，法蘭茨‧約瑟夫一世在皇儲法蘭茨‧腓迪南及奧匈帝國新任外長埃倫塔爾伯爵（Alois Graf Lexa von Ärenthal，1854–1912 年）的影響下，決心採行先發制人手段，遂在 1908 年吞併了自 1878 年以來一直處於奧匈帝國占領狀態的波士尼亞─赫塞哥維那。此項行動對哈布斯堡帝國而言，或許是在塞爾維亞及俄羅斯外部壓力下的一項預防及自保之舉，卻幾乎釀成引爆大戰的一場國際危機。

歐洲各列強普遍不滿哈布斯堡帝國破壞了當初柏林會議所明載的，奧匈帝國對波一赫只有占領而非合併權。塞爾維亞及俄羅斯反彈尤其激烈，然而由於俄盟友法國無意為巴爾幹事務而捲入戰爭，再加上俄實力尚未從日俄戰爭的敗戰中回復，以及更為重要者，在德意志第二帝國不惜開戰以全力支持奧匈帝國的狀態下，終使俄羅斯帝國在最後一刻退卻，塞爾維亞遂因後盾盡失而被迫接受奧匈帝國吞併波一赫的既成事實。

就表面看來，奧匈帝國似乎在此事件中大獲全勝，實則在其國勢外強中乾的情況下，其行動只能以魯莽稱之，若非德意志第二帝國不問其餘的鼎力相挺，哈布斯堡帝國恐將在與俄、塞的軍事衝突中付出慘重代價。然則此一事件亦清楚揭示出，奧匈帝國的對外政策只能愈來愈倚賴德意志第二帝國的支持，方有成事之可能，此亦不啻說明奧匈帝國對外已幾乎受制於德意志第二帝國，從而失卻其外交自主權。

十、奧皇儲的遇刺及一戰的爆發

其後塞爾維亞王國在經過 1912 至 1913 年的兩次巴爾幹戰爭中，藉由合縱聯合之策而成功奪取了大片南斯拉夫族群的土地之後，遂建構起其大南斯拉夫民族國家的野心，全面指向最後一塊未解放的南斯拉夫人的土地，也就是尚處於奧匈帝國所統轄的各支南斯拉夫民族群集之地。

面對塞王國已逐步膨脹成為巴爾幹一方強權的現況，哈布斯堡帝國似乎已別無選擇，終究只能與塞爾維亞一戰，係因塞王國

的存在已嚴重削弱哈布斯堡帝國在中東歐及東南歐地區的威望。

　　雙方軍事衝突既已無由可免，戰爭的爆發僅是時間早晚的問題而已，時至 1914 年 6 月 28 日，當奧皇儲法蘭茨‧腓迪南偕皇太妃巡視波士尼亞－赫塞哥維那首府薩拉耶佛 (Sarajewo) 之際，旋被當地塞爾維亞人視為是對塞爾維亞民族的傳統領域的一項挑釁之舉，果然不旋踵間皇儲夫婦橫遭一名波士尼亞塞裔的大塞爾維亞主義者普林西普（Gavrilo Princip，1894–1918 年）所刺殺，一個月之後一戰終於全面爆發。

第四節　世紀之交哈布斯堡帝國的社經藝文盛況

　　與奧匈帝國政壇因深陷民族鬥爭而幾乎癱瘓的情形截然有異的是，此時期帝國的經、社、教、文等各方面的發展則展現欣欣向榮之態，主因在於當各支民族在政壇上做激烈政治及民族鬥爭之際，為了證明自身族群具有不遜於他族的優異性，因而積極提升自身族群在經濟、社會、教育及文化等各層面的水準。於是在此種競爭之下，不意間卻也大幅提升了奧匈帝國境內各地的文明程度。

一、世紀之交奧匈帝國經濟社會的榮景

　　約在 1900 年前後之期，奧匈帝國的經濟形勢呈現著高度發展的狀態，機械工業、汽車工業、紡織工業等在此一時期皆成長快速，使得帝國境內各地的生活水準增長可觀。人口群集的各工商

業大城，諸如維也納、布達佩斯、克拉科夫，以及包括布拉格及布爾諾在內的波希米亞各大城市，市容百業及民生消費力皆呈現著蓬勃繁興的景象，尤其是帝國境內人口最多及產值最高的兩大要城維也納及布拉格，幾與中西歐的各大城市生活水準不相上下。奧匈帝國經濟高度發展的驅動力，無可否認地與大量來自德意志第二帝國的投資，以及奧匈妥協之後所產生的內部關稅壁壘的卸除息息相關。由於德奧政軍同盟在十九世紀末葉的逐步成形，因而重要的德意志第二帝國產業集團投入大筆資金於奧匈帝國的基礎建設上，配合奧匈帝國境內因關稅盡除而形成的多瑙經濟圈，使得奧匈境內各地經濟情勢都得到了長足的發展。再加上帝國政府為了施政順利而不斷地與帝國各民族黨派及利益團體進行利益交換，從而使得資金得以流入各黨派及利益團體掌控的相關產業之中，諸如上述種種因素的刺激下，因而促進了奧匈帝國在世紀之交的這一波經濟榮景。

二、奧匈帝國的各族教育事業的推動

　　奧匈帝國的教育事業同樣也因激烈的政治鬥爭而愈趨普及化，由於各支民族的代表皆視能文識字的自身族群數量的大幅增加，將可增強向帝國政府爭取自身族群權益及進行族群抗爭時的強力後盾，從而使各支族群的教育事業在這段過程中，得到了長足的發展。例如布拉格的卡爾大學在此一時期即因德捷民族鬥爭之故，正式分家為德語卡爾大學及捷克語卡爾大學，在此一時期雙方皆培養出大量優異的人材。同時波希米亞德意志與捷克的中

小學教育體系，亦在兩族群的高度競爭及資金的大筆投入下，廣
納了眾多底層學生，很難想像若無激烈的德捷民族鬥爭，這類群
集於波希米亞山區及鄉間的基層草根人民能夠有機會出頭天，這
亦是奧帝國境內民族鬥爭下一項出乎意料之外的正向發展。

　　至於波蘭人所群集的加利西亞，教育事業亦在波蘭人欲積極
維繫並強化自身族群特性而快速發展，克拉科夫及冷貝格／勒沃
夫大學在此一時期發展成為奧境波蘭人的文化重鎮。如奧匈帝國內
的其餘民族如斯洛文尼亞及義大利人等，亦有著類似的發展軌跡。

三、世紀末維也納的文化盛況及成就

　　值得一提的是，1900 年前後之期的哈布斯堡帝都維也納，可
謂是全歐文化最燦爛及引領時尚的大都會，除了維也納向來引以
為傲的音樂傳統之外，包括建築、繪畫、文學、哲學及心理學等
皆取得史無前例的成就。處於「世紀末」(fin de siècle) 維也納的
這一段被稱為「維也納近代風」(Wiener Moderne) 的這段時期，
藝文知識的創作不再崇尚描繪外在形貌的寫實及自然主義，轉而
以探索及挖掘內心世界的象徵主義 (Symbolismus) 及表現主義
(Expressionismus) 為主流，流風所及，廣及於建築、繪畫、文學、
音樂及心理學等各個藝文知識領域之中。創立於 1860 年，位於維
也納內城區費爾斯特爾宮 (Palais Ferstel) 的中央咖啡館 (Café
Central)，此時成為藝文思想花朵綻放的園地，各領域之名家大師
幾乎皆以中央咖啡館為其創作靈感及高談暢論之所，著名的維也
納猶太裔作家阿爾滕貝格（Peter Altenberg，1859–1919 年）即幾

乎鎮日以中央咖啡館為其汲取文思泉湧之所，他留下了一段膾炙人口的名言：「我若非在咖啡館，就是在前往咖啡館的路上」，充分見證了此一時期維也納藝文氣息之盛。

除了維也納之外，奧帝國波希米亞首府布拉格在世紀末之期，亦大舉綻放其卓越藝文成就，才俊秀異之士輩出，紛紛展露不凡才華於其作品之中，使得布拉格躋身哈布斯堡帝國境內僅次於維也納的藝文之都的地位。

在世紀末之期的維也納及布拉格的文化盛世中，猶太裔的知識分子尤扮演了關鍵性角色，他們在各領域皆展其驚世非凡的成就，甚而引領當世之風騷，不難看出即使在此一時期中，哈布斯堡帝國的猶太人橫遭反猶主義浪潮的衝擊，依然視自身為忠貞的哈布斯堡帝國公民，並以帝國為安身立命之所。

1.建　築

就建築的領域而論，從十九世紀中期一直到世紀之交，這段時期在歐洲建築藝術史的發展歷程，正是由歷史主義 (Historismus/Historism) 走向當代功能建築的過渡階段，維也納尤其匯集了歷史主義時期各類大型建築物於一身，而展其絕代風華之姿。

(1)歷史主義時期及維也納分離派的風格

歷史主義時期的建築特色，是集歐洲歷史上各個時期的建築風格而於十九世紀下半期的重現與再詮釋，因此舉凡羅馬式、哥德式、文藝復興式、巴洛克式暨洛可可式，以及古典主義式建築，在此一時期皆能兼容並蓄地各自展其獨特風華於維也納城中。前

曾提及的維也納市區最優美的「環城大道」，尤為展現歷史主義時
期建築的代表地區，在一系列知名建築大師諸如馮‧費爾斯特爾
（Heinrich Freiherr von Ferstel，1828–1883 年）、森派爾
（Gottfried Semper，1803–1879 年）、馮‧哈森瑙爾（Carl
Freiherr von Hasenauer，1833–1894 年）、馮‧韓森（Theophil
Edvard Freiherr von Hansen，1813–1891 年）及馮‧史密特
（Friedrich Freiherr von Schmidt，1825–1891 年）等名家的各展長
材之下，環城大道兩側的華美建物包括新古典主義風格的國會大
廈 (Parlamentsgebäude)、新哥德式型式的市政廳 (Rathaus)、新文
藝復興式特色的維也納大學主樓大廳 (Hauptgebäude der
Universität Wien) 及證券交易所大樓 (Börsengebäude)，以及新巴
洛克式風濃厚的雙元帝國自然史藝術史宮廷博物館 (K.K.
Naturhistorisches Hof-Museum) 及城堡劇場，莫不展其獨特華麗風
格而彼此爭奇鬥艷，維也納建築藝術之美可見一端，時至今日餘
風猶存。

到了 1890 年代之期，維也納的建築風格逐步發生轉變，受到
新藝術 (Art Nouveau) 運動的影響，「維也納分離派」 (Wiener
Secession)❶的新型藝術團體在克林姆的號召下出現，此種理念亦

---

❶ 起源於法蘭西的「新藝術運動」，主要是以自然界的植物或花卉的外型
　為創作靈感，再加入藝術家自身風格所形成的一種新型藝術，該運動
　大約盛行於 1890 至 1910 年之間，當然其流風所及，有些國家或地區
　甚至延續至 1920 至 1930 年代左右。這項新藝術運動傳播至全歐各國
　之後有著不同的名稱，在奧匈帝國被稱為「維也納分離派」，在德意志

圖 34：維也納地鐵車站候車亭

波及至建築領域方面，鄂圖‧華格納（Otto Wagner，1841–1918
年）即屬維也納分離派的建築大師之一。華格納係屬從歷史主義
轉向維也納分離派理念的關鍵人物，截然相異於其 1880 年代尚
帶有濃厚古典風格的歷史主義時期建築作品，從 1894 年開始他
所興建的一系列新式建築物，包括維也納地鐵車站候車亭
(Wiener　　Stadtbahnhofpavillons) 及 郵 局 儲 蓄 銀 行 大 廈
(Postsparkassengebäude) 等，皆凸顯濃厚的個人風格，較少受到傳
統學院派的理念所規範。

第二帝國則被稱為「青年風」(Jugenstil)，在義大利王國被稱作「自由
風」 (stile Liberty) ，至於在西班牙王國則被稱為 「近代主義者」
(Modernista)。

⑵現代主義建築的初現：婁斯之家

　　時至二十世紀之初時，當維也納建築風格仍處於維也納分離派全面籠罩之期，現代主義的建築式樣在此際已悄然浮現，此種建築的特色強調功能實用為主，不僅不再以裝飾典雅為尚，甚至連訴求個人風格為重的維也納分離派亦不為其所接受，開啟維也納現代建築之始的代表性建築大師毫無疑問地是婁斯　（Adolf Loos，1870–1933 年）。

　　婁斯係出身自摩拉維亞的布爾諾，1896 年遷至維也納，旋即展開其建築生涯。婁斯對於當時盛行的「新藝術」，即依循德式「青年風」(Jugenstil) 及奧式「維也納分離派」理念下所建造的建築風格甚表不滿，認為這類建築體本身仍帶有建築師依個人喜好而置入的植物或花卉圖形的簡潔裝飾風格於其間，並不符合其心

圖 35：婁斯之家

目中以功能實用及造價實惠的新型建築物的理念。因此在其堅持下，遂有「婁斯之家」(Looshaus) 的興築。該建築物位於維也納的哈布斯堡帝國皇宮 「宮殿堡」 所在的米歇埃勒廣場 (Michaelerplatz) 上，與宮殿堡宮正面相望。由於婁斯之家外型的完全不事鋪陳，尤其傳統上被高度重視的窗戶外緣毫無任何裝飾，使其佇立於以宮殿堡宮為首的傳統巴洛克及古典風極其濃厚的米歇埃勒廣場上，格外顯得突兀及格格不入之感，致而引發當時奧地利甚至全歐建築業界極大爭議，據說奧皇法蘭茨‧約瑟夫一世憎惡於該建物醜陋之餘，誓言終其餘生其目光絕不再投向米歇埃勒廣場對面的婁斯之家。

2.繪　畫

(1)克林姆

在繪畫方面，此際最盛行的畫風係象徵主義派及表現主義派。克林姆（Gustav Klimt，1862–1918 年）為維也納象徵主義風格的代表人物，他在 1897 年創立了 「維也納分離派」，擺脫傳統學院派的種種創作規範，從而展現個人的風格，克林姆所主導的維也納分離派的出現，對維也納文化圈聲名的遠播，扮演十足關鍵性角色。

克林姆的繪畫風格喜以大量的裝飾花紋作為象徵的意涵，女性尤其是他的畫作中所鍾愛的對象，並擅長於將人世間的愛情、肉慾、生命及死亡的輪迴，透過其豐富的用色——特別是以大量的金箔作底而鮮明地勾勒出來，其最知名的代表畫作為《哲學》(*Philosophie*)、《接吻》(*Der Kuss*)，以及《艾狄兒‧布洛赫‧鮑爾

圖 36：克林姆《艾狄兒‧布洛赫‧鮑爾之肖像一號》

之肖像一號》（*Adele Bloch-Bauer I*，又被簡稱為《金色艾狄兒》
Goldene Adele），後者尤其是名揚全球之作，向有「奧地利的蒙娜
麗莎」之美譽，此畫是克林姆於 1907 年為維也納猶太裔糖業大亨
之女所繪，時至今日成為全球十大最貴名畫之列，2015 年上映的
電影「名畫的控訴」(Woman in Gold) 即是描繪《艾狄兒‧布洛
赫‧鮑爾之肖像一號》創作之際的故事背景。

⑵寇克西卡

　　表現主義畫風的另一代表人物則為寇克西卡 （Oskar

Kokoschka，1886–1980 年），作品帶有強烈的魔幻色彩，觀之猶如置身幻覺世界之中，其最知名的畫作為《風的新娘》(*Die Windsbraut*)，係獻給其一世鍾愛的才女音樂家，即作曲家馬勒的遺孀阿爾瑪‧馬勒（Alma Mahler，1879–1964 年）。

⑶慕　夏

　　至於出身於波希米亞，成名於法京巴黎，並自 1910 年後定居波希米亞首府布拉格的猶太裔畫家慕夏（Alfons Maria Mucha，1860–1939 年），亦是新藝術運動影響下的畫家。慕夏在其作品中，將其濃厚的個人風格藉由大量花卉及光線環身的女性而凸顯出來，其成名代表作《吉斯蒙達》(*Gismonda*)，係為當時最火紅的巴黎新年歌舞劇而繪的宣傳海報，慕夏的強烈個人風格表露無遺。亦由於這幅作品深獲全歐藝術界所高度肯定及頌讚，奧皇法蘭茨‧約瑟夫一世也在高度推崇慕夏卓越成就之餘，正式授予其騎士頭銜，敕封其貴族身分。

3.文　學

⑴巴　爾

　　在文學方面，世紀之交的奧匈帝國文學界正是進入現代文學的重要發展階段，巴爾（Hermann Bahr，1863–1934 年）首先扮演著承先啟後者的角色。巴爾出身奧境西部的林茲，自 1890 年之後則以維也納為其創作重心，他身兼作家、劇作家及文學批評者於一身，將奧地利文學視野由自然主義帶向現代風格，此即文學上的表現主義。他的作品重視內心情感世界的表達，尤其是表達恐懼的情感，反對僅只有針對故事人物外在形式的描繪。1890

年，他糾集了在維也納的許多志同道合的文學創作者，從而推動
了一項「青年維也納」(Jung-Wien) 的文學創作暨批判運動，大力
推動新型的現代文學。巴爾出版於 1891 年的《對自然主義的克
服》(*Die Überwindung des Naturalismus*) 一書，係其多年以來批判
自然主義形式的諸多篇章的合輯之作，亦代表其文學創作的核心
理念。

⑵卡夫卡

　　文學的表現主義風格尤其在卡夫卡 (Franz Kafka，1883–1924
年) 的作品中表現的更為鮮明，卡夫卡係出身布拉格的猶太裔作
家，他成長於當時波希米亞的激烈德捷民族鬥爭的環境之中，德
捷民族在彼此敵視之餘，更是不約而同地歧視並排斥猶太人，處
於此種敵意環伺的日常氛圍之下，卡夫卡感受至深，並流露於其
作品之中。卡夫卡的代表作《變形記》(*Die Verwandlung*)、《審
判》(*Der Prozess*) 及《城堡》(*Das Schloss*) 等，常以故事角色的
突如其來的轉變作為其描繪風格，在其筆下，鮮明地彰顯出現實
生活中人們的疏離、異化與隔閡，並深刻表現個人內心深處的諸
多陰暗面，包括陰謀算計及殘暴血腥等面向，即令親屬之間亦不
可免。卡夫卡被當代文學評論家普遍推崇為二十世紀文學家中影
響最為深遠的一位，其對當代文學面貌的形塑可謂扮演著舉足輕
重的角色。

⑶里爾克

　　同樣亦成長於世紀末維也納象徵主義及印象主義之風氛圍濃
厚中的詩人里爾克，亦屬對後世文學界影響深遠的大師級人物。

里爾克（Rainer Maria Rilke，1875-1926 年）亦出身布拉格，早期係屬布拉格三大詩文派系之一員。里爾克善於使用隱喻及象徵的手法來表達其情感世界，其詩作內容觸及飄泊、疾病、死亡，亦有愛情與命運等主題，至晚年則凸顯著濃厚的孤獨風格。里爾克被推崇為當代歐洲最偉大的三大詩人之一，其詩作對後世思潮影響之深遠，甚至影響至後來存在主義的興起。

⑷馮・霍夫曼斯塔

　　屬於此一時期嶄露頭角的新銳作家尚有猶太裔小說家、劇作家暨詩人馮・霍夫曼斯塔 （Hugo von Hofmannsthal， 1874-1929年），馮・霍夫曼斯塔出生於維也納，係屬世紀末德語作家及維也納近代風的重要推手，文學上的表現主義風格在其作品之中清晰可尋。他甫出道之際，即以十六至十七歲之齡而展其卓越高超的駕馭文字之功力，將孤寂、生命、死亡等人生歷程，在其詩作之中刻劃的入木三分，其所展現的才華洋溢，在當時的德語文藝世界之中可謂奇葩，其早期的詩作〈生命〉(*Leben*) 充分展現其文字運用之魔力。其後他的創作重心轉向劇作，尤以虔誠的基督教信仰為主要內容，1911 年所完成的 〈每一個人〉(*Jedermann*) 即為代表作，這部劇作後來成為薩爾茲堡音樂節固定上演的劇目之一。馮・霍夫曼斯塔是一位忠於哈布斯堡帝國的文人，他視哈布斯堡帝國的存在為最大的福祉，甚至其後為了捍衛其威望及存續而不惜支持奧匈帝國對塞爾維亞王國宣戰，忠實反映當時奧境猶太裔公民對哈布斯堡帝國的忠誠。

⑸徐尼茨勒

此外,奧地利世紀末的另一位重要的文人係猶裔小說兼劇作家徐尼茨勒(Arthur Schnitzler,1862–1931 年),徐尼茨勒的小說與劇作同樣彰顯出世紀之交反對自然主義的「維也納近代風」的特色,他善於描繪個人的心理狀態,同時亦勤於勾勒出社會如何形塑出一個人的外在及內心世界的形貌,涉及的議題則集中於性愛、離婚、緋聞及死亡等,因而常引發極大爭議,其前期的著作諸如 《安德雷亞斯‧塔邁亞的最後信件》 (*Andreas Thameyers letzter Brief*)、《陌生人》(*Die Fremde*) 及《馮‧萊森伯格次男爵的宿命》(*Das Schicksal Freiherr von Leisenbohg*) 皆呈現如此風格。

⑹克勞斯

出身於波希米亞,後遷居奧京維也納的克勞斯(Karl Kraus,1874–1936 年),亦屬世紀之交維也納的一位代表性猶太裔作家,由其所創刊並發行的時事週刊《火炬》(*Die Fackel*),聚焦於維也納社會中陰暗面的描繪,透過其深刻直白的筆鋒,揭露了此一時期奧京在檯面下諸多黑暗的醜聞,對於當世維也納社會的真實面貌的呈現,提供了鞭辟入裡的觀察。

4.音 樂

⑴布魯克納

在音樂作曲方面,世紀之交的哈布斯堡帝國最具代表性的音樂大師有二︰布魯克納及馬勒。布魯克納 (Anton Bruckner,1824–1896 年) 為後期浪漫樂派的奧地利作曲家,其作品以交響曲及彌撒曲為大宗,其交響曲以深具豐富音響結構、多重的復調

特性，以及龐大的結構而著稱。他喜以不和諧音的運用、突如其
來的轉調及連綿不絕的和聲來表現，對於後世的音樂激進主義風
格造成了極為深遠的影響。曾有音樂家形容布魯克納的音樂風格
是率直卻不簡易、感受入裡卻不陷憐傷、繁複卻不事雕琢、啟人
深思卻無須過度思索。布魯克納對奧皇室中央甚為憧憬，其代表
作《第八號交響曲》(*8. Sinfonie c-moll*) 就是獻給哈布斯堡帝國皇
帝法蘭茨‧約瑟夫一世的作品。

　⑵馬　勒

　　布魯克納的學生兼益友的猶太裔作曲家及歌劇指揮家馬勒
（Gustav Mahler，1860–1911 年），同樣屬於世紀之交的奧地利音
樂大師，他同時也是後期浪漫樂派的最後一位大師級人物。作為
德奧傳統調性音樂及現代無調性音樂的過渡期作曲家的馬勒，出
身波希米亞，樂風深切刻劃他內心多重變化的情感，包括生命存
在、愛戀情懷、死亡終結，以及大自然界的各種意義，其代表作
《第八號交響樂》(*8. Sinfonie Es-Dur*) 以千人演奏及演唱的型式而
享譽當時樂界，內容一如其所言，交響樂一如所處世界般涵蓋世
間一切事物及其變化。

5.心理學的巨擘：佛洛伊德

　　知識領域的創新與建構，尤為此際維也納博得「歐洲藝文京
都」或「二十世紀首都」(Hauptstadt des zwanzigsten Jahrhunderts)
美名之所由。尤其是心理學的不世出大師佛洛伊德 （Sigmund
Freud，1856–1939 年），實為心理學科的時代巨擘。

　　猶太裔佛洛伊德係當代心理學及精神分析學的建構者，他先

後出版於 1900 年的《夢的解析》(*Die Traumdeutung*) 及 1904 年的
《日常生活中的心理病理學》(*Zur Psychopathologie des
Alltagslebens*) 中，首度提出了「潛意識」(Unbewussten/
unconscious) 對人類思維及行為模式所產生的關鍵作用，以及非
理性因子對人類行為的影響。他將一個人的內在分為三部分：「本
我」(Es/id)、「自我」(Ich/ego)，以及「超我」(Über-Ich/super-
ego)。「本我」是指人的原始慾望，例如飢餓及性衝動等，係潛意
識的一部分，它驅迫個人採取行動以獲得滿足，然而個人在與外
在世界接觸並受其制約之後而發展出內在心靈的另一部分，即「自
我」與「超我」。「自我」即是指個人的理性，「超我」則意謂社會
團體中所發展出的社會良知、道德及價值觀等等，兩者的功能在
於壓抑並控制個人的慾望──「本我」不受拘束的驅動力。三者
之間的合宜調適及配合，則代表一個身心健全者的舉止，反之，
若自我及超我的力量未能成功調合本我，則將使潛意識的原始驅
動力再度湧現，但因受外界制約而成為被壓抑的因子，遂成為睡
夢中以脫韁野馬及奇特怪異的型式而呈現，如此反覆不絕，最後
成為行為反常者的根源。

　　佛洛伊德上述的論點建構了其後來精神分析學的理論基礎，
並對後來心理學的發展烙下了革命性的影響。

第 Ⅴ 篇

奧地利現代時期
（1918 年迄今）

第十四章 | *Chapter 14*

奧匈帝國解體及戰間期 奧地利的發展

第一節　一戰的經過及哈布斯堡帝國的覆亡

　　當皇儲法蘭茨・斐迪南橫遭境內波士尼亞的大塞爾維亞民族主義者所刺殺後，對於哈布斯堡帝國中央而言，已成騎虎之局的情勢，迫令其別無選擇地只能採取對塞爾維亞王國宣戰之策。

一、奧匈帝國對塞爾維亞王國宣戰

　　儘管迄今並無明確證據顯示，兇手係出自境外塞爾維亞王國的指使，然而透過過去十數年間塞爾維亞王國不斷鼓動大塞爾維亞暨南斯拉夫主義的風潮，對帝國境內南斯拉夫各族所造成的煽惑效應，從而使得哈布斯堡帝國南疆的形勢與日俱危。面對短短十數年間從一介蕞爾小邦快速竄升至巴爾幹區域強權的塞爾維亞王國，並嚴重威脅到奧匈帝國的存續，法蘭茨・約瑟夫一世因而被迫須採行強硬手段，俾制裁這個「斯拉夫病灶」。

就奧匈帝國中央而言，對塞開戰實負有內外三重的目標：對內方面，一是重振哈布斯堡皇室的尊嚴及威望，再則就是對帝國境內蠢蠢欲動的「南斯拉夫分離主義者」的一記「殺雞儆猴」警示。至於對外方面，則是迫令德意志第二帝國皇帝威廉二世兌現其先前所一再承諾的，義無反顧地支持哈布斯堡帝國在巴爾幹的一切行動，意即迫其必須在已給予奧匈帝國的「空白支票」上簽字。

然而奧匈帝國在 1914 年 6 月 28 日對塞爾維亞王國的宣戰之舉，卻產生了牽一髮而動全身的效應，德意志第二帝國信守其諾言而傾力支持奧匈帝國的開戰，其他歐洲列強卻亦基於自身利害而紛紛加入戰局，時至該年 8 月初，全歐各主要國家皆已參戰，於是整個歐洲遂二分為以德奧同盟國及英法俄協約國為主的兩大陣營的敵對交戰之局，一戰終於爆發。

哈布斯堡帝國雖有著不得不然之因而向塞王國宣戰，然而選擇開戰實亦無異是一項自我了斷之舉。事實上，各國有識之士對奧匈帝國的外強中乾之態早已有所認識，甚至連奧匈帝國內部高層，包括皇帝法蘭茨・約瑟夫一世，以及橫遭刺殺的皇儲法蘭茨・腓迪南對此都了然於胸。皇儲先前即基於帝國體質的孱弱，曾一再力主對內先行緩解各民族敵對態勢及撤消馬札爾人的優勢地位，對外則與俄羅斯帝國達成某種程度的諒解。然而奧皇儲於薩拉耶佛的遭刺，使得一切試圖先安內再攘外的努力盡付東流，哈布斯堡帝國在面對境內外大塞爾維亞暨南斯拉夫民族主義勢力可能合流，並進而裂解奧匈帝國的嚴峻威脅下，為了捍衛數百年以來始終屹立不搖的哈布斯堡王朝的威望，以及帝國僅存的最後尊

嚴，終於被迫跨出了這即將帶來致命災難的一步。

二、淪為德意志第二帝國從屬的奧匈帝國

　　戰爭爆發之初，先前長期陷於民族鬥爭下所導致的帝國體質屢弱的缺陷，果然盡露無遺，落後的軍事配備及武器、缺乏新式戰技的訓練，以及雜亂無章的指揮通訊及後勤系統，導致奧匈帝國軍隊甫一交戰，即付出極為慘重的代價。

　　進軍塞爾維亞王國的軍事行動發起未久，旋遭致敗績，受創最鉅者尤在奧屬波蘭的加利西亞戰場的與俄軍交鋒上，奧匈軍隊在不諳新式戰法及落後武器的配備下，慘遭俄軍血洗屠戮，倖存餘生者如捷克及魯特尼亞裔士兵則成群向俄投降，奧匈軍隊簡直潰不成軍，一路敗退至喀爾巴阡山一線，直至 1914 年 12 月，在德軍穩住其東線的普魯士至德屬波蘭的戰線、並進而大舉越境支援奧匈軍隊之後，才終於擋住俄軍攻勢並穩定戰線。

　　然而奧匈帝國軍隊實力在戰爭爆發僅僅兩三個月之間，即損失了總數高達五分之四的帝國步兵師及超過一半以上的軍官，傷亡總數幾達百萬之譜。至 1914 年年底，奧匈軍隊幾已無戰力完整的部隊，即令新徵召入伍者，在惡劣整訓體系的條件下，亦難堪一戰。若非德軍在後續年代中的一再增援，奧匈軍隊不僅無力再進行任何軍事行動，甚至恐早已全面瓦解。

三、德意志第二帝國對奧匈帝國的全面掌控

　　奧匈軍隊在愈來愈依賴德意志第二帝國部隊的大力增援，戰

局才能有所進展。從 1915 年開始至 1918 年的四年多之期，德奧
同盟國逐步取得一系列的軍事大捷，先後取得了占領塞爾維亞、
席捲巴爾幹、深入俄羅斯，以及重創義大利等等輝煌戰果。就表
面上看來，哈布斯堡帝國似乎一舉重振往日雄風，然而實質上這
一切皆在德意志第二帝國軍力的投入才有可能。這段時期奧匈帝
國與德意志第二帝國，在名義上雖以「中歐強權」(Mittelmächte)
的同盟之名而並肩作戰，實則所有軍事行動的策劃，以及占領地
區軍政事務的安排，皆由德意志第二帝國軍方單方面所決定，奧
匈帝國軍方可以說連協商諮詢的角色都不具備，充其量只是作為
一具橡皮圖章，此種情形下，若言奧匈帝國淪為德意志第二帝國
的衛星國度，實亦不為過也。

　　面對奧匈帝國的政軍大政深陷於德意志第二帝國所操控，以
及帝國因戰事的曠日廢時而導致經濟近乎崩解的形勢，法蘭茨‧
約瑟夫一世頗希望能與協約國休戰談和 。 於是自 1915 年底至
1916 年底 ， 他不斷向盟友德意志第二帝國及協約國呼籲終止戰
爭，尋求一個兼顧各方尊嚴及平等的和約。然則此種訴求在整體
戰局看似對德意志第二帝國有利，並因而提出索價甚高的和平條
約的條件下，自然不為協約國所接受，使得奧匈帝國的處境愈形
艱困。從中亦可清楚看出，法蘭茨‧約瑟夫一世統治下的帝國已
無能力再掌控自身命運，只能聽任德意志第二帝國的意志而行，
於是奧匈帝國的最終命運，也就完全被鎖進德意志第二帝國之中
而與之俱榮俱毀。

四、法蘭茨・約瑟夫一世的過世

　　時至 1916 年 11 月 21 日，法蘭茨・約瑟夫一世駕崩，結束了其超過半個世紀之久的執政歲月，即令在其長期的統治年代中，哈布斯堡帝國已處於持續的中衰傾頹之中，卻終能在多元民族的臣民心中保有其基本的皇帝威望。然而帝位繼承人，即法蘭茨・約瑟夫一世的長侄卡爾一世（Karl I.，1887–1922 年，帝 1916–1919 年，流亡 1919–1922 年）即位之後，卻連維繫帝國共同向心力的條件都不具備，帝國內部形勢愈形動蕩不安，儘管卡爾一世試圖提高各民族的政治地位並釋放大量政治犯作為安撫手段，卻難以挽回帝國各民族離心離德的情勢，在各民族政治領袖的率領下，帝國各地民族實質上都已處於幾乎獨立的狀態，帝國中央只能坐視全境陷入各民族割據一方而無力置喙。

　　1917 年年中至年底間，奧匈帝國一度看似生機乍現，係因在東線戰場上德軍與奧匈部隊在一系列的戰役中重創俄軍，前鋒部隊大舉深入俄境，導致俄羅斯帝國在經濟崩潰下先後爆發「二月革命」與「十月革命」，新上臺的共產黨政府被迫在 1917 年 12 月正式向同盟國投降，簽署《布列斯特－里托夫斯克和約》(*Friedensvertrag von Brest-Litovsk*)，並付出鉅額戰費及政治代價之後，退出一戰戰局，至此中歐強權在歐陸東部取得全面性的勝利。義大利戰線亦大有斬獲，德奧聯軍在 1917 年 10 月間大破義軍，鋒銳深入義大利東北境，義軍實力大損下只能固守待援。即令捷報頻傳，然一如先前所言，東線及義大利戰場的軍事大捷，幾乎

端賴德軍一己之力而成，奧匈軍隊不過扮演著點綴的角色，對此不過再一次確認，哈布斯堡帝國作為德意志第二帝國的附庸地位而已。

五、奧匈帝國向協約國謀和的失敗

面對帝國內外部政經形勢的嚴峻，漸陷絕境的卡爾一世試圖與西方列強談和，他曾在 1917 年 3 月時，派出密使與法國進行密會，殊不料風聲在 1918 年 4 月時走漏，同盟國及協約國陣營皆為之譁然不已，此事對奧匈帝國尤是一記重擊，不僅卡爾一世顏面大損，甚至導致德意志第二帝國對差點暗中遭到盟友出賣而憤慨不已。於是在 1918 年 5 月時，在德意志第二帝國的脅迫下，卡爾一世被迫同意奧匈帝國政軍經社等所有方面，皆聽從德意志第二帝國的安排。

哈布斯堡王室向霍恩索倫王室的全面臣服，讓英法等西方列強清楚地看出，哈布斯堡帝國在未來已無繼續存在的必要性，認為歐陸心臟地帶無需繼續殘留一個凡事皆以德意志第二帝國馬首是瞻的附庸國度，乃開始擘劃未來從哈布斯堡帝國故土上，扶植一系列新興國家的可能性。

六、協約國的得勢及奧匈帝國的步向瓦解

時至 1918 年春之後，中歐同盟國的軍事優勢無法再行維繫，由於美國在 1917 年底的參戰，在大量兵員物資的支援下，使得戰局逐步逆轉。1918 年春季的德軍西線攻勢受阻於協約國優勢兵力

而終以失敗收場，南方的義境戰事亦敗績連連。軍事失利及經濟崩潰，使得帝國內部深陷絕望之境，各民族抗議事件充斥全境，全境上下無不希望儘速從戰爭泥淖中解脫。尤其在 1918 年年初美國總統威爾遜（Woodrow Wilson，1856–1924 年）提出十四點「民族自決」(Nationale Selbstbestimmung) 條款中，宣示支持包括奧匈帝國在內的諸民族擁有決定自身民族前途的自決權利，對哈布斯堡帝國境內尋求獨立的各支民族而言，產生了強烈鼓舞的作用，境內各民族紛紛以自身聚集區作為未來自身民族國家之所在，草擬擘劃即將獨立建國的事宜。

深陷絕望之境的卡爾一世仍試圖作最後一搏，1918 年 10 月中旬，他公布了《多元民族宣言》(Völkermanifest)，計畫將奧匈帝國改組成為一個多民族聯邦國家。然而帝國內部諸民族及協約國對之抱持冷漠以對態度，至此奧匈帝國的崩解已成定局，同年11 月 3 日奧匈帝國終於被迫簽署停戰協定，自此刻之後，哈布斯堡帝國的統治實質上已不復存在。

第二節　和約的簽署及奧地利第一共和國締建

就在哈布斯堡帝國宣布簽署停戰協定而全面瓦解之際，境內各民族已然紛紛宣布獨立，例如捷克斯洛伐克，或是與境外同族兄弟合併，諸如南斯拉夫、波蘭及義大利，此外匈牙利王國亦宣布脫離奧匈雙元體系。

一、德意志奧地利共和國的浮現及消失

　　此際哈布斯堡帝國的德意志民族聚集地，包括奧地利本土及波希米亞周遭山群地帶的德意志人，最初亦基於自身民族屬性而欲在未來與德意志威瑪共和國進行合併。奧地利與波希米亞德意志人在召開了德意志民族大會，並宣布該會作為原萊塔河此岸奧帝國境內所有德意志人的代表機構之後，在 11 月 12 日正式宣布德意志奧地利共和國的成立。

　　然而對於奧地利及波希米亞德意志人而言，此一共和國的建立並非意謂著他們想要建立起一個新生獨立的國度，實則此舉不

圖 37：1919 年的德意志奧地利共和國

過是一項未來併入威瑪共和國的過渡性安排而已，此由其國名的使用上，德意志被置於最前端而奧地利僅作為其附屬名稱，可窺見其端倪，從中亦不難觀察出，作為承接哈布斯堡帝國的政治遺產及法理上的直接後嗣的奧地利德意志人，本身都毫無意願維繫帝國，只願合併至德意志民族國家之中。然而奧地利歷史上的第一共和國終究還是在其後的一年之內正式成立，事實上這是奧地利德意志人受制於外界的強迫，亦即在協約國的強制手段之下而被迫接受的結果。

二、奧帝國故土的肢解

　　一戰結束後所召開的巴黎和會中，在戰勝國陣營，尤其是法蘭西共和國的強勢主導之下，戰爭首謀皆必須受到嚴厲的懲罰，因此包括對德意志威瑪共和國的《凡爾賽和約》、對德意志奧地利共和國的《聖日耳曼條約》，以及對匈牙利王國的《特里亞農和約》(*Friedensvertrag von Trianon*) 中，三國皆被迫接受代價極高的和平條件。

　　在奧地利方面，奧地利德意志人深自寄望的，即德意志奧地利共和國能夠與威瑪德國合併的願望，完全被駁回。就法蘭西共和國的觀點而言，德奧兩國皆為挑起戰爭的罪魁禍首，斷無可能在戰後還讓兩者透過合併而使其大德意志民族國家的夢想成真。在此種前提下，德奧合併不僅橫遭嚴拒，甚至包括兩國傳統領域在內的整個德意志民族分布領域，都受到了極為嚴刻的安排。於是大片德人分布領域遂被併入由協約國所扶植的中東歐一系列斯

拉夫諸國，如波蘭第二共和國、捷克斯洛伐克共和國，以及第一
南斯拉夫之中。

　　原本德意志奧地利共和國組成的兩大部分之一，即波希米亞
周遭山群地帶的高達三百五十萬的德意志人分布領域，即在此種
情形下被劃入新成立的捷克斯洛伐克共和國。其次，奧地利西部
邊界的提洛爾則一分為二，南提洛爾橫遭作為戰勝國之一的義大
利王國所奪。另外，奧地利南方的克恩滕、徐泰爾邊區及克萊恩
等邊界地帶的德人聚集區，亦被甫建國的第一南斯拉夫所合併。
原本德意志奧地利共和國境內總數超過一千零五十萬的德意志民
族之中，竟有高達四百萬左右的德意志人被劃入新成立的斯拉夫
諸國之中，淪為各國境內的少數民族。一戰末期，「民族自決權」
的原則一再被戰勝國高喊入雲，然而一戰後協約國對中歐新秩序
的安排，無異是兩套標準，亦即只有各支斯拉夫民族有權行使民
族自決權，至於德意志民族及馬札爾民族則全然被排除於此一原
則的適用範圍之外。

三、中歐及中東歐地區政治版圖的重劃

　　上述安排很明顯完全是以法蘭西共和國的國家利益為考量，
對法蘭西人而言，為了報復一戰自身所受到的慘重損失，因此除
了必須重懲德意志民族為主導力量的中歐德奧兩國之外，中歐的
東半部，即「中東歐」地區，亦必須打造成為法國的另一道國防
屏障。

　　於是從北方波羅的海濱的愛沙尼亞、拉脫維亞、立陶宛，到

中歐的波蘭、捷克斯洛伐克、羅馬尼亞，一直到延伸到南方亞德里亞海濱的第一南斯拉夫，皆是在其國防安全觀點之下在一戰結束後被扶植而成立的新興國度。這些立國於中東歐地區的新興諸國度中，其中若干戰略地位極度重要者，甚至在法國的安排下而合組所謂的「小協約國」(Petite Entente/Kleine Entente/Little Entente)❶的軍事同盟，分別與法蘭西共和國締結緊密的共同防禦條約，使其肩負著東抗東歐的俄國及西防中歐的德國的雙重任務，法人將這片夾處於中歐與東歐之間的狹長區域喚為「防疫地帶」(cordon sanitaire)❷，其對法蘭西國防安全所應具有的功能，在此

---

❶ 小協約國由捷克斯洛伐克、羅馬尼亞及南斯拉夫三國所組成，原本在法國的計畫中，波蘭亦應列為成員國之一，但波蘭與捷克斯洛伐克之間因為領土爭議之故而未加入，不過仍單獨與法國締結軍事同盟。小協約國的締建宗旨，最初原是為了防範匈牙利王國向「小協約國」諸國索回在一戰後割予各國的領域，以及阻止哈布斯堡帝國的重起。然而隨著時局的發展，防禦西邊德國的再起，以及遏制東邊蘇聯的坐大，成為小協約國首要任務。不過法國寄望藉由小協約國的建構而牽制德俄兩強，最終證實不過是一場幻夢，係因小協約國諸國內有嚴重的少數民族問題，外與鄰國則有邊界領土的爭端，再加上自1929年以來的全球經濟大恐慌，使之深陷政局動盪不安之態。時至1933年納粹黨人入主德國並在1936年重建其強勢經濟之後，逐步對中東歐諸國產生強烈的經濟磁吸效應，從而連帶地影響小協約國諸國的政治決策，不得不改採親德政策，終使法國的政治盤算全然落空。

❷ 這片區域，德人稱之為「夾層歐洲」(Zwischeneuropa)，係因這些新興中東歐諸國的地理位置，夾處於中歐的德國與東歐的俄國兩大強權之

不言可喻。

然而此舉卻也埋下了日後中東歐地區嚴重的政治爭端之源：首先是造成各國內政上的少數民族紛擾的問題，再則則為引發各國間爭議領土的爭端，最後則為德奧合併問題的糾葛。三項問題彼此糾結纏繞，導致戰間期的中東歐地區深陷紛擾衝突之局，最後甚至成為引爆二戰的引信。

四、奧地利第一共和國的成立

《聖日耳曼條約》的簽署，包括德奧合併的遭到駁回，以及為數四百萬以上的原萊塔河此岸奧地利帝國的德意志人被割離於新生的國度之外，迫令這個面積急遽縮減至僅餘八萬三千餘平方公里的國度，自 1919 年 10 月 21 日以後，使用「奧地利共和國」(Republik Österreich) 之名，承接了哈布斯堡帝國法理繼承者的地位，以步履跟蹌之態而展開奧地利歷史上的第一共和國時期。

第三節　戰間期的奧地利政經社發展

在戰勝國對戰後中歐新秩序重劃下，奧地利第一共和國是以一種受逼迫的方式而出現，因此在初始之際，此一國度的認同歸屬感可說完全不存在，奧地利共和國之名下所屬全體人民，時至

間，猶如三明治的夾層內餡般。德人用「夾層歐洲」來稱呼中東歐地區，極為貼切地形容此一地帶的脆弱性。

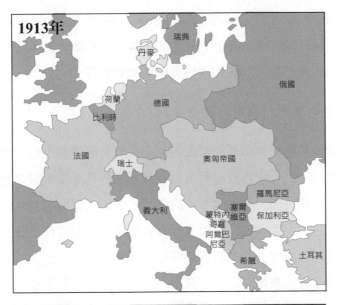

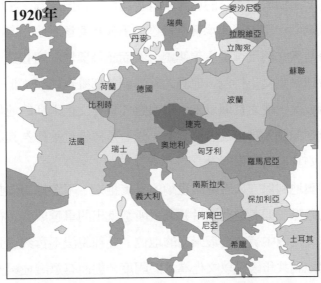

圖38：一戰前的哈布斯堡帝國及其戰後的解體

此際都還認定自身為德意志民族，所謂 「奧地利認同」
(Österreichische Identität) 在此之前根本從未出現，然而受制於國
際現狀，奧地利第一共和國終究必須開始運作。

一、建構奧地利認同的初步嘗試

　　奧地利第一共和國的國政大計未來究竟應如何推行，應首先
在廣大的人民心中建立起對奧地利共和國的基本歸屬感？抑或是
採取「一個民族，兩個國家」的模式，意即在保留德意志民族的
認同感之下，而以另一個德意志人的國家身分而運作？成為奧地
利第一共和國建立之初時各界爭論的課題。

　　帶有天主教傾向的右派保守人士在共和國成立之初，首先試
圖建構起有別於德意志的奧地利自我認同。他們認為，相對於當
前的威瑪共和國，其傳承著自普魯士王國及德意志第二帝國以來
的基督新教文明及軍國主義傳統，因而認為奧地利應強調自身的
天主教巴洛克文化特色。他們尤其強調首都維也納在文化上的耀
眼燦爛成就，使之長期以來作為德意志世界文化之都的地位，歷
史上重要的文人雅士及名流大家，幾皆選擇維也納作為其發表、
初演及安身立命之處。

　　從奧地利保守人士對維也納的高度推崇，不難推導出其所欲
彰顯的觀點，即奧地利這片領域上所造就出的卓越成就，在整個
德意志文化圈中擁有著最崇高的地位。此種說法不啻刻意強調新
生的奧地利共和國是以文化為本的國度，從而有意識地與一再遭
受國際指責發起一戰的罪魁禍首——作為德意志第二帝國法理繼

承人的威瑪共和國，作出明確的區隔。

　　雖然在戰間期已然有部分的政治人物積極為建構奧地利認同而奔走，然而實際上絕大部分的奧地利政界人物及廣大民眾，在當時並未體認到建立自身認同的必要性，其因除了受到內心中根深蒂固的德意志民族認同感的強大制約之外，根本因素則在於，當時大眾普遍認定，人口總數及疆域版圖大幅縮減的奧地利共和國，並不具久續長存的條件，自然就不可能為之心生歸屬之感。

二、一戰後政經社危機叢生的奧地利

　　奧地利第一共和國是建立在凋敝殘敗、百廢待舉的哈布斯堡帝國故土上，對於奧政府而言，時局尤有惡劣者，係因當時奧地利第一共和國周遭各國皆呈現政局嚴重動盪之態，包括匈牙利爆發共黨分子短暫奪權、威瑪共和國左右翼極端人士的企圖顛覆政權，以及波蘇戰爭等等，奧地利身處這股國際動盪風暴的影響下，內部自然難以穩定。第一共和國建立之初，從俄羅斯戰俘營歸來的軍人及深受蘇聯國際革命影響下的工人，一再展開大規模的暴動抗爭事件，使得奧政府在初建之際可謂舉步維艱。

　　第一共和國肇建之初的政治動盪之局，亦與一戰後奧地利的經濟及社會危機密不可分。甫經歷四年多的一戰沉重打擊，在經濟全盤崩潰的形勢下，使得肇建之初的共和國欲立即回歸健全的經濟體質，無異緣木求魚。在一戰期間即已出現的通貨膨脹危機，在戰後更是以幾近全盤失控的態勢席捲奧境全域，貨幣劇貶及物價飛騰的結果，使得大批民眾生活陷入極大的困境，甚至眾多丁

口的生活水準已然降至貧窮線之下。再加上原本奧匈帝國境內各
地間依照不同產業的發展，可依不同區域需求而彼此互補，在帝
國解體後，此種供需的狀態遽然中斷。

　　奧地利本土作為產業高度發達之區，原本長期倚賴來自周遭
地區的大量農產物資的供應，一旦失去了先前的供需管道之後，
頓使整個民生經濟大受打擊，連帶地導致社會發展呈現蕭條狀態，
大批民眾在飢寒交迫之下，使得全境健康及衛生條件迅速惡化。
於是當 1918 至 1919 年的西班牙流感病毒在全歐各國全面爆發
及蔓延之後，尤其對奧地利造成嚴重疫情，許多民眾在體質極度
虛弱的狀況下不支死亡，共和國的社會狀態深陷慘淡之境。

三、第一共和成立之初政黨間的競合

　　奧地利第一共和國的全面政經社危機，迫令各政黨不得不暫
時放下歧見而攜手合作，俾挽救迫切危局。1919 年 2 月奧地利展
開共和國成立以後的首度大選，選舉結果社會民主黨取得國會最
大黨，基督社會黨則取得第二大黨的地位，兩大黨席次合計占有
議席總數的五分之四之譜，遂決定合組大聯合政府，由社會民主
黨人倫訥（Karl Renner，1870–1950 年）出任大聯合政府 (Große
Koalition) 的首任總理。在這個大聯合政府之中，尤以被任命為外
長的社民黨黨魁鮑爾（Otto Bauer，1881–1938 年），對於共和國
由危轉穩作出了卓越的貢獻。鮑爾對於蘇聯在背後所推動的國際
共黨革命行動保持相當的戒心，他以黨主席身分而對勞動階級動
之以情，建立起勞工對依社會民主理念而打造公平正義的共和國

的信心，並對之心生效忠之情，從而避免了如匈牙利及威瑪德國境內巴伐利亞共黨分子顛覆政權行動在奧地利的出現。

　　當然為了消弭境內勞動階級長期受權貴階級打壓所累積的不滿，以及斷絕境外國際共黨人士對之的任何可能挑動煽惑之源，共和國政府亟須採行斷然措施。於是在 1919 年上半年，在兩黨聯手下通過了《關於哈布斯堡－洛林家族的領土移轉及財產移交法案》，正式廢除了昔日統治王朝家族所屬成員的特權，同時哈布斯堡家族成員不得要求擁有對奧地利現有領域的統治權。深感受羞辱的末代皇帝卡爾一世，在該法案生效前數日即選擇舉家流亡瑞士，此舉亦意謂著，自哈布斯堡王朝入主奧地利以來歷時近六百五十年的統治，至此宣告壽終正寢。

　　解決了哈布斯堡家族對奧地利統治權的問題之後，緊接著在奧地利兩大黨的齊心協力之下，至 1920 年 10 月為止，一系列進步的法案，諸如勞工參與產業的重要決策、八小時工時、帶薪假，以及女性取得選舉權等，皆先後完成立法。總計從 1919 年 2 月至 1920 年 10 月的 1 年 8 個月大聯合執政之期，對奧地利共和國的歷史而言，可說是一段關鍵時刻，藉由兩大黨的相忍為國，使得奧地利第一共和國免於遭到顛覆的命運，並展開其後近二十年的獨立國家歲月。

四、步向惡鬥的奧地利第一共和國政壇

　　甫一度過草創之初的危局之後，共和國兩大黨的分歧卻逐漸浮上檯面，由於經濟危機短期之間無由得解，使得社會民主黨及

基督社會黨對於究竟是先以城市中產階級及勞動階級的利益為
重，或是優先關注到廣大鄉間農民的生計，看法差異極大。首都
維也納及其周遭地帶匯集了全奧三分之一以上的人口，向為代表
色為紅色的社會民主黨的大本營；至於奧京之外的其他地區則幾
乎皆為代表色為黑色的基督社會黨或保守人士的票倉。這種所謂
「黑紅之爭」最後甚至導致兩者之間無法繼續合作，政治敵對的
趨勢尤其因為經濟財政形勢的瀕臨崩潰而急遽加速，最後導致兩
黨的大聯合政府在 1920 年 10 月的正式解體，旋即進行國會大
選，自此之後基督社會黨取得了一系列大選的勝利並掌控中央執
政權。

　　1922 年 10 月初，奧地利終於在財政受到國際聯盟的全面監
督下而獲得國際的金援，隨即進行了一系列金融重整方案❸。不
過由於一戰期間整體經濟耗損過鉅、鉅額戰費賠償、人謀不臧，
以及特別是民眾普遍質疑奧地利國家存續的可能性等因素，使得
民眾對奧地利金融機構嚴重缺乏信心而不願將自身多餘資金投
入，使得奧地利國家財政的重整在民間資金來源無著的狀態下，

---

❸ 這筆以「日內瓦備忘錄」(Genfer Protokoll) 為名的國際金援之所以能夠
　成局的關鍵因素，在於法國惟恐奧地利經濟財政一旦全面崩解，勢將
　出現與威瑪共和國合併的浪潮。為了避免德奧合併夢魘的出現，因此
　在法國的主導下，聯合了大不列顛聯合王國、義大利及捷克斯洛伐克
　共同作擔保人，從而促成了這筆國際金援，不過奧地利政府在接受金
　援的前提要件，則必須與法、英、義、捷政府共同簽署德奧不得合併、
　確保奧地利共和國作為獨立國家的保證書。

未能產生實質的成效。再加上奧地利全境的失業率始終未能有效降低，終而導致奧地利政黨間陷入交互指責攻擊，斥責決策者任意將國家財政大權移交國際機構，致令奧地利經濟形勢從此陷入萬劫不復的境界。

五、各政黨私軍的興起及橫行

　　基於此種背景下，各政黨間的衝突愈見嚴重。由於《聖日耳曼條約》對奧地利軍隊總數設限，使得數量極少的奧地利軍隊不足以因應國內緊急狀態及國境上的突發事件，因此從戰後社會民主黨就建立起一支私人小型護衛隊，其後基督社會黨亦仿效之，以之作為因應緊急事故之用，兼用之以捍衛本黨立場並向他黨施壓。這股風潮後來亦波及於包括國家社會黨在內的其他政黨，使得奧地利各政黨實際上都擁有一支所屬的小型護衛隊。發展至後來，這些護衛隊事實上皆轉化為各政黨所屬私軍，以致於奧地利全境陷入了私軍橫行之域。

　　奧地利政黨私軍後來依其左右派之不同，分別依附於社會民主黨的「共和國捍衛同盟」 (Republikanischer Schutzbund)，以及基督社會黨的「家園保衛者」 (Heimwehr)❹兩大陣營之中，此種情形隨著經濟金融危機的加深，兩大黨鴻溝愈形擴大之後，兩黨

---

❹　「家園保衛者」原是由數個「前線戰士聯合會」 (Frontkämpfervereinigung) 的團體合併而成後的通稱，時至 1920 年代末期就逐步使用「家園保衛者」為其正式稱謂。

私軍的互鬥衝突也就成了無可避免的現象，這使得奧地利在戰間期的政治經濟局勢深陷動蕩不安之局，勞工階級及雇主之間、左翼與右翼勢力之間的衝突暴力事件層出不窮，政壇人士動輒橫遭暗殺，使得共和國國政的健全運作成為幻影。

由於奧地利經濟財政受制於國際組織，再加上隨著蘇聯實力愈形壯大及不斷煽動各國勞工發動無產階級革命，企圖顛覆包括奧地利在內的歐洲各國政府，導致包括奧地利在內的全歐各國政壇出現保守防共的趨勢，在這股右傾的風潮中，使得奧地利的右翼保守勢力在與左翼社會黨人的鬥爭中逐漸取得上風。1927 年年初的「夏騰多夫事件」，以及其後在 7 月 15 日引爆的「維也納環城大道的左右翼大衝突事件」，尤可自看出奧地利第一共和國右翼勢力全面擡頭的發展。

六、維也納環城大道左右派大衝突事件

夏騰多夫事件肇端自一名左翼人士及其子，在奧境東部布爾根蘭地區夏騰多夫的一場衝突事件中死亡，然而審判此案的法官以證據不足而釋放了被指控的右翼嫌犯，於是在社民黨的呼籲下，大批左翼群眾支持者走上維也納街頭向當時由賽佩爾（Ignaz Seipel，1876–1932 年）總理執政下的基督社會黨聯合政府進行示威抗議，不料局面失控，導致司法大廈遭群眾放火焚燬。維也納警局在警力不足的情形下，向右翼的政黨私軍「家園保衛者」尋求援助，遂引爆了左右翼群眾在維也納環城大道上上演一場街頭大亂鬥。這場衝突最後導致八十九人死亡及一千多人重傷的慘

劇，社民黨黨魁鮑爾在悲憤之餘不僅立即號召群眾為 7 月 15 日
事件上街，並且強調要堅定不移地追求社民黨的原始成立宗旨，
即訴求勞動者的全面解放及勞動者完全掌控產業等等。然此舉被
廣大的中產階級群眾解讀為社民黨將全面以蘇聯為師，致而心生
恐懼，再加上驚懼於環城大道左右派大衝突事件的血腥結局，導
致群眾上街人數遠不如社民黨所預期，使得中央政府終而挺過了
這場難關。

　　此舉對社民黨的威望打擊甚大，維也納大本營支持不如預期
的結果，不啻清楚揭示出左翼勢力的大幅衰退，與之相對的右翼
保守及大德意志民族勢力則快速膨脹。

七、竇爾富斯的上臺及共和國體制的結束

　　由於經濟、財政、政治及社會的危機重重，再加上自共和國
成立以來，民眾對之始終缺乏其能永續長存的堅定信念，使得民
主共和政體在奧地利的運作難以步上順遂之境，致使 1920 至
1930 年代之交，在奧地利境內逐步興起反西方民主代議政治，轉
而傾向集權專政體制，尤其是義大利墨索里尼（Benito Mussolini，
1883–1945 年）在 1922 年取得政權後所建立的獨裁體制政府，對
奧地利政界產生了強大的吸引力，許多奧地利政治人物皆奉墨索
里尼為師，而墨索里尼亦全力支持奧地利政壇的親義勢力的擴張，
於是集權專政的政治氛圍逐步籠罩奧地利的政壇。

　　1932 年出身自基督社會黨的盟友農民聯盟 (Bauernbund) 的
竇爾富斯（Engelbert Dollfuß，1892–1934 年），在總統米克拉斯

（Wilhelm Miklas，1872–1956 年）的任命下出任總理並籌組新政府，他隨即在總統的支持下，在隔年 1933 年 3 月實施緊急法規，宣布奧境全域進入緊急狀態，旋即解散國會、終止所有層級的選舉、實行出版檢查制度，以及明令禁止集會遊行，猶太人亦遭指控為左翼分子而使一度沉寂的反猶氛圍再次崛起並迅速席捲奧境。同年 5 月，基督社會黨全面轉化為「祖國陣線」(Vaterländische Front)，並宣稱該組織是所有忠於奧地利的男女公民的跨黨派聯合組織，基督社會黨的私軍「家園保衛者」作為輔助警力而融入國家的安全機構之中，總理竇爾富斯則作為所謂「聯邦首長」(Bundesführer) 而集全國大權於一身，隨後未久，由他所掌控的祖國陣線先後宣布了共產黨及國社黨為非法政黨，旋即將目標指向最後的障礙——社民黨。

然而坐擁相當數量支持者為後盾的社民黨，決心抗拒竇爾富斯的邁向集權獨裁行徑，兩者間的衝突遂告不免。1934 年年初，所謂「二月戰鬥」(Februarkämpfen) 的小型內戰爆發，在為期四日的維也納街頭激烈游擊戰之中，祖國陣線甚至動用軍隊對付社民黨的抗議群眾，最後在付出了高達一千六百人傷亡的代價之後，全面瓦解了社民黨的血腥抗爭。二月戰鬥結束之後，奧地利第一共和國實質上已成為了一個一黨專政的「等級制國家」。

八、奧地利等級制國家體制的確立

1934 年 5 月，在祖國陣線主導下，奧地利通過一部增修憲法，內容規定奧地利共和國係一個「植基於等級為基礎的基督教

之德意志聯邦國家」(Christlichen deutschen Bundesstaat auf ständischer Grundlage)，即所謂「等級制國家」(Ständesstaat)。這意謂著奧地利共和國自此之後，國家權力的來源不再是出於議會的授權，而是由各職業等級所組成的聯合會所共同決定，然而實質上，職業等級聯合會的決議皆是體察竇爾富斯之意而行事，因此其存在不過是作為竇爾富斯的祖國陣線進行威權統治的一塊遮羞布而已。竇爾富斯的威權政體建立之後，隨即與羅馬教廷建立起密切關係，除了天主教會對奧地利的教育體制擴大其影響力之外，婚姻權亦由國家轉移至天主教會手中，奧地利與教廷之間實質上已建立起聯盟的聯繫。

竇爾富斯祖國陣線所掌控下的奧地利是一個一黨專政的國度，然其與當時歐陸各國的法西斯政權在本質上實呈現著相當程度的差異。首先政府當局對民眾日常生活各層面上的控制並未臻於全面，亦未採取周而復始的政治宣傳對群眾洗腦，此外也不動用恐怖酷刑的方式來迫害威逼民眾。若要精準定義這個專政政體，梅特涅的家長威權及新絕對專制主義的體制應屬最貼切的詮釋，這意謂著竇爾富斯的祖國陣線，重拾十九世紀中期前的哈布斯堡王朝中央集權統治方式。

儘管竇爾富斯所統治的奧地利是採取一種威權、但不全面極權的統治型態，卻難以避免非法的國社黨人企圖顛覆此一國度的嚴重威脅。由於希特勒及其國社黨人在 1933 年成功的「攫取政權」(Machtergreifung)，建立起國社黨人在德國的獨裁政權，受到了此種鼓舞並暗中受其支助，從而使得奧地利的國社黨人亦思推

翻竇爾富斯政府。1934 年 7 月底，奧地利國社黨人突襲奧地利的
總理府並槍殺竇爾富斯，並同步在奧境各地發動奪權行動，他們
原計畫與德國裡應外合而一舉奪得奧政權，不過當墨索里尼下令
義軍集結於奧境邊界地帶，希特勒只好按兵不動，奧地利國社黨
人的政變行動遂告失敗。事變結束之後，竇爾富斯被以備極哀榮
的儀式而下葬 ， 總理一職則由舒許尼格 （Kurt Schuschnigg，
1897–1977 年）所接掌。

九、德意志第三帝國的合併奧地利

　　不過從 1934 年年中之後，墨索里尼先前所秉持的聯奧制德的
政策卻驟然轉變，係因德義藉由該年簽署的《羅馬議定書》而強
化了兩者間的經濟合作關係，使得奧地利的對外形勢日趨嚴峻。
1936 年年初義大利因入侵及占領衣索比亞而面臨國際孤立之局
後，進一步使得義大利別無選擇地只能尋求德國的奧援。面臨此
種狀況，奧地利對德政策轉變成為了不得不然之舉，舒許尼格決
定與德國建立某種程度的諒解，遂有 1936 年 7 月德奧間的《七月
協定》的簽署，舒許尼格藉由特赦遭囚的奧地利國社黨人，換取
希特勒對奧地利獨立地位的保證。舒許尼格希望藉由該協定而舒
緩奧地利對外困局，爭取時間以爭取國內外的支持力量。然而此
舉終屬徒然，反而更形增強希特勒合併其故鄉奧地利的野心，所
待者僅時機的問題而已，1937 年 9 月墨索里尼終於同意德國可任
意處理奧地利，英國亦在不久後向德暗示可容許德奧合併的結果。
　　事端之發展，令舒許尼格頓陷孤立無援之境，最後在 1938 年

圖 39：1938 年德奧宣布合併，德國與奧地利的邊防警察拆除兩國邊界關卡。

2 月 12 日，舒許尼格與希特勒於阿爾卑斯山的貝希特斯加登 (Berchtesgaden) 城堡的會談中，希特勒直接以進軍奧地利相威逼，舒許尼格則回以將重新接納社民黨人進入奧政府體制來反制其政治勒索。然而舒許尼格原本預計在 1938 年 3 月 13 日舉辦一場將奧地利改組為「自由、獨立、德意志、基督教、社會主義的奧地利」的公民投票，終究功敗垂成，在第三帝國大軍已兵臨城下及奧地利國社黨人的裡應外合之下，舒許尼格黯然在 3 月 11 日取消公投並辭去總理一職，至此德意志第三帝國合併奧地利完全成為定局。

第四節　戰間期的奧地利文化成就

　　戰間期的奧地利延續二十世紀初期哈布斯堡帝國的文化發展盛況，繼續展現其耀眼光芒，此一時期，奧地利猶太裔人士依然在引領奧境的各項知識及文化的發展上，扮演著舉足輕重的角色。

一、文　學

1.徐尼茨勒及克勞斯

　　首先就文學方面而言，戰間期的奧地利德語文學可謂德語文學世界中最重要的代表時期之一。一戰爆發前即已嶄露頭角的大師級人物在此一階段中繼續展露其耀眼鋒芒，先前曾提及的猶太裔作家徐尼茨勒在其重要的代表作 《埃爾瑟小淑女》 (*Fräulein Else*) 中，透過描繪故事女主角的內心情感的變化萬端，透露作者內心最深刻的獨白，及其對當世社會陰暗面所發出的深沉喟嘆。

　　再則同樣成名於一戰前的猶太裔作家兼記者克勞斯，亦在戰間期發表其重要反戰小說 《人類的最後數日》 (*Die Letzten Tage der Menschheit*)，內容則針對第一次世界大戰的荒謬、瘋狂及血腥，作了毫不容情的批判，認為這場戰爭徹底摧毀了戰前哈布斯堡帝國及維也納的純真美好時代，試圖藉由這部作品警示人們，若再繼續執迷不悟，將導致迄今所創造出的各項人類文明成果毀於一旦。

2.羅　特

知名的猶太裔作家羅特（Joseph Roth，1894–1939 年）在其小說《拉德茨基的行軍》(*Radetzkymarsch*) 中，描繪了一個與哈布斯堡皇室家族關係密切的貴族家族興衰歷程，羅特藉由對哈布斯堡帝國消逝的哀嘆，影射戰間期中奧地利政經社惡化的現況，同時亦基於德國乃至於全歐在面臨法西斯獨裁風暴的席捲下，令純真美好的舊歐洲一去不回，從而對之發出其內心最深沉的控訴。

3.穆席爾

對戰間期奧地利亂局作出深沉喟歎的，亦見之於另一位重要的作家穆席爾（Robert Musil，1880–1942 年）的著作之中，穆席爾係屬現代奧地利影響力深遠及德語世界最重要的作家之一，他出版於 1930 年的代表作 《沒有個性的人》 (*Der Mann ohne Eigenschaften*) 中，內容係描繪一位生活在一戰爆發前夕奧京維也納的小人物尋找自我歸屬的歷程，由於故事主角始終無法融入繁文縟節的維也納社會各層面的規範之中，因而一再試圖透過己身努力，期使自己的舉止行為能夠符合「典型的維也納風格」，卻總未能達其所願，最後終而導致他必須接受性別認同及心理認知的診斷與醫療。

穆席爾的這部歷史小說所描繪的主人翁無法尋得自我歸屬的艱困歷程，實無異反射出戰間期的奧地利第一共和國所面臨的自身定位困境，藉由這部小說，尤不難窺見出奧地利政經社亂局的根源，係肇因於奧地利人民無法齊心一致地建構出對國家認同感使然。

4.布洛赫

　　屬於戰間期嶄露頭角的另一位猶太裔作家布洛赫（Hermann Broch，1886–1951 年），同屬影響當代文學面貌最鉅的文學家之一，布洛赫之父出身摩拉維亞，其母為猶太人，家族在維也納經營紡織業，布洛赫至四十歲之前接手家族事業，其後則轉而以文學創作為生。他在 1931 年出版其代表作《夢遊者》（*Die Schlafwandler*），在這部作品中，布洛赫將全書分割為三部分，分別由三個主角來代表浪漫主義者、無政府主義者及現實主義者，三階段的主角皆經歷過政治、經濟及社會的嚴峻困境，並試圖從中調整自我以因應外在形勢。

　　這部小說可以說是當時維也納社會的具體而微，它詳實地將戰間期維也納因政經社及認同危機所導致的價值崩解及轉變，全然反映出來。

5.褚威格

　　褚威格（Stefan Zweig，1881–1942 年）亦是崛起於戰間期奧地利的猶太裔作家，他駕馭文字之精可謂臻於極致，同時並以其文字運用之妙結合了精準的心理分析，最後則再輔以扣人心弦的敘述功力，從而打造出一種極為獨特的寫作風格，這種書寫風格在其發表於 1927 年的代表作《人類關鍵的年代》（*Sternstunden der Menschheit*）清楚表現出來。褚威格對於歐洲文明所發展出來的價值諸如人道主義及寬容精神等甚為珍視，因而對於 1930 年代之後奧地利種族主義聲勢的喧囂甚為反感，其後在國社黨人取得德國政權及染指奧地利之後，終而被迫不得不離開他所摯愛的奧

地利祖國，流亡他國。

然而隨著其後奧地利遭德意志第三帝國合併及全歐先後陷入德軍鐵蹄之後，褚威格在無比痛心其精神家園歐洲的殞落之餘，終而選擇在 1942 年於巴西自我了斷。

6.威爾佛

另一位戰間期的天才型但具爭議性的作家則為威爾佛（Franz Werfel，1890–1945 年），就作品內容言之，威爾佛亦可歸列此一時期奧境頂尖作家之林，其代表作《穆沙達格的四十日》(*Die vierzig Tage des Musa Dagh*) 係以一戰期間亞美尼亞人為捍衛自身民族的存續，被迫起身對抗土耳其人的宿命悲愴之生死戰為故事背景，全書內容對亞美尼亞人為爭取生存、自由及尊嚴而奮起抗暴的行徑，最後卻慘遭土軍大屠殺的悲劇，寄以無限的同情與激憤，從中凸顯了威爾佛的人道關懷及崇尚自由的胸懷。

然而在 1933 至 1934 年間，當寶爾富斯一黨專政的等級制國家政體建立，並導致若干奧境藝文暨科學界的知識分子出亡國外之後，威爾佛卻是選擇留下並與寶爾富斯及其後的舒許尼格政權合作，其後續文學創作成為了此一一黨專政的等級制國家的官方御用文學作品，不免使其藝文成就蒙上些許陰影。

二、哲 學

哲學領域在戰間期的奧地利亦是大師輩出的時代，猶太裔的哲學家兼思想界鉅子維根斯坦（Ludwig Wittgenstein，1889–1951 年），以及包括徐利克（Moritz Schlick，1882–1936 年）在內的「維

也納學圈」(Wiener Kreis) 諸學者，皆屬此一時期的代表人物。

1.維根斯坦

　　猶太裔哲學家維根斯坦隸屬對近現代哲學影響最為深遠的人物之列，他在其代表作 《邏輯哲學論》 (*Logisch-Philosophische Abhandlung*) 中提出， 理性所存在的限制及人們無法掌握並說明存在於理性之外的事物，科學研究的成果並無法解釋諸如價值、上帝及宗教的問題。既然人們透過科學研究及理性分析仍無法說出理性之外的事物，亦即無法說出「無法說出的事物」，因此他在其《邏輯哲學論》中就清楚闡釋：「只要是無法說出者，即應保持沉默。」(Lasse "alles, wie es ist." "Da alles offen" liege, sei folglich "nicht zu erklären.") 此外維根斯坦在其另一部著作 《哲學研究》 (*Philosophische Unterschungen*) 中，則指出哲學應脫離形上學的型態而以日常用語的模式來呈現。維根斯坦的這兩部著作的問世，對於當代哲學的發展產生了關鍵性的影響，尤其是在徐利克主導下而成立的「維也納學圈」，更是與維根斯坦的哲學論點息息相關。

2.徐利克及維也納學圈

　　徐利克出身戰前德意志第二帝國首都柏林，至 1922 年時前往維也納大學任教，他是「維也納學圈」及後來「邏輯經驗主義」(Der logische Empirismus) 的創建者 。 他甫於 1922 年初至維也納之際，就深受剛出版的維根斯坦《邏輯哲學論》中所揭櫫的論點所影響，因而籌組了「維也納學圈」，成員包括當世維也納知名的哲學家、數學家及物理學家，諸如哈恩（Hans Hahn，1879–1934年）、 法蘭克 （Philipp Frank ， 1884–1966 年）、 門格爾 （Karl

Menger，1902–1985 年）及懷斯曼（Friedrich Waismann，1896–
1959 年）等等，試圖探討並釐清哲學及自然科學之間的關聯性。
他曾積極邀約維根斯坦加入維也納學圈，卻因成員之中的論點引
用爭議而未能如願，然而他個人始終與維根斯坦保持書信往來的
關係。此外，徐利克亦與當時初展露其專業才華的波普（Karl
Popper，1902–1994 年）保持密切的聯繫。

　　徐利克的代表作為《廣義認識論》(*Allgemeine
Erkenntnislehr*e)，在該書中他強調，所有的定論皆必須透過實際
的證明始能成立，例如數學的公式或公式化的邏輯，如若一個論
題無法通過事實的證明而證其為真，則此一論題就被歸列為形上
學之列，則該論題即被視為是無意義及無探討的價值，這即是徐
利克及維也納學圈共同確認的原則。簡言之，維也納學圈認定經
驗是知識的唯一可靠來源，從而否定了形上學、神秘學，以及唯
心主義；於此同時，他們亦認定必須運用邏輯分析的方法，才能
解決傳統哲學所面臨的困境。

　　國社黨人在奧地利境內逐步得勢之後，維也納學圈受到全面
的打壓，徐利克甚至橫遭一名奧地利國社黨狂熱分子所刺殺，然
而隨著維也納學圈其他成員的流亡英美之後，該學圈所建立起的
邏輯經驗主義，在二戰之後對西方哲學界產生了長足的影響。

三、心理學：佛洛伊德及阿德勒的成就

　　再就心理學方面而論，前一章所提及的心理學大師佛洛伊德，
其主要著作，尤其是涉及於精神分析方面的鉅著，幾乎皆在一戰結

束之後出版，對於爾後的精神分析學的發展，烙下了關鍵的影響。

　　與佛洛伊德同屬維也納精神分析學會的另一猶太裔心理學家阿德勒（Alfred Adler，1870–1937 年），亦屬對後世心理學發展影響深遠的大師級人物，截然相異於佛洛伊德強調性衝動本能及潛意識對人類心理的主宰地位，阿德勒則著眼於人與其所處社會之間的密切關聯性，並極重視人的意識思考的重要性，據此，他終而與佛洛伊德決裂，並創立了「個體心理學」(Individualpsychologie)。1927 年，阿德勒的代表作《個體心理學的實踐與理論》(*Praxis und Theorie der Individualpsychologie*) 出版，內容將人視為天生的社會動物，試圖以全面整體的方式來看待人性的問題，並提出意識是人格的中心並會影響人的行為，因此諮商的過程是極其重要的。阿德勒的論點可謂是開後世諮商中心的先河，並基本上形塑了後世人本主義心理學及現代自我心理學的面貌。

四、經濟學：奧地利（經濟）學派

　　至於在經濟學方面，儘管戰間期的奧地利始終無法擺脫嚴重的經濟暨財政危機，然而在經濟學領域的發展上卻有不俗的表現，猶太裔經濟學家馮・米瑟斯 (Ludwig Heinrich Edler von Mises，1881–1973 年) 即重要的代表人物之一。馮・米瑟斯所主導「奧地利（經濟）學派」(Österreichische Schule) 的核心論點，在於強調國家對經濟事務的不可干涉性，此即「經濟自由主義」(Wirtschaftsliberalismus)。此種經濟學論點，其後繼續由其學生

馮‧海耶克（Friedrich August von Hayek，1899–1992 年）所秉持
並發揚光大，甚至在 1974 年時為其贏得了一座諾貝爾經濟學獎。

五、音樂：現代音樂及傳統音樂的並駕齊驅

1.現代無調性音樂的開山始祖：荀貝格及第二維也納樂派

　　再就音樂領域而論，戰間期的奧地利最具代表的音樂界大師
非作曲家荀貝格（Arnold Schönberg，1874–1951 年）莫屬，荀貝
格與其最重要的兩位弟子貝爾格 （Alban Maria Johannes Berg，
1885–1935 年） 及馮‧威本恩 （Anton Friedrich Wilhelm von
Webern，1883–1945 年）創立了「第二維也納樂派」。荀貝格係將
調性音樂轉變為「無調性音樂」(Atonalität) 的第一人，正式開啟
了音樂的表現主義風格時期。

　　荀貝格最初原屬浪漫樂派晚期的半音主義者，其後在 1908 年
時，他的演奏風格一轉而成為無調性音樂。其無調性音樂持續約
達十五年之久，時至 1923 年時，他正式提出了「十二音列技法」
(Zwölftontechnik)，至此正式進入其十二音列時期。荀貝格在其這
項全然挑戰傳統樂理的理論中強調，在一個完整的半音音階內的
十二個半音，每一個半音的重要性完全相等，一反傳統樂理所遵
循的，即音階內以個別音來主導其他音的概念。荀貝格後來在任
教於柏林之時，將其音樂理念及彈奏手法大幅傳播開來，對當世
樂界造成極大轟動。 然而自 1933 年希特勒及其國社黨人上臺之
後，荀貝格的樂風被國社黨人批為墮落音樂，認為是毒害德意志
青年的毒樂，因而導致荀貝格被迫流亡美國。然而卻不減荀貝格

及其所創建的「第二維也納樂派」的鋒芒,從無調性音樂、十二音列技法,以及序列主義的運用,其對於音樂界可謂是一系列的革命性創舉,並基本上形塑了今世音樂界的面貌。

2.調性音樂的重要節慶:薩爾茲堡音樂節

猶太裔奧地利公民對奧地利音樂界的鉅大貢獻,不僅出現在現代音樂方面,亦出現在保守陣營所一再捍衛的傳統調性音樂上,此由 1920 年「薩爾茲堡音樂節」(Salzburger Festspiele) 的問世尤可窺見出。該音樂節係由三大關鍵人物:馮‧霍夫曼斯塔、馮‧安德里安(Leopold von Andrian,1875–1951 年)及劇場舞臺導演萊因哈德(Max Reinhardt,1873–1943 年)所全力推動,三人皆為猶太裔人士。在該音樂節的重要演出節目中,前一章節所提到的奧境文化界大師馮‧霍夫曼斯塔的劇作 《每一個人》 (*Jedermann*), 以及 《偉大的薩爾茲堡世界劇場》 (*Große Salzburger Welttheater*) 成為上演的核心劇作,其後並且成為每年固定演出的傳統劇目,自此之後薩爾茲堡音樂節逐步發展成為全歐樂壇年度盛事之一,年年吸引全球大批古典樂迷前往朝聖。

六、大眾通俗文化:滑稽劇團的盛行

至於在大眾通俗文化方面,此際的奧京維也納亦是大放光彩的時代,猶太裔人士同樣扮演了無可比擬的重要角色。諸如由布拉莫 (Julius Brammer,1877–1943 年) 及古茵瓦爾德 (Alfred Grünwald,1884–1951 年) 所領銜的兩大滑稽劇團,可說推動了戰間期整個維也納滑稽劇的「銀色紀元」(Silbere Ära) 時代,他們

以極為生動有趣的詮釋風格凸顯了戰間期的奧地利認同問題，清楚地揭示了這段時期中，社民黨的大本營維也納所發展出的某種程度的自我歸屬感，明顯有別於奧地利第一共和國的其他地區仍自視為德意志人的民族認同。

七、建築：卡爾‧恩及其卡爾‧馬克思大院

另外在建築方面，由於一戰後的奧地利第一共和國在政黨生態上，除了初期極短暫之期外，社民黨與基社黨係處於激烈對立的狀態，相對於奧境絕大部分隸屬於持保守立場的基社黨之領域，連帶地使其建築風格繼續維繫昔日的哥德式、巴洛克式或古典主義風格而言，社民黨大本營所在的維也納則出現若干截然有異於傳統建築風格的現代建築，尤其強調為勞工階級及底層中產階級而興築的「公共住宅」(Gemeindebau)，在此際蔚為一時風潮，其中最具代表的建物則為「卡爾‧馬克思大院」(Karl-Marx-Hof)。

這個由維也納建築師兼都市計畫師卡爾‧恩　(Karl Ehn，1884–1959 年) 所設計的大型公共住宅群，完工於 1930 年，體現了社民黨以照料勞動階級及底層中產階級為先的創黨理念。卡爾‧恩出身於建築大師鄂圖‧華格納的門下，係華格納最得意的門徒，他受社民黨高層之請而設計打造出這座全球最大的集合式的公共住宅群。該建物座落於維也納北端的德布靈行政區 (Stadtteil Döbling) 內，占地極廣，建築體全長總計一千一百餘公尺，涵蓋了四個輕軌電車站的距離。在恩的設計下，被規劃為可供五千人居住的大型公共住宅，整個建築群中除了住宅外，還包

圖40：卡爾・馬克思大院

括了花園、遊樂場所、育幼院、圖書館、沐浴室、洗衣店、小型
醫療診所及各類商店等等，為一個機能完備並可自給自足的大型
公共建築社區。此一大型公共住宅建築群的問世，充分彰顯維也
納在社民黨的執政下，欲達成社會主義理想藍圖的雄心。

八、自然科學

1.醫　學

　　在自然科學方面，戰間期奧地利的科學家亦取得不俗的成就，
出身於戰前德意志第二帝國法蘭克福，後任職於奧地利格拉茨大
學的醫學家勒維（Otto Loewi，1873–1971 年），首先對醫學方面
作出卓越的貢獻，他在 1936 年時與英國醫學家戴爾　（Henry
Hallett Dale，1875–1968 年）共同發現了「神經衝動的化學傳遞」

(die chemische Übertragung der Nervenimpulse)，從而在 1936 年時與之共同獲頒諾貝爾醫學獎。貝勒（Lorenz Böhler，1885–1973年）則建立了當代醫學上的創傷外科學，他並在 1919 年時在維也納建立起全球第一所大型的創傷外科醫院，從而為其博得「創傷外科學之父」(Vater der Unfallchirurgie) 之名。

2.化　學

在化學方面，斯洛文尼亞裔化學家普雷格（Fritz Pregl，1869–1930 年），則對「微觀化學」(Mikrochemie) 領域取得突破性的發展，因而在 1923 年時贏得了諾貝爾化學獎。另一位出身於維也納，其後在格拉茨大學進行研究的馬札爾裔化學家齊格蒙迪（Richard Adolf Zsigmondy，1865–1929 年），則在經過長期的實驗後確立了「膠體溶液的異相性質」(die heterogene Natur kolloidaler Lösungen)，從而對「膠體化學」(Kolloidchemie) 作出了極大的貢獻後，亦為他在 1926 年時贏得一座諾貝爾化學獎。

3.物理學

在物理學方面，薛丁格（Erwin Rudolf Josef Alexander Schrödinger，1887–1961 年）則為「量子力學」(Quantenmechanik) 的奠基者之一，他在 1926 年時提出「薛丁格平衡方程式」(Schrödingergleichung)，為量子力學的發展奠定堅實的根基。他在 1927 年時受邀到柏林洪堡特大學擔任物理學教授，卻憤於國社黨人在 1933 年的上臺，因而遷居英國，因其在物理學上的卓越貢獻而在同年正式獲頒諾貝爾物理獎，不過他在獲得諾貝爾獎未久之後返回故鄉奧地利，卻受到國社黨人的極盡打壓及刁難，旋而被

迫出亡，直至戰後才重返奧地利。出身於奧地利徐泰爾邊區的另一位物理學家赫斯（Victor Franz Hess，1883–1964 年），則發現了「宇宙射線」(die kosmische Strahlung)，同屬物理學界的重大成就之一，此一重大發現也使赫斯在 1936 年獲得諾貝爾物理獎。然而 1938 年的德奧合併對向來反國社黨立場的赫斯，無異是一場噩夢，他因其妻出身猶太裔之故而橫遭迫害，最後亦被迫出亡美國並在不久之後歸化為美籍。

九、維也納風華絕代紀元的落幕

綜觀戰間期的奧地利第一共和國時期的文化發展，基本上係延續著一戰前哈布斯堡帝國時期的百花齊放之景，儘管在這短短的二十年之中，奧地利第一共和國在政經社始終處於動蕩不安的局面，同時人民亦缺乏集體自我認同感，不過並未掩蓋此一時期奧地利在文化上的各項耀眼成就。直到希特勒主政下的德意志第三帝國對奧地利第一共和國造成嚴重的威脅以後，共和國的文化盛況，才因大批文人學者的先後離境及流亡他國而逐步走向消沉黯淡之景，尤其 1938 年第三帝國完全合併奧地利，大肆逮捕並迫害猶太裔作家之後，璀璨輝煌的歐洲藝文之都暨二十世紀京城的維也納風華歲月，至此一去不復返矣。

第十五章 | *Chapter 15*

希特勒掌控下的奧地利

第一節　淪為大德意志帝國東部邊區的奧地利

1938 年 3 月 11 日，舒許尼格辭去奧總理後，奧地利國社黨人隨即掌控了奧政局，旋即在兩日之後宣布奧地利與德意志帝國完成合併，奧地利第一共和國作為一個獨立的國家，也就在其誕生二十年之後消失於歐洲的政治版圖之中。

一、國社黨主導下的德奧合併公民投票

這段在二戰結束之後長期被國際社會批判為第三帝國暴行，甚至向來被奧地利人一再形塑的，即自身係國社黨人暴行迫害下的全歐第一位受害者事件，實則有相當大的程度並不符合史實的發展。國社黨人急欲吞併奧地利的野心無庸置疑，但不可否認地，當時絕大部分視己為德意志民族一分子的奧地利德人，其實並不排斥，甚至極表歡迎並迎接與德合併的行動，僅由一項事件即可

明確窺知——奧地利併入德意志帝國的公民投票。

　　為了彰顯奧地利德人熱切期待併入第三帝國，並進而成就一個大德意志國度的強烈意願，希特勒決心在 1938 年 4 月 10 日於其奧地利家鄉舉辦一場公民投票。這項由國社黨人急欲向國際社會證明，德奧合併是順應廣大德意志民族民心之所向的公民投票，最後開票結果竟高達了 99.75% 的選民同意德奧合併。無庸置疑地，為了政治宣傳目的，國社黨人早在投票日之前，即已透過各種技術層面的運作，從而確保這場公民投票的高投票率及高同意率，然而幾近 100% 的同意率可說令國社黨人有超乎意外之驚喜，此種結果亦不啻說明了奧地利德人對併入一個大德意志帝國，是抱持著高度期待並熱切擁抱的心情。

二、奧地利猶太人及洛馬人的橫遭迫害

　　德併奧之後，最大的受害者毫無疑問地是奧地利猶太人，大批猶太產業主旋即失去產業，猶太中產階級及受雇人員亦失去工作，大批猶太裔子弟橫遭剝奪就學的權利，幾乎全體的猶太人被迫以極低廉的價格而將其房地產賤售。與此同時，許多猶太富豪及知識人士所擁有的大量藝文作品及收藏品，亦在國社黨人的暴力脅迫下而被迫轉讓予國社黨政權。

　　此種政治氛圍漸使猶太人在奧地利的生存愈趨惡劣，因而出現一股猶太人外移潮。最初國社黨人樂見猶太人的大規模離境，他們也期待藉著猶太人亟欲逃離的想法，盡可能地對之索取極高的金額，只要欲離境的猶太人士有能力繳交鉅額款項，國社黨人

圖 41：水晶之夜中被砸毀的猶太店鋪

隨即放行。在此種狀況下，至 1939 年 11 月時，已有超過了十二萬五千名以上的猶太人逃離其奧地利原鄉，其中包括佛洛伊德、羅特、褚威格及荀貝格在內的大批當時奧地利文化界猶太裔人士，皆選擇在此際流亡他國。

　　其他因財力不足而無力外逃的猶裔人士，則是面臨到國社黨人對其愈趨兇惡的人身迫害，1938 年 11 月 9 日，當「水晶之夜」(Kristallnacht) 事件爆發後，猶太人慘遭大規模劫掠襲擊，維也納城內的猶太人受禍尤慘，大批猶太教堂橫遭摧毀、多人亡於非命，最後奧地利全境殘存的猶太人被集中送往維也納的「猶太區」(Gettos) 安置，任其在貧窮線下掙扎求生及自生自滅。及至 1941 年夏，德俄大戰爆發而德軍東向深入俄境數百公里之後，國社黨高層針對猶太問題終於作出最後決定。1942 年 1 月，國社黨高層

在柏林近郊萬湖區所秘密召開的「萬湖會議」(Wannsee Konferenz) 中，作出決定將包括維也納猶太區在內的第三帝國占領區的全體猶太人，全部遣送至死亡集中營的決定，此舉意謂著猶太人遭到大屠殺的悲劇正式降臨。經過整個大戰期間猶太人不斷的被遣送而橫遭國社黨人所殺害之後，原本戰前全奧地利共計超過三十七萬的猶太裔人口，至戰後僅餘約五千七百人左右，猶太人在奧地利幾乎被全面剷除。除此之外，洛馬人（Roma，即俗稱的吉普塞人）亦同受其害，總計超過六千名以上的奧地利洛馬人在國社黨人統治期間死於集中營。

三、奧地利作為第三帝國戰爭機器之一部

　　藉由殘酷的手段迫害猶太人的同時，國社黨人同時亟欲將奧地利全域盡快地融入第三帝國的政經社體系而運作，包括各項基礎工業、鐵路工業、重工業及軍需工業等重要大型產業，在第三帝國軍工產業界的大舉投入之下，得到了猛爆式的發展。此種狀態，導致了奧地利全境的失業率在短短兩三個月之中急遽下降，經濟形勢幾乎在一夕之間陡然躍升，使得奧地利德人迅速擺脫第一共和國時期的長期經濟蕭條之景，享受到一段經社高度繁榮富足之期，藉此也更加虜獲奧地利德人對第三帝國的支持及對希特勒的擁戴。

　　當奧地利德人心悅誠服於第三帝國的統治，並以作為大德意志帝國一員而自豪之際，國社黨人旋即將奧全境視為大德意志帝國核心之一部，肆意擷取其物力及人力資源而投入第三帝國的戰

爭機器之中。首先，奧境各項重工業及軍需工業皆被整合至第三
帝國的國防工業及戰爭機器而運用。此外，總計六萬六千名的原
奧地利共和國部隊則迅速被併入第三帝國國防軍 (Wehrmacht) 之
中。此外尚有大批應第三帝國軍方之所喚而自願從軍的奧地利德
人，加入帝國空軍 (Luftwaffe) 及海軍 (Kriegsmarine) 單位，大批
婦女亦響應國社黨人的號召而加入帝國軍隊中，成為醫療及通訊
單位的生力軍。總計從 1939 至 1945 年間，共有超過一百二十五
萬的奧地利德人，加入第三帝國黨衛隊 (Waffen SS) 及國防軍的
各級單位之中，奧地利德人對第三帝國的支持及擁戴可見一端。

第二節　奧地利在涉及戰爭罪行上的爭議

一、奧地利德人對國社黨政權的服膺

　　二戰結束之後，基於第三帝國國社黨人在二戰期間所犯下的
戰爭罪行，使之被列為戰爭罪犯首謀者的事實，已成各國學政界
的公允之論。然而較不為世人所關注到的是，奧地利德人在其間
所扮演的角色及其參與國社黨戰爭機器的程度為何。一如前述，
長期以來，戰後西方各國政學法界對國社黨人的罪行追究，已臻
密而不漏之境，時至今日，追究涉罪程度稍輕的國社黨附屬人士
之行為，仍不時見諸於西方輿論界的討論之中。然則奧地利人在
二戰期間與國社黨人的密切互動關係，卻鮮少成為西方輿論界的
關注焦點，絕大多數觀點似乎普遍接受一種說法，奧地利人係屬

國社黨人暴行下的第一個受害者，在第三帝國秘密警察特務機構全方位的控制之下，民眾只能被迫依照占領者之令而行事，此種看法即是二戰後奧地利人所一再宣稱的論點，然則實際上這種論點在極大程度上並不符合於史實的發展經過，對此實有必要作深入觀察。

正如前面章節之所列舉的德奧合併之公民投票一例，難以置信的高投票率及高同意率，不啻揭露奧地利德人對於第三帝國併奧的熱切歡迎心理。 其後更由於奧地利經社形勢自 1938 年 5 月以後的高度蓬勃興旺，使得其對希特勒及國社黨人的統治產生與有榮焉，甚至對身為大德意志一員的身分心生自傲自豪之感，更由於第三帝國元首希特勒出身奧地利的事實，使得奧地利德人從中產生親近之感。同時第三帝國合併奧地利之後，完全不是以占領的型態進行統治，而是將之視為大德意志帝國核心組成之一部而納入帝國日常行政的運作，奧地利德人一如帝國其他地區的德人般，皆可展其所能地投身於帝國政經社文等各層面的職務之中，並無任何差別待遇。凡此種種，致使奧地利德人對於元首領導下的大德意志帝國，心生強烈聯結的歸屬情懷。因此二戰德意志第三帝國瘋狂向外擴張的行徑，絕非僅只是德意志歷史的一部分，這段歷史同時亦屬奧地利歷史的一部分。

二、扮演反猶主義先鋒的奧地利德人

尤有甚者，奧地利德人對於元首及第三帝國的忠貞不貳及熱切擁戴，在許多領域上甚至是執大德意志帝國全境之牛耳，成為

全德之典範，此由奧地利德人的反猶行動中尤可看出。由於過去數十年來反猶行動在奧地利全境的愈演愈烈，奧地利社會的普遍反猶氛圍可謂極為熾熱，於是一旦在反猶立場鮮明的第三帝國合併奧地利之後，更使奧地利德人的反猶行動大受激勵，並立即著手制定更為嚴峻的反猶條款及法案。這些規範周密的對付猶太人的各類條款，在奧地利推行之後大受國社黨人所讚揚，從而將其引為標準範例而通令全境各地仿效之。

在有關第三帝國死亡集中營屠殺猶太人的案例中，同樣可觀察到奧地利德人在其間所扮演的關鍵性角色。許多奧地利德人因其狂熱的反猶立場而受到國社黨人的不次拔擢，他們成批成群地出任第三帝國高層各項機構的負責人，其比例遠高於第三帝國境內的其他地區。若根據二戰爆發前後的第三帝國全域的人口總數，奧地利境內人口所占的比例尚不到帝國總人數的 10%，然而帝國制定反猶條款及其後的大屠殺決策者，卻幾達半數是出身奧地利德人。就此一層面言之，奧地利德人不僅不是其所一再聲稱的：自身亦是希特勒暴行的受害者之一，反而應被列為國社黨人的共犯者之一。奧地利猶太裔學者，並有「國社黨戰犯獵人」之稱的維森塔爾（Simon Wiesenthal，1908–2005 年）即曾在深入探究這段黑暗史之後，進而認定奧地利德人對於二戰期間六百萬名遇難的猶太人之中的半數，即三百萬猶太亡靈是負有無可抵賴的直接責任。

第三節　戰局的逆轉及盟軍占領奧地利

一、第三帝國戰爭機器中的奧地利德人

　　奧地利德人既心悅誠服地為元首希特勒而效勞，因此二戰甫一爆發，大批入伍的奧地利德人就隨著第三帝國向全歐各國的擴張而效命於各戰區之中：從 1939 年的波蘭戰役開始，歷經 1940 年的北歐挪威戰役及西歐法國戰役，以及 1941 年 4 月的東南歐巴爾幹戰役，最後到同年 6 月的東線戰役，被編入第三帝國國防軍中的奧地利德人可謂無役不與。伴隨著德軍在大戰前三年的軍事捷報，奧地利德人一如第三帝國的全體德人般，對希特勒及國社黨人所一再宣傳的：優秀的德意志民族暨日耳曼種族終將贏得這場大戰的最後勝利，抱持著深信不疑的態度。

　　然而 1942 年底至 1943 年初德軍在史達林格勒戰役 (Schlacht um Stalingrad) 中的失利，導致了東線戰場攻守之勢發生逆轉之後，奧地利德人對戰局的樂觀情緒遽受衝擊，並出現了若干重新正視其奧地利認同的呼聲。只是如此微弱的聲量，根本難以撼動希特勒及國社黨特務機構對帝國全境的嚴密監控，此際奧地利的命運已然與第三帝國綁在一起而與之共存共亡了。在此期間，原本遠在天邊的煙硝烽火則一步步地逼近奧地利，1943 年 8 月中，美軍軍機首度轟炸維也納，這是奧地利本土初次感受到二戰的煙硝。1944 年 6 月盟軍第二戰場開闢後，第三帝國有良知之

圖 42：希特勒遇刺後，納粹德國官員視察案發現場。

士深感戰禍迫近而決心放手一搏，於是軍方內部才首次出現近乎
成功刺殺希特勒的事件，然而這場由國防軍上校馮·史陶芬貝格
伯爵（Claus Schenk Graf von Staufenberg，1907–1944 年）所策劃
並親身執行的 1944 年 7 月 20 日暗殺希特勒事件，最終卻仍告功
虧一簣。至此包括奧地利在內的德意志第三帝國全境淪為烽火煉
獄之命運，已無可避免。

二、奧地利德人對東西線盟軍的反抗差異

　　從 1944 年 9 月以後，美英盟軍增強對包括奧地利在內的第
三帝國全境各城市的大轟炸行動，至 1945 年 3 月間則達到其頂
點，奧地利各城市的深陷火海已然成為每日日程。於此同時東線
俄軍亦逐步逼近了奧地利東部，1945 年 2 至 3 月間紅軍終於進抵
奧地利東疆。基於東線戰場德軍傷殘者的親身經歷及國社黨人的

大力宣傳，因而在面對紅軍軍紀不彰及野蠻殘暴的恐懼下，奧地利人在別無選擇之餘只能奮起抗敵，遂使奧地利東部在飽受轟炸之後，又面臨紅軍火砲下的街頭巷戰之虞。1945 年 4 月 6 至 13 日，在歷經為時一週慘烈的維也納攻防戰之後，絕代風華並引領風騷數百載之久的奧京幾全淪為瓦礫廢墟，然而奧地利東部德人仍誓死頑抗紅軍的後續攻勢。

與之同時，奧地利西部則出現完全不同的景象，奧地利西部德人面對美軍即將攻入之際，甚至先行揭竿起義而驅逐國社黨殘餘勢力，隨後並以不抵抗方式而將包括茵斯布魯克在內的各大重鎮轉交予美軍。此種情形的出現，委實不令人意外，奧地利德人在痛惡恐懼東線紅軍的殘暴之下，極希望已進入奧境西部的美軍，盡可能地能夠趕在紅軍抵達之前即先行解放奧地利其餘地區，企盼保護奧地利德人免受紅軍占領後的暴行之苦。

時至 1945 年 4 月 30 日希特勒自殺後，二戰的終結只是時間早晚的問題，至 5 月 8 日，美俄兩軍會師於奧境中北部的恩斯河畔後，同日第三帝國宣布無條件投降，二戰的歐陸戰場至此終於完全結束。總計奧地利德人在將近六年的大戰期間，約有一百二十五萬左右投入第三帝國的戰爭機器之中，其中將近二十五萬人戰死，十萬人重傷成殘，另外則約有五十萬人身陷盟國戰俘營之中。

戰後全境各大要城幾全化為瓦礫廢墟的奧地利，此際所面臨的不僅是一段漫長艱辛的重建歷程，同時斯土斯民的命運全然掌控在戰勝國之手，亦即端賴美俄英法四強如何決定並安排奧地利的前途。

第十六章 | *Chapter 16*

奧地利第二共和國的建立及發展

第一節　四強分區占領奧地利及《國家條約》的締訂

一、奧地利第二共和國的成立

　　早在二戰期間，盟國即已針對奧地利在戰後地位的安排而建立起基本的共識，1943 年，美英俄三國政府在莫斯科會議後所聯合發表的《莫斯科宣言》中即已強調，奧地利是作為第一個在希特勒侵略政策下的受害者的自由國度，因此戰後盟國對其之處理，將有別於對德國的態度，這項政治聲明在不久之後亦為當時法國流亡政府所接受。因此在同年年底時，美英俄法四強政府原則上皆同意，戰後的奧地利應重新取得獨立自主的國家地位。二戰甫一結束，四強決定在奧地利重新取得其獨立主權之前，採行分區占領奧地利的模式，將奧地利分割為四個占領區，分由美英俄法四強掌控奧地利的北南東西之域。鑑於奧地利全域的破敗蕭條，

因而進行全境的經濟重整及建立起基本的政黨政治運作，成為列強在分區占領奧地利期間的首要之務。

在經濟方面，美國的大力援助成為戰後奧地利經濟情勢重起的關鍵性因素，1947 年 6 月，在美國「馬歇爾計畫」(Marshall Plan) 大舉經援全歐的形勢下，奧地利受益極大，大筆資金投入各項民生產業及基礎建設，再加上美國隨後不久全面免除奧地利支付美國占領區的各項開支，甚至將先前已支付的款項還予奧地利政府，使得奧地利經濟狀況在短時間中迅速攀升，逐步擺脫經濟殘破之局。

二、奧地利政黨的重組

戰後奧地利政黨版圖也進行了相當程度的重組，奧地利社會民主黨在此際改名為奧地利社會主義黨，以實現社會正義為訴求，立場明顯左傾，仍舊維持其強大的政壇影響力。另一個昔日長期主宰奧地利政壇的政黨基督社會黨，則在戰後進行了大規模的重整，他們除了原有的教會支持力量之外，又納入了保守主義人士與資本主義人士，從而成立了奧地利人民黨。此外尚有蘇聯大力扶植的奧地利共產黨，不過這個綱領政策明顯皆以俄為師的政黨，並不受奧地利人民所青睞而未能產生其實質影響力，因而在其後的奧地利政黨發展史上，幾乎皆由社會主義黨及人民黨兩大黨取得政壇主導權。

早在二戰尚未結束時，在俄國扶植下的奧地利臨時政府在先前曾擔任第一共和國總統倫訥的主導下，已在 1945 年 4 月 27 日

宣布奧地利（第二）共和國的重起，西方盟國在歷經數月與俄協調之後終於承認此一政府的合法性，隨即在同年 11 月 25 日舉行戰後奧地利的首次國民議會大選。大選結果，人民黨與社會主義黨各自取得了 50% 及 45% 的選票，為了促使奧地利重建之路的順遂，於是決定籌組大聯合政府，首任聯邦總理為人民黨的費格爾（Leopold Figl，1902–1965 年），副總理則為社會主義黨的薛爾福（Adolf Schärf，1890–1965 年），至於首任聯邦總統則由倫訥擔任。

三、奧地利國族認同的建構及成功

1.反德氛圍下的建構自我認同契機

　　組成了大聯合政府的人民黨及社會主義黨，對於國家大政的未來的走向，極有默契地採取了克制謹慎的態度，基於先前第一共和國政壇紛擾及黨同伐異所造成國家傾覆的記憶仍歷歷在目，因而兩大黨主政人士不願再重蹈覆轍，首要之務則在於先行解決國族認同問題，係因這是第一共和國政經社始終未能順利運作的深層因素之一。此刻奧地利兩大黨皆斷然否決了德意志民族認同，轉而集中心力建立起奧地利的國族認同，他們透過各種有形無形的措施及政策，建構起奧地利人的自我認同感。其努力獲得眾多奧地利民眾的大力支持而得到了長足的進展，其深層之因在於，一方面戰後國社黨人的戰爭暴行細節不斷地被揭露，全歐各國反德仇德情緒濃厚，致使廣大的奧地利民眾不願與德意志畫上等號，另一方面則自豪於奧地利過往文化的輝煌盛世，認為從中可形塑

出其自我的認同感。

2.奧地利受害者悲情的訴求

　　此外，奧地利政界的一再強調奧地利係國社黨人擴張暴行的首要受害者，同是建構奧地利國族認同的一大主因。面對戰後許多猶太受害者向奧地利政府求償索賠及返還昔日財產，奧地利大聯合政府採取了一種極為靈巧閃避的策略，一方面他們允諾只要提出充分證據，將歸還猶太受難者原有財產，並盡其可能地協助猶裔人士向日後的德國政府提出賠償要求。

　　然而實際上，奧地利政府甫自戰爭一結束，就將大量昔日國社黨人在奧地利的資產，其中包括大批劫奪自猶太人的文物，全部收歸國有。奧地利政府痛斥國社黨人在入侵奧地利之後趁機劫奪了奧地利的大量文物資產，因此收歸國有之舉不過是將原有奧地利文物資產還給了奧地利。在奧地利政府的觀點之中，1938 年至 1945 年的德奧合併之期的國社黨人統治奧地利期間，奧地利人亦是受害者，這七年的歷史自然而然不應歸列為奧地利歷史的一部分。於是既然奧地利人與猶太人皆是國社黨人暴行下的受害者，當然就不存在奧地利人劫奪猶太人文物資產的行為，因此猶太人應當向作為第三帝國法理上繼承人的未來德國政府索賠。從奧地利政府這項訴求自身為第三帝國首位暴行受害者身分，全盤否認與國社黨人的共謀合作關係，並機巧地否決了猶太文物的索回之請，一再可以看出二戰後奧地利人與德意志認同切割的意圖。

　　這種全然以全新的自我而否定過去與第三帝國及德意志的關聯性，不僅見之於內政上面對猶太人的索賠要求，同時亦可以很

清楚地在國際場合上窺見端倪。戰後波蘭、南斯拉夫及希臘政府皆先後向奧地利政府提出要求，應為其昔日參與國社黨人戰爭罪行而負起對各國政府民間的賠償義務，然奧地利政府在外長古柏（Karl Gruber，1909–1995 年）的主政下，則一再以奧地利實為國社黨暴行的第一位受害者作答辯，甚至列舉了二戰期間極少數奧地利人反抗國社黨政權案例以為佐證，藉此閃躲任何的賠償要求。

　　奧地利政府的受害者宣傳，在當時不能不說得到了極大的成效，國際間普遍也接受奧地利為受害者之說。在此值得一提的是，有關外界徹底追究奧地利人與國社黨政權密切合作所應負的戰爭罪行連帶責任的討論，事實上是直到半個世紀之後才受到較大的關注。無論如何，吾人不難由奧地利政府對外切割國社黨及德意志概念的歷程中，清楚觀察到奧地利政府建立自身國族認同的強烈企圖。

3.經社組織對奧地利認同的推動

　　奧地利兩大政黨版圖的勢均力敵及其合組大聯合政府的作法，不僅能透過政策而形塑奧地利認同，事實上這股動力也在經濟社會層面中發酵。舉凡各類商業及社會機構的職務安排及發展擘劃，皆透過彼此之間的密集協調及討論，從中尋求共識之後共同決定，盡可能達到合作雙贏的境界。因而此種情形下，大批商業或社會機構幾乎盡皆冠以「奧地利」之名，無形之中也形塑出對奧地利的高度認同感，其效果甚至遠較政治上的措施更為明顯。

4.中東歐德裔難民對奧地利國族身分的認同

　　此外，另一股形塑奧地利國族認同的力量，則源自於新加入

的成員，此係來自中東歐各地被逐離的德裔難民。由於根據《波
茨坦條約》(*Potsdamer Abkommen*) 的相關規定，戰前生活在德奧
疆域以外的中東歐及東歐各地的德意志民族，被強行驅離其落腳
已歷數百年之久的中東歐暨東歐原鄉，逐往西方的德國及奧地利
境內。此種狀態下，約有數十萬至上百萬左右的波希米亞德意志
人及多瑙徐瓦本人 (Donau-Schwaben)❶，在二戰後的數年內遷入
了奧地利各地，基於戰後德裔身分的備受仇視，因而他們很快地就
接受奧地利人的身分認同，從而使奧地利國族認同更是快速廣布。

四、奧地利政府的去納粹化措施

　　戰後奧地利政府除了積極重建政經社秩序及建構奧地利國族
認同之外，另一重大要務則為「去國社黨（納粹）化」的行動。
奧地利政府及四強占領當局從 1945 年 5 月開始，即已著手清查
了大批在戰時加入國社黨黨員的奧地利人，從而歸類出主要罪犯
及次要罪犯，針對其罪行之輕重而先後起訴二萬八千餘人，其中
一萬三千餘名被宣判有罪，四十三名罪行重大者則遭判處死刑。

　　然而至 1947 至 1948 年之後，此一追究國社黨罪犯的行動大

---

❶ 多瑙徐瓦本人係屬德意志民族，這是一群在十七及十八世紀的進程中，
　隨著哈布斯堡王朝抗土戰爭勝利而將土耳其人逐出多瑙河中游之後，
　為了實邊墾荒而被招喚到邊境地帶墾荒的德意志農民，他們率抵源自
　西南德的徐瓦本地區，移向東部之後則被安置於當時屬帝國邊陲地帶
　的多瑙河中游的巴琪卡 (Batschka)、巴朗尼亞 (Barania) 及巴納特
　(Banat)，因而就被稱為多瑙徐瓦本人。

為弱化，透過赦免法案的施行，許多罪行輕微者最後皆被釋放，甚至到 1955 年時，對於戰爭罪行的追究實際上已然全部終止。「去納粹化」的行動之所以會如此短的時間內即行結束，實與國際局勢的發展息息相關，由於以蘇聯及美國為首的東西冷戰對峙的局面在 1947 年時已然確立，於是新舊敵對勢力出現大幅變化，昔日的敵人已成今日盟友，在東西雙方皆想拉攏德國人及奧地利人的狀態下，追訴昔日二戰的戰爭罪行的行動致而大為減弱。

五、《國家條約》的簽署及四強占奧的結束

當奧地利第二共和國逐步度過戰後初期的政經社及認同困局之後，奧政府緊接而後的要務，則為終止四強分區占領奧地利的現狀。奧政府從 1947 年年初開始，即已向四強提出全面撤軍及取回完全主權的要求，然而初始之際談判並不順利，關鍵因素在於同年下半年後東西冷戰局面的出現，使得蘇聯及西方盟國皆不願讓深具重要戰略地位的奧地利落入對方陣營之手，致使奧政府的期望落空，尤令奧政壇極感擔憂的是，在東西軍事對峙之下，恐將不免導致奧地利的東西分裂，一如 1949 年之後的東西德政府分別成立之後的兩德分裂局面。

直到 1953 年蘇共總書記史達林 （Josef Starlin， 1878–1953 年）過世、東西對峙的狀態稍稍紓緩之後，奧地利爭取完全主權之事方能有所進展。同年在新任奧地利總理拉布 （Julius Raab，1891–1964 年）的主政之下，決定提出未來奧地利成為永久中立國的方案，來突破奧地利在東西冷戰對峙下的夾心餅乾困境。此

議在 1955 年上臺的蘇共總書記赫魯雪夫（Nikita Chruschtschow，
1894-1971 年）的試圖緩解與西方緊張關係的思維下，獲得突破
性的進展。

　於是在 1955 年 5 月 15 日，四強與奧地利外長終於在維也納
的上美景宮正式簽署了《國家條約》(*Staatsvertrag*)，為奧地利取回
完整的主權踏出了關鍵性的一步，三個月後，四強結束了占奧狀
態並撤離其軍隊，至此奧地利終於贏回其獨立自主的地位。同年
10 月 26 日奧地利國民議會也正式通過中立國法案，宣布奧地利作
為永久中立國的地位。對奧地利人而言，《國家條約》的締訂不僅
確認了奧地利作為一個主權獨立的國家，斷絕了時至當時僅存些
微與德意志國家——無論東西德皆然，再次聯結的任何可能性，
從中更促使奧地利國族的認同自此之後得到長足且穩定的進展。

第二節　步向小康富裕之境的奧地利

一、政經社穩定發展的紀元

　從《國家條約》簽署一直到 1970 年代，無論就政治、經濟及
社會層面的發展而言，可謂是奧地利第二共和國的一段承平穩定
的時期。在政治方面，奧地利人民黨得利於經濟情勢的穩定，使
其民意支持度逐步上升，但為求政局的穩定，仍選擇與奧地利社
會主義黨繼續組成黑紅大聯合政府，係因奧政壇兩大黨之外的具
影響力政黨，僅有從原來名為「獨立者聯盟」(Verband der

Unabhängigen) 在 1955 年易名為奧地利自由黨 (Freiheitliche
Partei Österreichs, FPÖ) 而已，然由於該黨最初帶有德意志民族主
義色彩，且其主要支持者之中有部分為昔日與國社黨關係密切的
大產業主，因而兩大黨別無選擇地只能進行黑紅合作，俾免奧政
局陷入動盪。

　　在此一時期中，受惠於政局的穩定，使得奧地利的經濟情勢
呈現一片欣欣向榮之景，從 1950 年代中期一直至 1960 年代初
期，奧地利的年經濟成長率始終維持在 6.4% 以上。支撐這股經
濟動能者，除了包括製鋼業在內的重要大型產業之外，再則即是
觀光旅遊業，尤其是阿爾卑斯山的觀光旅遊活動可謂奧地利旅遊
業的金雞母，時至 1966 年時，奧地利即已吸引了大約六百四十萬
的遊客造訪，觀光旅遊業對奧地利經濟產值的重要性不言可喻。

　　此外，此一時期奧地利的社會改革亦對均富社會的實現卓有
貢獻。1963 年奧地利產業、工會及政府達成了一項協議，內容針
對各種社會福利作出具體規範，再則由於奧地利為中立國之故，
政府亦較有充足經費投入社福的支出上，從而使奧地利逐步走向
一個社會福利國家的境界。

二、東西冷戰對峙下的奧地利對外關係

　　處於東西冷戰對立夾縫中的中立國奧地利，在對外方面卻難
以完全迴避國際局勢動盪所帶來的衝擊。當匈牙利人民在 1956 年
發起反抗共黨統治的革命而慘遭蘇聯紅軍血腥鎮壓之後，奧地利
聯邦軍隊首度前往東部的奧匈邊界上，警戒蘇聯紅軍可能的後續

行動，同時並協助為數超過十八萬以上的馬札爾難民入境避難。
十二年之後的 1968 年捷克「布拉格之春」的抗俄事件，聯邦軍隊
基於相同的職責而防衛北疆防線，並接納庇護了十六萬名左右的
捷克斯洛伐克難民。在蘇聯紅軍的數度逼近奧地利邊界的形勢下，
奧地利中立國的地位事實上並非全然無憂。

　　此外，與西方世界的關係，亦非順遂無虞，主要爭端在於與
義大利之間的「南提洛爾問題」(Südtirolfrage)。前面章節曾提及，
在一戰結束之後，義大利作為戰勝國之一而在協約國事前的應允
之下，吞併了奧境西部的提洛爾南部，然而這塊位於多羅米特阿
爾卑斯山區內的地帶，在當時義裔人口僅占約兩成，德裔族群則
占七成以上，致而引發南提洛爾的德裔民眾抗拒義大利統治事件，
並造成奧義之間長期的外交爭端。戰間期，奧地利第一共和國因
政局紛擾及國際影響力大衰，對取回南提洛爾難有作為，希特勒
併奧之後，因柏林－羅馬軸心之故，亦無意向義大利索回南提洛
爾之地。

三、奧義間南提洛爾爭端的解決

　　時至二戰結束之後，奧義間的南提洛爾歸屬之爭再起，最後
在盟國的介入斡旋之下，1946 年，奧地利外長古柏與義大利外長
戴嘎斯培理（Alcide de Gasperi，1881–1954 年），終於在巴黎簽
署《古柏－戴嘎斯培理條約》(*Gruber-De Gasperi Abkommen*)。在
該約中，南提洛爾在盟國的折衝調解下，仍被歸列為義大利一部，
與此同時義政府則作出承諾，將給予南提洛爾德裔族群在義大利

憲法保障下的少數民族地位，賦予其高度的自治權。然而義政府在其後的數十年間不僅未落實少數民族保護法，甚至極力壓制南提洛爾德裔民眾對各項政治權利的爭取，終而引爆南提洛爾德裔民眾的怒火，遂在 1950 年代末至 1960 年代晚期間採取了激烈的民族抗爭，甚而不惜進行一系列的恐怖攻擊事件，造成許多傷亡，致使南提洛爾問題在這段時期中，成為奧義間甚至是國際上的燙手山芋。

　　最後在奧義政府不斷進行折衝磋商及聯合國的介入斡旋下，1969 年雙方終於達成最後共識。義政府承諾將全面落實南提洛爾德裔民眾的自治權限，其後 1972 年南提洛爾自治議會通過的《第二次自治法規》(*II. Autonomiestatut*) 中，德裔族群作為義境少數民族所應享有的權利終於獲得確保。自此之後，南提洛爾的族群衝突事件，在後續年代中逐漸減緩並終至消聲匿跡，困擾奧地利及義大利長達近半世紀之久的南提洛爾之爭，至此終告一段落。此後奧義關係始能步上正常化，義大利政府隨後也在同年年中同意，奧地利以非正式會員的身分而參與 「歐洲經濟共同體」(European Economic Community)❷的運作，享有與其他正式會員

---

❷　歐洲經濟共同體是 1950 年代 「歐洲整合運動」 (European Integration) 中，所建構的三大共同體之一，係由法國、西德、義大利、荷蘭、比利時及盧森堡六國所建構而成。 1967 年的 《合併條約》 (*Mexger Treaty*) 簽署後，歐洲經濟共同體與歐洲煤鋼共同體 (European Coal and Steel Community) 及歐洲原子能共同體 (European Atomic Energy Community) 的主要機關合併，合稱為 「歐洲共同體」 (European

幾乎一樣的權利與義務。

四、克萊斯基的紀元及幸福的中歐國度

從 1970 年開始，社會主義黨在猶太裔黨魁克萊斯基（Bruno Kreisky，1911–1990 年）的領導下，先後在國民議會的數次大選中連續取得勝利，從而擔任了任期超過十二年之久的奧地利總理之職。這段被當時的羅馬教宗讚譽為「幸福之島」(Die Insel der Seligen) 的時期，係屬戰後奧地利歷史上的一段政治穩定、經濟繁榮及社會富足的年代，係因當時的奧地利相對於西方世界在 1968 年學潮所引發的社會動盪之態，以及東方共產集團甫經歷 1968 年布拉格之春的肅殺氛圍之中，格外令人心生奧地利身處於風暴環伺而卻能不受其波及的祥和孤島之感。

克萊斯基雖身居奧地利社會主義黨要角地位，然其並非是一個基本教義者，任內他追求社會主義式國家公平正義理想的實現，卻不採行激進的手段，各項政策皆與在野黨及社會各界尋求共識後才落實於政策之中，因而在這段時期中，奧地利遂得以以穩健的步伐而推動各項社會政策，從而使奧地利逐步邁向一個社會福利建構完整的幸福國度。

Communities)，簡稱「歐體」(EC)，但三大共同體較細部職權仍繼續維持運作，因而在歐體之下，三大共同體機構持續存在。到了 1992 年 2 月 7 日，歷經數次擴大之後的歐體十二個會員國正式簽署《歐洲聯盟條約》(*Treaties of the European Union*) 後，歐洲聯盟 (European Union) 正式建立，簡稱歐盟 (EU)，成為三大共同體上位機構。

　　他上臺之後，對於已然穩健運行的資主本義經濟體系並不持異議，但要求大型產業必須負起相關的社會責任。當時奧地利有超過三分之一以上的產業公司為西方大型產業集團所有，克萊斯基內閣不願直接以政府之力而介入干預之，轉而採取在法律上賦予國內工會更大的權力，使其向各大產業雇主爭取受薪階級所應有的權益。於此同時，克萊斯基內閣也大力扶植本土的中小型產業，藉由稅賦減免及資金挹注等方式，拉拔設廠於經濟所得較低的區域，使得經濟增長成果得以盡可能地為全境各地民眾所共享。此種政策下，因而像勞動者的健康保險、每週 40 小時工時的制定及年休四週的規定，皆使奧地利在經濟穩定發展之餘，亦能促進社會的健全發展，並使全民的生活水準受到完善的保障。

　　在社會改革方面，克萊斯基內閣採納了自由主義的觀點，與時俱進而調整不同領域民眾的訴求。首先給予離婚者應有的尊嚴，不再任其受到不必要的道德責難，全面去除離婚罪惡化的標籤。其次，家庭權亦擺脫昔日完全以男性為尊的立場，轉而賦予組成家庭雙方的權利平等地位。再則就是取消同性戀的禁令，賦予同性戀者在法律上應享有的權利。此外，高等學府的革新亦屬要務，在進步及民主思維理念的貫徹下，大批富朝氣且秉持自由與民主等進步理念的年輕學者，紛紛在社會黨政府革新大學的政策下進入奧地利各高等學府，從而使得各大學校風逐步由過去的保守封閉而走向開放自由的境地，迄今猶然。

五、克萊斯基主政下奧地利國際形象的躍升

克萊斯基的卓越長才甚至並不單單僅展現於內政方面，並且及於對外關係上。在其任內，他將奧地利威望一舉提升至遠超過其國家人口數及面積比例的高度地位，並且遠遠逾越歐陸以外。例如在中東世界的以巴衝突問題上，他極力調解巴勒斯坦阿拉伯人與以色列人之間的衝突，有時甚至促成若干和平時刻的實現，因而使得奧地利在當時的阿拉伯世界中贏得正面形象。其次在1979 年時，克萊斯基並以東道國的身分而促成美國總統卡特（Jimmy Carter，1924 年–）及蘇聯總書記布里茲涅夫（Leonid Brezhnev，1906–1982 年）在維也納的會談，會後並簽署了《第二階段限制戰略武器條約》(*Strategic Arms Limitation II Treaty*)。基於奧地利作為中立國而調解各方衝突的普受肯定，因而在同年，聯合國乃選擇維也納作為聯合國的永久首都之一，排在紐約及日內瓦之後。也由於奧地利在當時國際政局上所扮演的中介者角色，時人有時甚至會將 1970 至 1980 年代初的克萊斯基時代的維也納，來與 1815 年的梅特涅主導下的維也納會議相比擬，不難看出奧地利在當世國際政局上所受到的關注。

然而在克萊斯基主導下而步向社會福利國家的奧地利，在進入了 1980 年之後，卻遽然受到了嚴厲的挑戰，此係全球經濟危機所導致。由於國際經濟的深陷衰退，奧地利全國失業人口陡增，復因先前大量社福機構的設置而導致的債臺高築，因而使得奧地利經濟情勢深陷難以為繼的困境，克萊斯基內閣不得不加稅因應

之，卻導致民眾實質所得下降，從而引發強烈的民怨。最後再加上克萊斯基內閣爆發若干貪瀆醜聞，致令克萊斯基終而不得不在1983 年的國民議會大選結束，社會主義黨得票率不如預期之後，卸下總理一職。

第三節　發展停滯及時代鉅變下的奧地利

一、經濟開發模式的轉變及環保意識的興起

　　1983 年奧地利社會主義黨與自由黨合組聯合政府，總理一職則由社會主義黨辛諾瓦茲（Fred Sinowatz，1929–2008 年）接任，此一聯合政府此際所面對的各項衝擊接踵而至，尤其是經濟情勢的惡化，使其執政之初即已呈步履蹣跚之局。事實上，克萊斯基紀元的結束，所代表的意義是奧地利步入一段政經停滯重整之期。

　　自 1980 年代以來，原本人們一直深信不疑的進步信念，尤其自二戰結束以來透過 1950 至 1970 年代以降的大力重建及持續發展，各類民生暨奢華商品的問世而滿足人們無止盡的物質需求。然而奧地利富裕社會的成形，在許多層面上實係透過對周遭自然環境資源的無情掠奪之上，其所造成的後果，不僅逐步腐化了人們的品性道德操守，導致了許多貪污腐化的官箴敗壞醜聞，同時也造成了周遭生態環境的嚴重破壞。早在 1970 年代以來，尤其是在西方 1968 年學潮的強烈衝擊下，即不乏有識之士大力批判這種掠奪式的經濟發展模式，這股聲浪終在 1980 年代以後，隨著政經

變局而一舉爆發開來。第一波大規模的衝擊在 1980 年代的海恩堡水壩抗爭事件，基於 1970 年代以來陸續出現的大片森林林木的病變及死亡，使得奧地利民意逐漸轉向反對大規模開發及對自然資源掠奪，這股強烈的環保動能終而在 1984 年引發大規模的群眾抗爭事件，堅決反對政府在多瑙河谷的海恩堡鎮興建大型水壩，最後終於成功地使得這項大規模開發計畫無疾而終。這股環保意識最後也促成了奧政壇的第四股勢力——綠黨在 1986 年的興起。

伴隨著這股環保意識而來的，亦使政府的施政不再以追求經濟高度的成長作為唯一指標，轉而投入了為建構知識社會的理想而前進，於是教育事業成為了此一階段的施政重點，包括通識及技職教育都獲得政府大力的推動，林茲、薩爾茲堡及克拉根福大學皆是這項政策下的產物，亦使得奧地利的大學生人數從 1950 年代中期的二萬人，逐步攀升至 1980 年代中期的十七萬五千人，其中女性占有近半的比重。

二、瓦德漢事件及奧社會對二戰歷史的態度

至於在內政上，1980 年代中期亦是奧地利社會針對過去歷史進行省思與否的一段爭論時期，該爭論係由 1986 年的總統大選所觸發。該年奧地利人民黨推舉了該黨的總統候選人瓦德漢（Kurt Waldheim，1918–2007 年）角逐總統職位，這位在 1972 至 1980 年間擔任聯合國秘書長的卓越外交人員，在總統選戰過程中被揭發並遭指控其在二戰期間為國社黨員的身分，以及作為第三帝國國防軍的軍官，在德軍攻占希臘時犯下了戰爭罪行，然而瓦德漢

在先前所出版的自傳之中，卻是對自身過往的行政軍職生涯採取了輕描淡寫，甚至是隱而不宣的作法。未久，這項指控隨即在總統選戰中成為對手及許多知識分子攻擊的焦點，然而瓦德漢對之完全採取冷處理的方式，最後竟順利挺過首輪及次輪的投票，成功地當選奧地利共和國總統。然則國際社會決心對瓦德漢展開調查，聯合國在隔年 1987 年時將其列入調查名單之中，以色列及加拿大政府並召回駐奧大使以示抗議，最後導致瓦德漢在六年的總統任期之中僅曾訪問若干中東國家，從未出訪歐美國家。

　　瓦德漢涉嫌二戰戰犯的爭議事件，其後在奧地利政府委託國際歷史學者協會所組成的真相調查委員會進行調查後，無法證明其犯下遭指控的戰爭罪行，然而有一點則獲得調查單位的一致確認，即瓦德漢的自傳內容可以說是漏洞百出，甚至有若干篇章涉嫌造假。該委員會在調查報告中因而大力批判瓦德漢對昔日經歷始終語焉不詳，若干關鍵處甚至一再托詞時日久遠而忘卻，終而使這份調查最後以無法取得突破性的內情而作總結。

　　由瓦德漢涉嫌戰犯爭議事件中，不難看出前面篇章所曾提到的，許多奧地利人對二戰時期與第三帝國國社黨人的緊密合作的過往，明顯採取著迴避的態度，甚至一再營造其係國社黨人擴張政策下的第一個受害者的受難者形象。正因為奧地利在東西冷戰的國際格局下為了對抗紅色共黨極權的擴張，以及二戰後奧地利政府急於形塑集體奧地利意識的背景下，使得上述宣傳獲得極大的成功。但也因二戰奧地利作為第三帝國共犯的行為等涉及轉型正義未能推動之故，使得許多奧地利人直至這場瓦德漢的戰犯爭

議之際，自始至終抱持著冷眼旁觀及漠視的態度。雖然有關奧地利人在二戰與國社黨人的關係，自此之後成為學界關注討論的焦點，然而有相當比例的奧地利人漠視過往黑暗面歷史，甚至內心中並不真正反對國社黨的態度，可謂顯而易見。

三、奧地利自由黨成為左右政壇的新興勢力

　　若由 1980 年代末期的奧地利政黨勢力的變化，尤可清楚窺見部分奧地利人對二戰奧地利與國社黨人的緊密關係，係抱持著漠視的態度。長期以來，奧地利的政壇向由兩大主要政黨：人民黨及社會主義黨所掌控，除了二戰甫一結束兩大黨曾組成短暫的大聯合政府之外，從 1950 至 1970 年代為人民黨握有執政權之期，至 1970 年代以後至 1980 年代中期則轉為社會主義黨取得主導權時代。然而兩大黨獨攬政權局面至 1980 年代中期左右漸被打破，由於兩大黨先後在其執政過程中爆發許多貪瀆醜聞，使得奧地利民眾對兩大黨的信任度與日降低，此際奧地利自由黨得利於此一契機，漸漸在政壇上取得不可輕忽的影響力。該黨首先自 1983 年以來即已先行與社會主義黨合組聯合政府，時至 1986 年，深具群眾魅力的新任黨魁海德（Jörg Haider，1950-2008 年）上任之後，一舉將自由黨的影響力提升至奧政壇上的第三大關鍵力量。

　　海德主導下的自由黨，以捍衛中低中產階級的利益作為政治訴求，痛斥兩大傳統政黨背離了人民托付的期許。與此同時自由黨亦不避諱該黨自創黨以來所秉持的民族主義的立場，差別僅在於他們係以奧地利愛國主義來取代或遮掩昔日所主張的德意志民

族主義。自由黨甚至利用了奧地利民眾對於自 1980 年代以來，數
量愈來愈多的外籍勞工及難民的擔憂恐懼心理，從而博得眾多草
根民眾的支持，使其支持率與得票率水漲船高，從 1986 年的
10%，一路成長至 1994 年的 22.5%。自由黨在奧政壇上的快速崛
興，固然與兩大傳統政黨深陷政策僵化及貪瀆弊端密不可分，然
而受惠於相當比例的奧地利人對過去歷史黑暗面的漠視，甚至是
為之辯解的想法，甚至是以奧地利愛國主義，排斥外來異文化的
立場，作為攻擊當前數量愈來愈多的外籍勞工及難民的論點，則
亦為不爭的事實。自由黨勢力在奧政壇的崛興及其動見觀瞻的影
響力，自此之後逐步增長，逐步蠶食奧地利傳統兩大政黨的版圖。

四、後冷戰時期的奧地利內外之發展

　　自從 1985 年蘇聯新任總書記戈巴契夫（Mikhail Sergeyevich
Gorbachev，1931 年–）上臺而與西方國家進行對話和解措施之
後，東西冷戰局面逐步和緩，此際蘇聯對東方集團及華沙公約組
織國家的內政亦不再進行干預，使得中東歐及東歐共黨國家內部
異議勢力愈形壯大，最後終於在 1989 年引發了澎湃洶湧的中東歐
及東歐非共化歷程，並進而導致 1990 年兩德的再統一、1991 年
的南斯拉夫解體戰爭及同年蘇聯的解體。面對這場世紀鉅變，奧
政府基於自身國家安全的考量，因而出現了放棄中立國地位及加
入西方政經組織的呼聲，經過了數年的協商奔走之後，奧地利終
於在 1995 年加入了歐洲聯盟，其後並先後被納入《申根條約》
(*Schengener Abkammen*) 及歐元區所屬國家，走向歐洲一體化的態

勢愈趨明顯。

　　儘管如此，然而先前一再提到的，從 1980 年代以來愈見增多
的外籍勞工及難民的入境並居留於奧地利，使得許多奧地利人對
於外籍居民已占奧地利人口總比例 10% 以上的情形憂心不已，自
由黨人乃充分利用這股排外情緒而引為自身政黨壯大的工具。終
於至 2000 年，成功地利用外籍人士議題而在國民議會大選中晉升
成為關鍵第三大黨，奧地利人民黨決定與自由黨籌組聯合政府，
總理由人民黨的徐瑟爾 （Wolfgang Schüssel，1945 年–） 出任，
至於副總理之位則為自由黨的里斯－帕瑟爾 （Susanne Ries-
Passer，1961 年–）所有。然而人民黨與自由黨聯合政府的成形，
對於已加入歐盟的奧地利而言，引爆了國內外雙方面的強烈抗議，
雙方面皆不約而同地批判奧地利政府，違反了歐盟所秉持的民主、
法治、自由、人權等歐洲價值。最後歐盟各會員國因而對奧地利
政府施壓，並祭出包括高等外交人員禁令在內的數項制裁措施，
使得奧地利政府國際威望大受重創。然一如十餘年前的瓦德漢事
件般，依然有相當比例的奧地利人堅持他們所認知的奧地利愛國
主義，從而對於歐盟介入奧內政甚感不滿，於是疑歐的思想，亦
自此刻開始逐漸在奧地利內部產生其影響力，日後漸在奧政壇上
發展成為一股不可低估的力量。

　　不過其後隨著聯合政府中自由黨閣員對政府政策的干擾，以
及自由黨內部路線之爭的白熱化，使得政局動蕩不安。同年年底，
徐瑟爾決心重新舉行大選，然大選結果自由黨得票率大幅滑落，
徐瑟爾卻決定利用自由黨內部的分裂而援引其中的溫和派合組聯

合政府，此舉使得自由黨雖能繼續執政，但內部的分裂使其聲勢難以短期復振，這使得自由黨聲勢自此中衰了約十餘年之久。

　　自 2006 年之後，奧地利人民黨與社民黨（自 1991 年起，社會主義黨再度更改其黨名，重新回復 1938 年前的原始黨名：社會民主黨）重新再度取回奧地利政壇的要角地位，在此後數年之間，兩大黨先後組成數次聯合政府。然而昔日兩大黨輪流或共同主導奧地利政壇的情形已然一去不回，尤其自近幾年來難民危機興起之後，全歐右翼勢力的抬頭成為普遍現象，奧地利自由黨即藉由這股反難民的浪潮而快速重振其勢力，並藉由各項選舉而重新贏回其政治影響力。一如本書在首章奧地利國情簡介中所提到的，時至 2017 年年末的國民議會大選結束後，自由黨的得票率已爬升至與社民黨不相上下，並逼近人民黨的境界，從而連帶導致人民黨在面對自由黨的不斷挑戰下，為鞏固傳統選民的支持於不墜，迫其政策轉趨保守右傾。由自由黨重起並與人民黨合組聯合政府的情形而論，奧地利政局的走向已然形成三足鼎立的態勢，奧地利此種新形成的政黨生態甚至很有可能在未來進一步定型化。

　　與之同時，在可預見的未來時局中，保守右傾及反難民的政策，將是奧地利執政當局奉行不貳之國策，此由新任奧地利總理庫爾茨在歐盟內堅持其強硬的難民政策立場，以及 2018 年中奧地利接任歐盟輪值主席國後對歐盟共同外交暨安全政策所造成的衝擊，已可明確窺見端倪。

第四節　現代奧地利的文化發展概況

　　自從第三帝國合併奧地利，迫使大批藝文界精英及科學家大
舉流亡他國之後，奧地利昔日所享有之歐洲藝文首都及世紀末維
也納藝文盛世一去不返，甚至經歷二戰期間國社黨人的大肆劫掠
奧地利藝文瑰寶，在大戰結束之後，滿目瘡痍的奧地利不僅山河
殘破，藝術文化方面亦是淪為一片荒漠之所。

　　歷經 1950 至 1960 年代的休養生息之後，步入 1970 年代的
克萊斯基紀元之期，奧地利第二共和國漸臻繁榮富足國度的境界，
使得奧地利的藝文亦得到了可觀的發展成就。

一、文學

1.馮‧多德勒爾

　　在文學方面，戰後初期的奧地利有一段時期仍延續自戰前的
鄉土文學（血液與土地文學）的路線，馮‧多德勒爾（Franz Carl
Heimito Ritter von Doderer，1896–1966 年）可謂是此種文學的代
表作家之一。馮‧多德勒爾被視為是戰後初期奧地利最具才華及
名望的作家，他的兩部重要代表作品《漩渦宮階梯苑》
(*Strudelhofstiege*) 及 《惡魔》 (*Die Dämonen*)，皆以描繪 1920 至
1930 年代的維也納上層中產階級社會及其與猶太族群的互動為
主軸。透過他字裡行間的描述，不難窺見出奧地利第一共和時期
社會中存在著根深蒂固的等級意識及反猶傾向，致使其後的共和

國體制終而為等級制國家所取代。

　　然而馮‧多德勒爾在其作品中卻也在有意無意間，透露出其對秩序井然的等級制國家及種族純化社會的偏好，亦引發後世不小批判，有論者甚至以馮‧多德勒爾在二戰期間曾擔任過國社黨職務及加入國防軍的事實，批判他本質上實為一反猶主義及種族主義者。

2.耶利內克

　　到了 1960 年代，文學界出現了與先前截然有異的創作風格，作品擺脫了對奧地利本土的聚焦，轉而關注女性、心理黑暗面及社會暴力議題，因而被稱為「世界文學」(Weltliteratur)，猶太裔作家耶利內克（Elfriede Jelinek，1946 年–）即為此種文學體裁的先驅者之一。耶利內克出身奧地利共產黨員，深受 1970 年代全歐學潮的影響，使其作品充滿強烈反叛及嘲諷尖刻的色彩。從 1970 年迄今，她出版了近五十部作品，內容普遍以控訴男性沙文主義、社會弊端及性暴力為主軸。其代表作《女情人們》(*Die Liebhaberinnen*)、《被排擠者》(*Die Ausgesperrten*) 及《鋼琴師》(*Die Klavierspielerin*)，皆以銳利的筆鋒，針對男性所主宰的社會體制對女性的剝削宰制，陰險黑暗的社會面，以及女性受制於束縛的社會約束下所呈現的性心理扭曲及性變態，作了細膩詳實的刻畫，並發出尖銳無情的批判。亦因其筆下只見極度赤裸、病態及暴力情境交織，而絲毫不見持平或正向論事的特色，使其作品廣遭抨擊為空無一物，甚至是只見殘渣滿布的絕對虛無主義之作。正由於耶利內克所具的高度爭議性，以致於當 2004 年她獲頒諾貝

爾文學獎時，引發了瑞典學院文學院成員辭職抗議，耶利內克作品所引發的高度爭議性可見一端。

3.漢德克

同列為「世界文學」風格先驅者之一，也同樣在作品中引發高度爭議者還有漢德克（Peter Handke，1942 年–）。漢德克在其成名作《冒犯觀眾》(*Publikumsbeschimpfung*) 及《守門員對 11 碼球的焦慮》(*Die Angst des Tormanns beim Elfmeter*) 中，著重於捕捉內心世界的真實心聲，認為勾勒真實面必須溯及於內心語言。時至 1970 年代末期以後，其描繪風格發生些許變化，漸以暗喻及比喻的手法來描繪自我察覺的歷程，他出版於 1994 年的作品《我在無人海灣的年代》(*Mein Jahr in der Niemandsbucht*)，即是此種風格之作。漢德克的作品同時也被其好友德國著名導演溫德斯（Wim Wenders，1945 年–）搬上大螢幕，而成為跨足於電影界的作家。

自 1990 年代之後，漢德克與廣大的西方輿論界發生極大的爭執，其因在於其堅定不移的支持塞爾維亞立場，由於在 1990 年代所爆發的「南斯拉夫解體戰爭」(Jugoslawienkriege) 的歷程中，漢德克始終站在與西方輿論界反塞爾維亞風潮的對立面，積極捍衛塞爾維亞民族的利益，並堅決支持遭國際法庭逮捕的前塞爾維亞及南斯拉夫聯盟總統米洛塞維奇 （Slobodan Milošević，1941–2006 年），2006 年米洛塞維奇去世時，漢德克甚至專程親赴喪禮悼念。他以自身親歷前南斯拉夫各地區的所見所聞而完成的作品為本，大力申張塞人所受的不公對待，此種友塞言論，使其成為

在奧地利乃至於西方國家文壇上的一位特立獨行者，並被先前遭到塞族所屠殺迫害的其他巴爾幹國家人民批判為種族主義者的幫兇。2019 年 10 月當漢德克贏得諾貝爾文學獎時，剎時間引發了排山倒海的批判聲浪，質疑漢德克得到諾貝爾文學獎，不啻是給予龐大巴爾幹受害者的二次巨大傷害。儘管瑞典學院聲明，他們是以純文學藝術的角度出發，予漢德克作品如下評語：「運用語言的獨特性創作出深具影響力的作品，探索人類經驗的邊緣地帶與獨特性」。然而涉及漢德克高度爭議的政治立場，使得其文學造詣上的成就，今後恐仍難以獲得各方持平客觀的評價。

4.貝恩哈特

　　同樣擅長於探索內心世界的作家尚有貝恩哈特 （Nicolaas Thomas Bernhard，1931–1989 年）。貝恩哈特出身尼德蘭，其後遷居維也納，由於家族親人甚早亡故而使其自幼即遭孤零之苦，再加上他終生為肺結核所苦，使其作品中帶有濃郁的悲觀甚至是死亡的意涵。貝恩哈特的著作中，常以一人獨白方式而向沉默的聆聽者表達其對世間人事的感受，深度刻劃其內心幽暗蒼鬱的世界。此外他對社會上自許為教養良善地位高尚之士，尤表不屑至極之態，他語帶嘲諷的口吻大力抨擊那類致力追求凡事完美境界的人們，終將深陷一世孤寂，甚至是走向自我毀滅之途。

　　貝恩哈特作品中不乏對奧地利社會的強烈批判，致而長期引發爭議，即令如此，自從 1980 年之後，貝恩哈特已被公認是戰後最卓越的德語文學作家之一。

二、繪畫與建築

1.夢幻的現實主義

　　其次在繪畫及建築藝術方面，1950 年代在維也納首先興起一種藝術風格：夢幻的現實主義 (Phantastischer Realismus)，大本營為「夢幻現實主義之維也納學派」(Wiener Schule des Phantastischen Realismus)。這種新形的藝術表現形式，係以帶有濃厚的矯飾風格，並以幻想且不真實的、令人震驚及具有預示及警世的主題，作為其創作主軸。夢幻現實主義的風格對當時奧地利的繪畫、雕刻及建築方面，皆產生明顯的影響力，代表人物主要為三位猶太裔作家：福克斯 (Ernst Fuchs)、布勞爾 (Arik Brauer) 及百水 (或音譯為琿德瓦瑟 Friedensreich Hundertwasser)。

2.福克斯

　　猶太裔畫家、作家、建築師暨預言家福克斯 (Ernst Fuchs，1930–2015 年)，首先將夢幻現實主義的風格透過其作品而呈現於世，他長期浸淫於宗教及靈性生活，致使其作品帶有濃厚的宗教、神秘主義及預示錄的色彩。1972 年他購得了昔日建築大師鄂圖‧華格納的宅第，旋將其建築理念落實於宅第花園內的「泉水之神噴泉屋」(Brunnenhaus Nymphäum Omega)，該址今日成為「愛恩斯特‧福克斯私人博物館」，展出福克斯的各類作品。

3.布勞爾

　　猶太裔畫家、歌手、建築師暨詩人布勞爾 (Arik Brauer，1929 年–)，亦屬夢幻現實主義之維也納學派創建者之一，他向以

用色豐富來呈現其作品，作品充滿著夢幻及童話般的感受，此種風格不僅凸顯於其畫作之上，並且形之於其歌曲之中，後來百水還由布勞爾的歌曲中引發其創作靈感，隨後體現於「百水之家」的建築特色之上。其後布勞爾亦將其創作天賦展現於建築上，完工於 1993 年及座落於維也納第六行政區馬利亞希爾福的 「阿瑞克布勞爾之家」(Arik-Brauer-Haus)，尤為其在建築領域的代表作品。

4.百水／珲德瓦瑟

猶太裔畫家、雕塑家、建築師暨環保運動者百水（Friedensreich Hundertwasser，1928–2000 年），同屬夢幻現實主義之維也納學派影響下的代表藝術家，他甚至被尊為是二十世紀中後期最重要的奧地利藝術家。百水經歷了孩童時期其全族親人幾全遭殺害、戰後奧地利淪為廢墟、周遊居留各國、奧地利步向小康，以及環境保護浪潮洶湧的年代，致而在其作品中以其強烈的個人主義風格將其對大自然的摯愛、對良善價值的擁抱、對謊言政壇的不屑及對無止盡開發的厭惡，盡行表達出來，從而可由其作品中明確觀察出，在鮮明色澤及直線勾畫之中，蘊含了人類與大自然間的萬化冥合之感。他的作品在當時全球環保之風盛行之際，廣受各國人士所喜愛而紛紛展現於各國各城市的建築及造景的設計上，其中維也納的「百水之家」(Hundertwasserhaus)、德國于爾岑 (Uelzen) 的 「百水火車站」(Hundertwasserbahnhof)、維騰貝格 (Lutherstadt Wittenberg) 的「路德－梅蘭希同－文理中學」(Luther-Melanchthon-Gymnasium)，以及馬格德堡 (Magdeburg) 的

圖 43：維也納的百水之家

「綠色城堡」(Grüne Zitadelle) 等，皆是依照百水的設計理念而打造出的代表性建築物。

　　值得一提的是，正由於百水對重返自然及純淨心靈的堅定信念，並對當前政治的發展導致人類蒙受惡果甚感厭惡，因而他力主君主立憲體制，認為重返昔日那個擁有共同皇帝卻又無法干預各領域發展的奧地利立憲君主國，才是對奧地利未來最好的安排。因此他在 1987 年時喊出應迎回流亡在外的哈布斯堡家族重回奧地利掌政：奧地利需要一個至高無上的中心，這個中心由超乎一切之上且無可置喙的永恆價值所組成，諸如美麗景物、文化、內心與外在世界的寧靜和平、虔誠信仰、富足的內心世界……奧地利需要一位皇帝，奧地利萬歲，君主立憲制萬歲，哈布斯堡家族的鄂圖萬歲。

三、戲　劇

1.維也納行為主義

在 1960 至 1970 年代維也納興起了一種具暴力式的新藝術流派：維也納行為主義 (Wiener Aktionismus)，這是由一批新銳藝術家所發起，他們久不滿於當前消費當道，然卻又有著種種規範及禁忌的經社形態，因而乃以一種當時社會風氣難以接受的展現方式，來挑戰國家及教會長期所具有的權威地位，其中最具代表性的人物則為尼奇（Hermann Nitsch，1938 年–）。

2.尼　奇

尼奇的童年是在血腥殘忍的二戰中度過，基於對人世的種種無常及遁入宗教世界的體驗感受，使得他用一種直白毫無掩飾及挑戰禁忌的表演形式來表達其藝術理念，其首部代表作《縱慾的神秘戲劇》(Orgien Mysterien Theater)，在眾目睽睽之下上演血淋淋的宰殺獻祭、釘上十字架及大量肉體裸露等充滿禁忌的表演風格，造成現場觀眾的難以卒睹及恐駭震驚，從而達成其嘲弄及激怒政府、社會及教會等外在的種種約束力量。然亦因其表演手法實在太過血腥殘忍，使尼奇在當時曾數次遭到法院起訴並前後入獄三次，卻從未能更動其行為藝術的理念。時至今日，尼奇的行為藝術已漸為人們所接受，甚至他曾數度受邀至包括威尼斯雙年展在內的國際藝術展中演出，今日其藝術流派被視為藝術文化中的暴力派代表。

四、音 樂

1. 馮・卡拉揚

　　在音樂方面，戰後初期，傳統調性音樂仍繼續發揮其影響力，薩爾茲堡音樂節繼續綻放其光彩，其中一戰前出生於薩爾茲堡的名指揮家暨鍵盤演奏家馮・卡拉揚（Herbert von Karajan，1908–1989 年），毫無疑問地是二戰後薩爾茲堡音樂節及「維也納愛樂樂團」(Wiener Philharmoniker) 的核心靈魂人物。馮・卡拉揚由於曾身為國社黨員並廣受第三帝國政要所歡迎，視其為名曲指揮的不二人選，使其在二戰結束的前兩年，盟國在追究國社黨戰犯的年代中，過著朝不保夕的生活。直到 1947 年去納粹化行動至尾聲之時，他才重新被樂界所重視並重回樂壇，從該年的與維也納愛樂樂團合作及隔年擔綱薩爾茲堡音樂節開始，他逐步邁向其音樂生涯的巔峰。

　　其後他雖然在 1955 年接下了「柏林愛樂樂團」(Berliner Philharmoniker) 首席指揮一職，但基於對故鄉的熱愛，馮・卡拉揚正式在 1967 年創辦了「薩爾茲堡復活節音樂節」(Salzburger Osterfestspiele)，上演的時間就是在每年 3 月底至 4 月初的復活節假期的兩週，率領著由其擔任首席指揮的柏林愛樂樂團，演出華格納的樂劇《尼布龍根的指環》，作為該音樂節的核心曲目。演出廣獲好評，使得薩爾茲堡復活節音樂節成為「拜羅伊特音樂節」之外，全球華格納迷另一聆聽朝聖華格納樂劇的音樂盛壇之所。至此薩爾茲堡也成為全年擁有兩次音樂盛典的城市，其對古典音

樂界所具有的重要意義，自不在話下。

2.搖滾音樂及法可

在通俗音樂方面，自 1970 至 1980 年代之後，在長期受到美式流行音樂的影響下，奧地利亦興起了自身的搖滾樂風，代表歌手為法可（Falco, Johann "Hans" Hölzel，1957–1998 年）、安博洛斯（Wolfgang Ambros，1952 年–）及丹澤（Georg Danzer，1946–2007 年），他們喜用自身奧地利德語或奧境各地口音並夾雜著少許英語在歌詞之中，形成混雜些許英語的德語搖滾歌曲，一時之間蔚為風潮，其中尤以法可的知名度及成就為高。

法可在 1985 年所創作出的 《搖滾阿瑪迪斯》 (*Rock Me Amdeus*) 及 1986 年的《珍妮》(*Jeanny*)，大受流行音樂界及歌迷所熱愛，成為歌迷長期吟唱不衰的歌曲，其影響所及，遠遠逾越奧地利之外而聲動全歐，甚至跨海而紅遍美加及全球各地。《搖滾阿瑪迪斯》甚且是迄今為止，唯一一首能登上美國及英國熱門音樂排行榜第一名的德語歌曲，法可一夕之間成為紅遍全球的搖滾巨星。

當 1986 年奧地利因瓦德漢戰犯嫌疑事件爆發而使其國際聲望大受衝擊之際，法可在流行熱門音樂界的高度成就，在某種程度上可說是適時彌補並提振了奧地利在全球的形象。

附　錄

大事年表

教會的勢力

791	卡爾大帝對阿瓦爾汗國展開大規模軍事攻勢，將巴伐利亞之東部邊區推進至今維也納盆地區
803	卡爾大帝盡滅阿瓦爾汗國，設置潘諾尼亞之東部邊區，涵蓋巴伐利亞之東部邊區全域
881–907	馬札爾人開始入侵並占領潘諾尼亞之東部邊區全域
955	德意志國王鄂圖一世在奧格斯堡近郊的列希河原野戰役中大破馬札爾人，奪回大部分的東部邊區
976	德王鄂圖二世將東部邊區交予巴本貝格家族的雷歐波德，開啟了奧地利史上的第一個王朝——巴本貝格王朝
996	文獻中首度出現東方國度之名，依拉丁文之音譯即是奧地利
1156	奧地利脫離與巴伐利亞公國的臣屬關係，晉升為奧地利公國
1180	徐泰爾邊區亦正式脫離巴伐利亞公國，晉升成為徐泰爾公國
1246	奧地利公爵腓特烈二世過世，巴本貝格家族斷嗣，巴本貝格王朝統治奧地利的紀元告終
1251–1261	波希米亞國王歐圖卡二世取得奧地利及徐泰爾兩公國的統治權
1273	哈布斯堡的魯道夫一世被選為德意志國王，哈布斯堡家族首度入主德王室中央
1278	魯道夫一世擊敗歐圖卡二世，取得奧地利及徐泰爾公國
1298	阿爾布雷希特一世被選為德意志國王
1308	阿爾布雷希特一世遭謀殺，哈布斯堡王朝失去對德王室

中央的掌控

1315	瑞士立誓同盟在摩嘎爾騰戰役中重創哈布斯堡軍隊

1315　瑞士立誓同盟在摩嘎爾騰戰役中重創哈布斯堡軍隊

1336　哈布斯堡家族取得了克恩滕及克萊恩

1348-1349　奧地利爆發黑死病

1363　哈布斯堡家族取得了提洛爾

1365　維也納大學建立

1379　《新山條約》簽署，哈布斯堡家族領地的二分為阿爾貝
特世系及雷歐波德世系

1386　瑞士立誓同盟在森帕赫戰役中再度重創哈布斯堡軍隊，
哈布斯堡家族幾乎失去所有瑞士的領地

1395-1396　《后冷堡條約》及《維也納條約》簽署，哈布斯堡家族
領地三分為阿爾貝特世系的下奧地利、雷歐波德—徐泰
爾世系的內奧地利，以及雷歐波德—提洛爾世系的前奧
地利，哈布斯堡家族領地的分割統治之態勢確立

1420-1421　哈布斯堡家族各領地的大規模迫害猶太人

1438　阿爾貝特世系的阿爾布雷希特二世當選德王，哈布斯堡
王朝二度入主德王室中央

1452　雷歐波德—徐泰爾世系的德王腓特烈三世，為羅馬教宗
加冕為德皇

1473　土耳其大軍開始入侵哈布斯堡家族領地克恩滕

1477　馬克西米利安一世與布根地公爵之女瑪麗締婚，取得布
根地公國

1485-1490　匈牙利大軍攻占維也納

1490　德皇腓特烈三世再次終結了哈布斯堡家族的分割統治之
局

1495	哈布斯堡王朝與西班牙王室聯姻，取得了西班牙王位繼承權
1517	宗教改革浪潮逐步波及於哈布斯堡王朝各領地
1521–1522	《沃姆斯條約》及《布魯塞爾條約》簽署，哈布斯堡王朝分為奧地利世系及西班牙世系
1525	哈布斯堡王朝取得了匈牙利及波希米亞王國繼承權
1529	第一次維也納圍城戰，土耳其人首度進犯維也納
1551	耶穌會組織在維也納建立
1564	奧地利哈布斯堡家族的領地再次分割
1583	魯道夫二世將首都由維也納遷往布拉格
1585–1586	格拉茨大學建立
1593–1606	土耳其人不斷入侵奧地利東疆
1606	馬提阿斯開始對抗其兄德皇魯道夫二世
1612	馬提阿斯擊敗魯道夫二世，將首都再度遷回維也納
1618	第二次布拉格拋窗事件，哈布斯堡王朝與波希米亞新教徒爆發衝突
1618–1648	三十年戰爭
1648	《西法倫和約》簽署，三十年戰爭結束
1665	雷歐波德一世全面終結了哈布斯堡家族的分割統治
1683	第二次維也納圍城戰爆發，奧京在波蘭國王楊三世·索別斯基的率軍馳援下得以保全
1683–1699	大規模的抗土戰爭
1686	大同盟締結，哈布斯堡王朝與歐陸各列強結盟，對抗法蘭西王國路易十四的擴張
1697	歐根親王在森塔戰役中重挫土耳其大軍

1699	《卡洛維茨條約》簽署，哈布斯堡王朝將土耳其人逐出多瑙河以北之地
1701–1714	西班牙王位繼承戰爭
1713	卡爾六世頒布《國事詔書》，確立哈布斯堡領地的不可分割性，以及無男嗣狀態下女嗣繼承大統的原則
1713–1714	《于特列希和約》及《拉斯塔特和約》簽署，奧地利與法蘭西維持東西對峙之局
1718	《帕薩洛維茨和約》簽署，哈布斯堡王朝第一階段抗土戰爭大獲全勝
1731–1733	哈布斯堡王朝境內大批新教徒遭驅逐出境
1736	瑪麗亞・特蕾西亞與洛林公爵法蘭茨・史蒂芬締婚，是為哈布斯堡—洛林王朝
1740	瑪麗亞・特蕾西亞登基為女皇，與其夫法蘭茨・史蒂芬共同掌政
1740–1742	第一次西利西亞戰爭，西利西亞見奪於普魯士國王腓特烈大王
1744–1745	第二次西利西亞戰爭，西利西亞仍為普魯士所保有
1745	法蘭茨・史蒂芬被選為德皇
1756	奧法結盟，是為外交反覆或外交革命
1756–1763	七年戰爭，歐陸上又稱第三次西利西亞戰爭，西利西亞終歸為普魯士所吞併，德意志的奧普雙元體系的確立
1771	維也納股市的建立
1772	第一次波蘭瓜分，奧地利取得加利西亞及洛多美利亞之地
1780	奧地利「國母」瑪麗亞・特蕾西亞逝世，約瑟夫二世繼位

1781	約瑟夫改革大業展開
1792–1797	第一次反法同盟戰爭
1795	第三次波蘭瓜分，奧地利取得西加利西亞
1799–1801	第二次反法同盟戰爭
1804	神聖羅馬帝國皇帝法蘭茨二世開始使用奧地利皇帝法蘭茨一世之稱謂
1805	第三次反法同盟戰爭，拿破崙重創奧俄大軍，隨即攻入維也納
1806	法蘭茨一世不再自稱德意志神聖羅馬帝國皇帝，該帝國結束
1809	梅特涅取得主導奧地利外交政策之權
1811	奧地利財政破產
1813	奧地利參與反法解放戰爭，萊比錫諸民族大會戰，拿破崙敗績
1814–1815	維也納會議，重建歐洲新秩序，德意志領邦同盟成立
1830	法蘭西七月革命，梅特涅體系打壓自由主義的行動愈趨增強
1848	法蘭西二月革命及德意志三月革命爆發，梅特涅政權垮臺
1857	維也納環城大道開始建造
1859	奧軍敗於法蘭西－皮埃蒙特聯軍之手，失去義北的領土
1864	德丹戰爭，奧普聯軍擊潰丹麥，取得徐列斯威－霍爾斯坦之地
1866	奧普正面對決，奧軍敗績，被排除於未來德意志民族國家之外
1867	奧匈妥協，奧地利帝國改制為奧地利－匈牙利雙元帝國

1873	維也納股市崩盤
1878	柏林會議，奧匈帝國占領波士尼亞一赫塞哥維那
1879	德奧締結雙強同盟
1907	成年男子普選的推行
1908	奧匈帝國吞併波一赫
1914	奧皇儲在波一赫首府薩拉耶佛遇刺
1914–1918	第一次世界大戰
1916	法蘭茨‧約瑟夫一世過世，卡爾即位
1918	一戰結束，奧境德人宣布成立德意志奧地利共和國
1919	《聖日耳曼條約》簽署，奧地利第一共和國建立
1927	司法大廈遭縱火
1933	議會自行解散，寶爾富斯建立等級制的專制體制
1934	寶爾富斯橫遭謀殺
1938	第三帝國軍隊開進奧地利，德奧合併
1939–1945	第二次世界大戰
1943	《莫斯科宣言》宣布戰後恢復奧地利獨立地位
1945	二戰結束，奧地利各政黨建立
1947	奧地利被納入馬歇爾援助計畫之一員
1955	《國家條約》簽署，奧地利取回完整主權，宣布成為永久中立國
1956	匈牙利抗俄革命失敗，奧地利接納大批馬札爾難民
1968	布拉格之春，奧地利接納大批捷克斯洛伐克難民
1969	《南提洛爾包裹法案》通過
1970–1983	克萊斯基紀元
1973	石油危機

1984	海恩堡的多瑙水壩工程在大規模群眾抗議下遭棄置
1986	瓦德漢爭議事件
1989	提出加入歐盟（當時尚為歐洲共同體）之申請
1994	加入歐盟的公民投票通過
1995	奧地利正式成為歐盟一員
1999	奧地利加入歐元區
2000	人民黨與極右翼的自由黨合組聯合政府，歐盟對奧地利採取外交制裁行動
2002	歐元正式成為歐元區共通貨幣
2015	中東難民大舉湧入歐洲，歐洲難民危機爆發
2016	無黨籍范‧德‧貝冷以極些微票數險勝自由黨霍佛而當選奧地利總統
2017	奧地利人民黨大選獲勝，與自由黨共組聯合政府，人民黨黨魁庫爾茨接任總理，對難民問題採行強硬立場
2018	奧地利接掌歐盟輪值主席國
2019 年 5 月	德國媒體公布奧地利副總理，前自由黨魁史特拉赫涉嫌收受來自俄羅斯的非法政治獻金而下臺，是為「伊比薩醜聞」，總理庫爾茨亦遭免除職務，導致人民黨－自由黨聯合政府垮臺，奧地利臨時政府著手準備 9 月重新舉行國會大選
2019 年 9 月	庫爾茨所領導的人民黨在新一輪的國會大選中獲得大勝，囊括了 37.5% 的選票，然而籌組聯合政府的問題上糾結難解，極右翼的自由黨因醜聞之故而遭排除，但左翼社民黨無意與人民黨合組聯合政府，因而庫爾茨轉而與得票率近 14% 的綠黨展開冗長的談判

參考書目

中文部分

杜子信，〈奧匈雙元帝國的民族問題與危機〉，《歷史知識——行家開講世界史》，頁 15–21，臺北市：三民，2014。

杜子信，〈奧地利國家的建構及奧地利人認同的型塑〉，《臺灣國際研究季刊》第 11 卷第 4 期，頁 133–152，臺北市：臺灣國際研究學會，2015。

杜子信，〈匈牙利民族及國家在歐陸上的型塑——一個孤寂民族的國家發展史〉，《前進匈牙利》，頁 17–50，臺北市：松慧出版社，2014 年 6 月。

林雍昇，〈奧地利成為中立國的國際背景〉，施正鋒主編《認識中立國》，頁 129–152，臺北市：國家展望文教基金會，2015。

外文部分

Andics, Hellmut, *Der Staat, den keiner wollte. Österreich 1918–1938*, Wien, 1962.

Arneth, Alfred von, *Geschichte Maria Theresias*, Wien, 1863–1879.

Bruckmüller, Ernst, *Nation Österreich*, Wien, 1998.

Görlich, Ernst Joseph, *Grundzüge der Geschichte der Habsburgermonarchie und Österreichs*, Darmstadt, 1970.

Feuchtmüller, Ruppert, *Kunst in Österreich*, Wien, 1973.

Fraß, Otto, *Quellenbuch zur österreichischen Geschichte*, Wien, 1956–1967.

Freisinger, Herwig und Fritz Krinzinger, *Der römische Limes in Österreich. Führer zu den archäologischen Denkmälern*, Wien, 1997.

Furlani, Silvio und Adam Wandruszka, *Österreich und Italien. Ein bilaterales Geschichtsbuch*, Wien und München, 1973.

Gutkas, Karl, *Geschichte Niederösterreichs*, Wien, 1984.

Gutkas, Karl (Hrsg.), *Prinz Eugen und das barocke Österreich*, Salzburg und Wien, 1985.

Haider, Siegfried, *Geschichte Oberösterreichs*, Wien, 1987.

Hamann, Brigitte, *Hitler's Vienna: A Portrait of the Tyrant as a Young Man*, Trans. Thomas Thornton, London; New York: Tauris Parke Paperbacks, 2010[1999].

Hung, Liente, "Legal and Political Aspects of the Perpetual Neutrality of the Republic of Austria", with Chinese Summary, in: Nanyang University Journal（南洋大學學報）, 1973, pp. 80–96.

Heer, Friedrich, *Der Kampf um die österreichische Identität*, Wien, 2001.

Kann, Robert A. und Friedrich E. Prinz, *Deutschland und Österreich. Ein bilaterales Geschichtsbuch*, Wien und München, 1980.

Kleindel, Walter, *Österreich. Daten zur Geschichte und Kultur*, Wien und Heidelberg, 1978.

Pelinka, Anton, *Zur österreichischen Identität. Zwischen deutscher Vereinigung und Mitteleuropa*, Wien, 1990.

Plaschka, Richard Georg und Mack Karlheinz (Hrsg.), *Die Auflösung des*

Habsburgerreichs. Zusammenbruch und Neuorientierung im Donauraum, Wien, 1970.

Pollak, Walter, *Tausend Jahre Österreich. Eine biographische Chronik*, Wien und München, 1972.

Redlich, Oswald, *Weltmacht des Barock. Österreich in der Zeit Kaiser Leopolds I.*, Wien, 1951.

Redlich, Oswald, *Das Werden einer Großmacht. Österreich von 1700–1740*, Wien, 1962.

Reiterer, Albert (Hrsg.), *Nation und Nationalbewußtsein in Österreich. Ergebnisse einer empirischen Untersuchung*, Wien, 1988.

Schweiger, Günter, *Österreichs Image in der Welt. Ein weltweiter Vergleich mit Deutschland und der Schweiz*, Wien, 1992.

Vajda, Stefan, *Felix Austria. Eine Geschichte Österreichs*, Wien und Heidelberg, 1980.

Vocelka, Karl, *Geschichte Österreichs. Kultur-Gesellschaft-Politik*, Graz, 2002.

Wolfram, Herwig, *Österreichische Geschichte*, Wien, 1994.

Zöllner, Erich (Hrsg.), *Österreichs Erste und Zweite Republik. Kontinuität und Wandel ihrer Strukturen und Probleme*, Wien, 1985.

Ausstellungskatalog von der Sonderausstellung des Historischen Museums der Stadt Wien, *Die Türken vor Wien. Europa und die Entscheidung an der Donau 1683*, Wien, 1983.

圖片出處：

1、2、4、9、11、13、24、31、33、37、38：本局繪製

7、19、20、21、27、30、36、43：Shutterstock

3、5、6、10、12、14、15、16、17、18、22、23、25、26、28、29、
　32、36：Wikipedia

8：The Library of Congress

35：Thomas Ledl (Wikipedia)

39、41、42：German Federal Archives

40：Bwag (Wikipedia)

在字裡行間旅行，
實現您 周遊列國 的夢想

國別史叢書

國家圖書館出版品預行編目資料

奧地利史：藍色多瑙國度的興衰與重生／杜子信著.
－－初版一刷.－－臺北市：三民，2020
面；　公分.－－（國別史叢書）

ISBN 978－957－14－6771－9　（平裝）
1.歷史 2.奧地利

744.11　　　　　　　　　　　　　　　108021374

國別史

奧地利史──藍色多瑙國度的興衰與重生

作　　者｜杜子信
責任編輯｜吳尚玟
美術編輯｜李唯綸

發 行 人｜劉振強
出 版 者｜三民書局股份有限公司
地　　址｜臺北市復興北路 386 號 (復北門市)
　　　　　臺北市重慶南路一段 61 號 (重南門市)
電　　話｜(02)25006600
網　　址｜三民網路書店 https://www.sanmin.com.tw

出版日期｜初版一刷 2020 年 1 月
書籍編號｜S740690
I S B N｜978-957-14-6771-9

三民書局